浙江省社科基金重点项目

"推动中国跨越'创新陷阱'的机制与政策研究"

（20NDJC30Z）

浙江省软科学项目

"新型举国体制下推进创新链整体效能提升的机制与政策研究"

（2022C35088）

国家社科基金青年项目

"去产能背景下劳动收入与资本回报率协同增长机制与政策研究"

（17CJL044）的阶段性研究成果

中国共同富裕研究文库·学术研究

中国劳动收入与资本回报
协同增长研究

杨　君◎著

SYNERGISTIC GROWTH MECHANISMS
AND POLICIES OF CHINA'S LABOR INCOME
AND CAPITAL RETURN

ZHEJIANG UNIVERSITY PRESS
浙江大学出版社
·杭州·

图书在版编目（CIP）数据

中国劳动收入与资本回报协同增长研究 / 杨君著. —
杭州：浙江大学出版社，2022.6
ISBN 978-7-308-21999-0

Ⅰ.①中… Ⅱ.①杨… Ⅲ.①劳动报酬—研究—中国
②资本—回报率—研究—中国 Ⅳ.①F249.24②F832.21

中国版本图书馆CIP数据核字（2021）第232123号

中国劳动收入与资本回报协同增长研究
ZHONGGUO LAODONG SHOURU YU ZIBEN HUIBAO XIETONG ZENGZHANG YANJIU

杨　君　著

策划编辑	丁沛岚
责任编辑	丁沛岚
责任校对	陈　翩
封面设计	雷建军
出版发行	浙江大学出版社
	（杭州天目山路148号　邮政编码：310007）
	（网址：http://www.zjupress.com）
排　　版	浙江时代出版服务有限公司
印　　刷	杭州钱江彩色印务有限公司
开　　本	710mm×1000mm　1/16
印　　张	20.75
字　　数	308千
版 印 次	2022年6月第1版　2022年6月第1次印刷
书　　号	ISBN 978-7-308-21999-0
定　　价	78.00元

总　序

在全面建设社会主义现代化国家、向着第二个百年奋斗目标迈进的新征程中，扎实推进共同富裕是重大战略任务。党的十九大报告提出，到 21 世纪中叶，"全体人民共同富裕基本实现，我国人民将享有更加幸福安康的生活"[①]。党的十九届六中全会进一步提出，要"立足新发展阶段、贯彻新发展理念、构建新发展格局、推动高质量发展，全面深化改革开放，促进共同富裕"，"协同推进人民富裕、国家强盛、中国美丽"。[②]完成这样的战略任务，需要就共同富裕涉及的一系列重大问题，就理论与实践的结合做出符合我国实际的回答。由嘉兴学院中国共同富裕研究院与浙江大学出版社共同策划的以共同富裕为主题的综合文库的出版发行，适应了时代和实践发展的需求，是极具意义的事情。我们向文库的出版表示热烈祝贺！向为文库出版做出贡献的学者们和出版社的同志们表示衷心的感谢！

共同富裕是马克思主义的一个基本目标，也是自古以来我国人民的一个基本理想，是中国共产党自成立以来团结带领人民矢志不渝艰苦奋斗的基本希望。在新民主主义革命时期，中国共产党团结带领人民，经过艰苦卓绝的反对帝国主义、封建主义、官僚资本主义，争取民族独立、人民解放的斗争，取得革命的胜利，建立了新中国，为实现国家繁荣富强和全体人民共同富裕创造了根本社会条件。在社会主义革命和建设时期，经过艰苦奋斗，实现了从新民主主义到社会主义的转变，建立了社

---

① 习近平：《决胜全面建成小康社会　夺取新时代中国特色社会主义伟大胜利——在中国共产党第十九次全国代表大会上的报告（2017 年 10 月 18 日）》，《人民日报》2017 年 10 月 28 日。
② 《中共中央关于党的百年奋斗重大成就和历史经验的决议》，《人民日报》2021 年 11 月 17 日。

会主义制度，为实现中华民族伟大复兴和共同富裕奠定了根本政治前提与制度基础。在改革开放和社会主义现代化建设新时期，经过艰辛探索，打破传统体制束缚，推动解放和发展社会生产力，创造了改革开放和社会主义现代化建设的伟大成就，实现了从高度集中的计划经济体制到充满活力的社会主义市场经济体制、从封闭半封闭到全方位开放的历史性转变，实现了从生产力相对落后的状况到经济总量跃居世界第二的历史性突破，实现了人民生活从温饱不足到总体小康、奔向全面小康的历史性跨越，推进了中华民族从"站起来"到"富起来"的伟大飞跃。

党的十八大以来，以习近平同志为核心的党中央将实现全体人民共同富裕摆在更加重要的位置上，采取有力措施保障和改善民生，带领人民打赢脱贫攻坚战，全面建成小康社会，创造了世所罕见的经济快速发展奇迹和社会长期稳定奇迹，为促进共同富裕创造了更加良好的条件。2021 年，国内生产总值达到 114 万亿元，人均生产总值超过 1.25 万美元，超过世界平均水平。在实现共同富裕的实践奋斗中，习近平总书记指出："共同富裕是社会主义的本质要求，是人民群众的共同期盼。我们推动经济社会发展，归根结底是要实现全体人民共同富裕"[①]，"共同富裕本身就是社会主义现代化的一个重要目标。我们要始终把满足人民对美好生活的新期待作为发展的出发点和落脚点，在实现现代化过程中不断地、逐步地解决好这个问题"[②]。"共同富裕是全体人民的富裕，是人民群众物质生活和精神生活都富裕，不是少数人的富裕，也不是整齐划一的平均主义，要分阶段促进共同富裕。"[③]"实现共同富裕不仅是经济问题，而且是关系党的执政基础的重大政治问题。我们决不能允许贫富差距越来越大、穷者愈穷富者愈富，决不能在富的人和穷的人之间出现一道不可逾越的鸿沟。"[④] 这些主张，标志着中国共产党对共同富裕

[①] 《习近平：关于〈中共中央关于制定国民经济和社会发展第十四个五年规划和二〇三五年远景目标的建议〉的说明》，《人民日报》2020 年 11 月 4 日。

[②] 《习近平在中共中央政治局第二十七次集体学习时强调完整准确全面贯彻新发展理念确保"十四五"时期我国发展开好局起好步》，《人民日报》2021 年 1 月 30 日。

[③] 《习近平主持召开中央财经委员会第十次会议强调在高质量发展中促进共同富裕 统筹做好重大金融风险防范化解工作》，《人民日报》2021 年 8 月 18 日。

[④] 习近平：《把握新发展阶段，贯彻新发展理念，构建新发展格局》，《求是》2021 年第 9 期。

的认识达到了更高的理论高度。

但要看到，逐步实现全体人民共同富裕，也面临发展不平衡不充分的挑战：地区、城乡居民收入差距和城乡居民内部收入差距需要进一步缩小，中等收入群体需要进一步扩大，教育、卫生、社会保障等领域需要进一步实现社会公平，特别是受新冠肺炎疫情冲击和外部环境影响，当前经济发展还面临需求收缩、供给冲击、预期转弱三重压力。这说明，扎实推进共同富裕是一项长期任务。在新的征程上，要逐步实现全体人民共同富裕，更好满足人民日益增长的美好生活需要，必须进一步推动经济高质量发展，全面深化改革，付出更为巨大的努力。

必须进一步推动经济高质量发展。发展是解决一切问题的基础和关键，没有高质量发展，就不可能实现共同富裕。因此，要坚持以人民为中心的发展思想，坚持以经济建设为中心，贯彻新发展理念，大力发展生产力，以现代经济的高质量发展促进共同富裕。实现高质量发展，一要大力推动创新，包括科技创新、制度创新、理论创新和文化创新等，着力解决发展不充分的问题。二要大力调整结构，着力解决发展不平衡的问题。调整区域结构，实施区域重大战略和区域协调发展战略，解决区域发展不平衡问题，缩小地区差距；调整产业结构，解决产业不平衡问题，促进三次产业协调发展；调整城乡结构，实施乡村振兴战略，推动"四化"同步，推动城乡协调发展，缩小城乡差距。三要大力推进绿色发展，加强环境保护，建设生态文明。加强生态环境综合治理和生态保护修复，持续改善生态环境；发展低碳经济，全面提高资源利用效率，稳步推进碳达峰、碳中和；促进人与自然和谐共生，在绿色发展中实现高质量发展。四要大力进行开放发展。抓住全面建设社会主义现代化国家新阶段和世界百年未有之大变局的新机遇，构建以国内大循环为主、国内国际双循环相互促进的新发展格局；构建对外开放新体制；构建人类命运共同体。五要大力促进共享发展。坚持全民共享、全面共享、共建共享、渐进共享。

同时要全面深化改革，为扎实推进共同富裕提供强大动力和制度保证。一要在改革实践中坚持和完善社会主义基本经济制度。坚持公有制为主体、多种所有制经济共同发展，毫不动摇地巩固和发展公有制经济，毫不动摇地鼓励支持引导非公有制经济的发展；坚持按劳分配为主体、多种分配方式并存，允许鼓励支持一部分地区和个人靠诚实劳动和合法经营先富起来，先富起来的地区和个人要带动相对落后的地区和个人，实现共同富裕；坚持社会主义市场经济体制，充分发挥市场在资源配置中的决定性作用，更好发挥政府作用。二要深化企业改革。企业是最主要的市场主体，既是实现经济高质量发展的主力军，也是通过初次分配"分好蛋糕"，扎实推动共同富裕的主力军。据国家市场监督管理总局统计，至2021年底，在我国1.54亿户市场主体中，企业有484.3万户。这些企业的效益如何、初次分配如何，对实现高质量发展和共同富裕至关重要。企业改革要分类进行，但要坚持建立和完善中国特色社会主义现代企业制度的共同目标，着力探索公有制为主体、多种所有制经济共同发展的实现形式，培育社会主义市场经济具有活力和创造力的市场主体。在努力提高企业效益的基础上，坚持效率与公平统一的原则，处理好初次分配关系，处理好资本与劳动的分配关系。三要深化宏观领域改革，更好发挥政府作用。加强科学宏观政策调节，合理调节城乡、区域、不同群体间分配关系。构建初次分配、再分配、三次分配协调配套的基础性制度安排，鼓励高收入人群和企业更多回报社会。加大税收、社保、转移支付等调节力度并提高精准性，增加低收入群体收入，扩大中等收入群体比重。建立全国统一大市场，完善要素市场，规范市场秩序，充分发挥价格、供求、竞争等市场机制的调节作用。整顿收入分配秩序，坚决取缔非法收入，依法保护合法收入，合理调节过高收入，促进社会公平正义。四要深化社会保障制度改革。建立科学的公共政策体系，促进基本公共服务均等化，不断提升公共服务水平，着力解决人民群众普遍关心关注的民生问题。要尽力而为量力而行，形成人人享有的合理分配格局。重点加强基础性、普惠性、兜底性民生保障建设，为人民提高受教育程度、增强发展能力创造更加普惠公平的条件，给更多人创造致富机会，形成人人参与的发展环境。完善养老和医疗保障体系、兜底救助体系、住房供应和保障体系。五要全面深化供给侧结构性改革。提高发展的平衡性、协调性、包容性，增强区域发展的平衡性，强化行业发展的协调性。尤其要在全面脱贫基础上，巩固拓展脱贫攻坚成果，全面推进乡村振兴，千方百计增加农民的收入，加强农村基础设施和公共服务体系建设，改善农村人居环境，促进农民农村共同富裕，以缩小城乡收入差距。六要深化上层建筑领域改革，促进全体人民精神生活共同富裕。培育和践行社会主义核心价值观，深化群众性精神文明创建。繁荣新闻出版、广播影视、文学艺术、哲学社会科学和档案等事业，不断满足人民群众多样化、多层次、多方面的精神文化需求。

浙江，是中国革命红船起航地、改革开放先行地、习近平新时代中国特色社会主义思想重要萌发地。2021 年 5 月，中央赋予浙江高质量发展建设共同富裕示范区、率先破解共同富裕普遍性难题和创新共同富裕体制机制的光荣使命，这是习近平总书记亲自谋划、亲自定题、亲自部署、亲自推动的重大战略决策，既体现了党中央对浙江的高度信任，也寄托了全国人民的殷切期望。

嘉兴学院，是中国革命红船旁的百年红色学府，时刻牢记习近平总书记"努力把学校办成一所有特色、善创新的综合性大学"的殷切嘱托，大力弘扬伟大建党精神、红船精神，自觉扛起总结共同富裕实践经验和推进理论创新的使命担当。2021 年 3 月，嘉兴学院联合省市相关政府部门组建中国共同富裕研究院，构建集共富论坛、共富讲堂、共富宣讲团、共富案例库、共富数据库于一体的"共同富裕＋"研究和活动矩阵，努力打造宣传中国共同富裕思想创新、理论创新和实践创新的重要阵地，奋力建设展示浙江高质量发展建设共同富裕示范区重要成效的"重要窗口"。嘉兴学院中国共同富裕研究院成立虽然时间不长，但已经得到学界、政界、社会和媒体的广泛支持，取得了阶段性的系列重要成果，正在产生共同富裕研究的广泛社会影响。

"中国共同富裕研究文库"是嘉兴学院中国共同富裕研究院与浙江大学出版社共同策划出版的共同富裕主题综合文库，包括学术研究、典型案例、发展报告、指数分析、名家谈、青年说等系列，内容丰富，分量厚重，意义深远。立时代之潮头，通古今之变化，发思想之先声，积极为党和人民述学立论，既是责任，更是担当。热切地期望，该文库的出版能够以多角度、多维度、多层次的理论创新，为浙江高质量发展建设共同富裕示范区和全国扎实推进共同富裕，提供思想、理论和智力支持。

实践在发展，时代在前进。在社会主义现代化建设和实现共同富裕的征程中，必定会出现许多新情况，面临许多新问题，让我们紧跟实践发展和时代前进的步伐，探索不止，创新不止，为建成社会主义现代化强国、实现中华民族伟大复兴贡献智慧和力量！

逄锦聚　南开大学讲席教授

嘉兴学院中国共同富裕研究院学术委员会主任

2022 年 5 月 1 日

目 录

绪　论

一、研究背景

　　"十三五"是浙江实现"双倍增"计划的重要时期，其中的劳动收入倍增计划更是跨越"中等收入陷阱"的关键所在。但提高劳动收入带来的生产成本上升，加上本已存在的资本边际报酬递减效应，会显著降低资本回报率，进而引起投资下降与经济增速放缓，不利于 GDP 倍增目标的实现。另外，去产能政策一方面会通过要素投入减少导致产出下降，另一方面也会通过产业结构调整导致原有功能性收入分配机制受到冲击，从而降低劳动收入与资本回报，并加剧收入分配失调，给实现"双倍增"计划带来巨大挑战。虽然近年来我国人均劳动收入有了上涨趋势（Zhang et al.，2011），但令人遗憾的是，劳动收入与资本回报率并未出现协同增长迹象。长期逆资源禀赋的投资战略（林毅夫，2016）以及劳动力过剩与产业结构调整，造成劳动收入一直处于低增长状态。与此同时，我国还面临着高投资率与成本上升等导致的资本回报率大幅下降的问题（白重恩等，2014），陷入劳动收入增长乏力与资本回报率下降共存的窘境，进而扼杀了经济增长的两大关键动力（消费与投资）。且以往提升劳动收入或资本回报率的单一目标政策，易导致另一指标的失衡，而协同增长机制研究的缺失，又使得复合目标政策的制定无章可循。因此迫切需要跳出已有研究范式，寻找去产能下劳动收入与资本回报率协同增长的新型动力机制并构建相应的政策体系，不仅为"双倍增"计划的实现提供理论依据，还为突破产能过剩约束、深化供给侧结构性改革提供新的思路与抓手。

二、研究意义

　　据上，本书的研究意义如下。

（一）理论意义

协同增长机制涉及三个层面：一是产出增长；二是产出合理分配给劳动与资本；三是劳动收入与资本回报率相互促进。已有研究无法解决协同增长问题，为此构建新的理论分析框架研究协同增长机制具有以下研究价值。

第一，引入去产能背景下劳动力与技术生产的重要特征，形成新的理论研究框架，丰富了要素收入分配理论与经济增长理论。

第二，跳出新古典经济学关于劳动收入与资本回报率互斥的理论分析框架，融合内生增长理论，将以往的"独立研究"拓展为"融合交叉研究"，形成了该领域理论研究的新范式。

第三，完善了资本回报率与产能过剩的测度方法，为后续研究增添新工具。

（二）现实意义

基于现实特征构建全新分析框架，既能解释过去的发展经验，也能阐释当前的困境与挑战，对未来发展方向更具指导意义。

第一，探寻去产能背景下劳动收入与资本回报率协同增长的机制，不仅为去产能过程中保持社会稳定与经济增长提供理论与经验支撑，也为供给侧结构性改革提供科学依据。

第二，通过协同增长机制探寻与政策体系构建，实现"双倍增"目标，为包容性社会的建立提供收入分配保障。

第三，提出相关政策建议，为未来政策的制定提供新思路。

三、研究进展与动态

关于劳动收入与资本回报率的研究可以追溯到重商主义时期，其"少买"与"多卖"思想均注重资本积累以实现"国富"。斯密（Smith）、穆勒（Mill）、李嘉图（Ricardo）的劳动价值论均包含着劳动收入与资本回报率相互对立的观点，但李嘉图关于收入分配的研究却蕴含着"民富"思想。马克思批判地继承了他们的思想，并指出利润率下降的一般规律。杰文斯（Jevons）则使用边际效应价值论取代了劳动价值论，并开创了经济学的新时代。20世纪30年代兴起的凯恩斯主义主张国家干预收入分配，随后的新剑桥学派则强调李嘉图的收入分配思想，而同期的新古典综合派却关注个体收入分配不均的问题。20世纪80年代出现的内生增长理论及其现代新发展对内生技术进步的研究，则为劳动收入与资本回报率的协同增长提供了新的理论启示。相关理论演化脉络如图0.1所示。

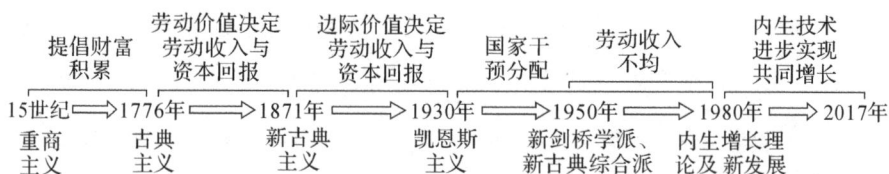

图 0.1　理论演化脉络

现阶段，全面分析劳动收入与资本回报率协同增长机制的文献几不可见，部分涉及两者关系的文献也多研究劳动收入对资本回报率的影响，且未涉及去产能背景。

（一）资本回报率的测度与提升机制研究

Baumol等（1970）较早使用回归法对资本回报率进行了核算，随后Friend等（1973），Fama等（1999）对此进行的修正仍存在估计系数有偏等缺陷，Feldstein（1977）提出的非回归方法则受到了广泛的欢迎。国内对资本回报率的研究热潮则出现在Kuijs（2005）与Shan（2006）的论战之后，众多文献基于非回归法从宏观（Bai et al., 2006；方文全，2012；白重恩等，2014；张勋等，2014）和微观（卢锋，2007；Lu et al., 2008；邵挺，2010；刘晓光等，2014）两个层面进行了估算，结果虽有差异，但多认为中国有着较高的资本回报率（孙文凯等，2010）。

2008年之后，中国资本回报率出现了明显下降，关于其提升机制的研究开始得到重视。多数学者认为技术进步（杨文等，2015）和人力资本增长（姚先国等，2008）是提高资本回报率的有效方式，而资本存量则有着反向作用（孙文凯等，2010；Song et al.，2011）。其他因素，如市场结构（杨文等，2015）、企业管理（Mueller et al.，1993；张亦春等，2015）、制度（胡凯等，2012；覃家琦等，2015）、政府债务（郭步超等，2014）等的影响虽存在争议，但对理解资本回报率的变动有着重要启示，也引发了学者深入研究的热潮。

（二）劳动收入的提升机制研究

劳动收入是经济学研究的热点问题，对其提升机制的研究主要有以下几个方面：一是技术进步偏向（Acemoglu，2003；黄先海等，2009；张莉等，2012）；二是产业结构变化（李稻葵等，2009；罗长远等，2009b）；三是劳动者谈判能力（Blanchard et al.，2003）；四是市场化水平（Kessing，2003）；五是二元经济结构下的劳动力转移（张松林等，2014）。以上研究多侧重要素收入份额变动，并没有深入探讨劳动收入与资本回报率的协同增长。

（三）劳动收入与资本回报率提升的关系研究

由于劳动人口增速下降与人力资本回报率提高，中国劳动收入出现了增长趋势。以往基于 Lewis 模型的研究多认为劳动收入的上涨会导致资本回报率的下降（陈仲常等，2005），但该模型关于工资不变的假定（Lewis，1954）在发展中国家是不成立的，因此并不适合用来分析中国问题（刘小光等，2014）。部分基于劳动力转移视角的研究与本书的研究内容有着密切关系，如消除劳动力错配（Hsieh et al.，2009）以及劳动力向现代部门转移（Song et al.，2011；罗知等，2017）都可以提升资本回报率。另外，Lucas（1990）关于人力资本的研究也对本书的研究有着重要启示，如果劳动力转移的同时伴随着质量或效率提升，就有可能实现劳动收入与资本回报率的协同增长，但现有文献并未对该情况进行深入研究。

四、研究思路与方法

本书的总体目标是基于中国特征构建理论分析框架，通过实证揭示去产能背景下劳动收入与资本回报率协同增长的机制，据此，本书主要沿着"典型特征提炼—理论机理刻画—实证机制挖掘—政策选择与评价"的逻辑思路展开研究。首先，以产能过剩与资本回报率测度方法的构建为基础，借助多种统计方法提炼去产能背景下中国劳动收入与资本回报率变动的典型特征；其次，以刻画去产能背景下劳动收入与资本回报率协同增长的理论机理为目的，构建新理论分析框架，并基于多层面数据，借助多种计量方法，揭示中国劳动收入与资本回报率协同增长的机制及其动态演进；再次，对我国实施的相关增长政策进行评价，为未来发展政策的制定提供科学指导；最后，在总结提炼国内外劳动收入和资本回报率增长经验的基础上，结合上述研究结论和中国发展的具体特征，提出中国提升劳动收入和资本回报率的政策建议。

本书具体研究方法包括以下几种。

（1）数理模型分析，即借助数理推导、数值模拟等，构建理论分析框架。

（2）计量分析，即通过大量实证，特别是面板数据，并结合稳健性检验，分析中国劳动收入与资本回报率协同增长的具体机制，如使用 OLS、面板固定效应进行机制回归分析，使用 GMM、2SLS 与工具变量解决内生性问题等。

（3）政策评估法，即使用断点回归方法（RD）有效规避因样本选择偏误导致的内生性问题，通过处理组（获得政策支持）和对照组（未获政策支持）的比较，在其他条件相同时判断政策的有效性及其边界。

五、可能的创新点

（1）交叉融合已有研究热点，拓展已有研究的边界。将劳动收入与资本回报率的研究纳入去产能背景中，形成一个融合多个交叉研究领域的协同增长机制分析框架，跳出新古典经济学关于两者互斥的研究范式，拓展已有研究边界并丰富收入分配相关研究理论。

（2）拓展识别产能过剩与资本回报率的方法，为后续研究提供实用的方法工具；改进已有研究方法，提升折旧率和基期资本存量等测度指标的精确度，进而完善资本回报率的测度方法；结合中国要素投入特征（从粗放向集约转变），基于多种方法识别中国产能过剩特征。

（3）结合中国实际构建理论分析框架，通过多维实证提炼协同增长机制。在构建多个单一增长理论分析框架的基础上，结合中国去产能特征构建了一个分析劳动收入与资本回报率协同增长的理论分析框架，然后借助多维实证探索中国协同增长的具体机制，为解决中国劳动收入增长乏力与资本回报率下降问题提供新思路。

（4）为要素收入提升政策的科学制定提供理论依据。在深入分析中国劳动收入与资本回报率协同增长机制的基础上，总结归纳国内外劳动收入与资本回报率增长的经验举措，并通过多维实证对中国已有增长政策的实施效果进行评价，进而提出中国未来政策制定的思路，不仅有助于要素收入的协同增长，也为中国共同富裕的推进提供启示与指导。

第一章　相关文献综述

第一节　资本回报率的测度及提升机制的相关文献

对中国资本回报率的研究在世界银行发布多份研究报告之后开始大量出现，随后不少学者从微观（卢锋，2007；Lu et al.，2008；邵挺，2010；刘晓光等，2014）和宏观（Bai，2006；方文全，2012；白重恩等，2014；张勋等，2014）两个层面估算了中国的资本回报率，其研究结论在国内外学术界引起过很大的争论。近几年，学者的测度结果虽有所不同，但大多认为中国有着较高的资本回报率（孙文凯等，2010）。学者估算结果存在较大差异，主要是因为选择的估算方法和估算样本不同，以及参数设定存在差异，其实对中国资本回报率的估算，最为重要的不是其数值的精确度，而是其变化趋势。2008 年之后，中国资本回报率出现了较大幅度的下降（贾润崧等，2014），从而引发了学者对中国经济能否持续增长的担忧。因此，越来越多的学者开始对资本回报率变动的影响因素进行研究，以期探寻中国资本回报率提升和经济转型发展的关键所在。

企业投资除使用自有资金外，还可能会进行外部融资，因此金融发展对投资有着重要的影响，金融发展水平越高，企业越容易获得更多的外部资金。同时，金融发展水平的提升还可以提高资金的配置效率。除了降低融资成本外，Sharma（2007）的研究还发现，在私人信贷占比高的国家，企业更倾向于进行研发活动，有利于生产效率的提升，因此金融发展可以促进资本回报率的提升。但过度依赖外部资金，也会带来较大的财务风险，资本回报率会随着金融规模的扩大而下降（张勋等，2016）。投资主体使用外部资金进行投资的比例，在一定程度上决定了其受金融发展水平影响的程度：利用外部资金越多，越有可能受到金融发展水平的影响；而利用较少的外部资金或仅使用内部自有资金进行投资，其受到金融发展水平影响的可能性就较小。

另外，金融发展的作用需在良好的制度环境下才能充分发挥（Loayza et al.，2006），但中国金融发展的过程中存在着大量的政策干预，不利于金融作用的发挥。由于存在考核压力，地方政府干涉金融市场的情况较为普遍（周立，2003），政策导向型信贷长期占据国有银行信贷的较大比重，带来了严重的不良资产问题（Allen et al.，2007），进而限制了金融发展对资本的优化配置作用。因此，国有银行规模的扩张往往带来政府干预的加深，遏制市场竞争，不利于中小企业生产效率的提升（Beck et al.，2006）。如果消除金融错配，私营部门将获得更多的资源，中国的资本回报率和经济增长将会显著提升（邵挺，2010）。因此，对中国投资问题的分析，考虑金融发展和政府干预在不同投资模式下的影响有着重要的现实意义。

除了金融发展外，还有较多的因素影响着资本回报率的变动，学者的研究亦各有侧重。由于本书重点阐述金融发展与投资模式的影响，因此下面主要从投资以及与投资有着较大关联的人力资本和技术进步进行综述。在投资方面，古典理论认为，物质资本存量的增长会导致资本边际产出下降，因此投资的提升对资本回报率的提升有着负向影响（白重恩等，2014）。资本存量的变动还会导致资本劳动比率的变动，进而提高或降低资本的回报率（孙文凯，2010；Song et al.，2011）。但资本的增长也会带来技术的进步，进而缓解资本边际产出的下降，另外，企业在投资过程中发生的学习行为可以提高生产效率（Olivier et al.，2006），因此从长期来看，资本深化对回报率的影响并不必然为负（Gordon，2000）。吕品等（2016b）的研究就显示资本深化对中国资本回报率的影响呈倒"U"形，而且中国能够长期保持较高的投资率，也在一定程度上印证了资本深化的复杂作用。资本深化影响的复杂性，主要是看投资本身是否带来了技术进步，以及人力资本是否缓解了资本深化的影响，因此笔者便继续从这两个因素着手，进一步探寻资本回报率的变动机制。

由于二元经济的特征，在中国投资快速增长的同时，大量劳动力开始从农村转向城市（刘晓光等，2014），改革开放带来的竞争压力，则使得大量低效率国有企业的工人流向高效率的私营部门（Song et al.，2011），大量工人的转移一方面减少了资本深化影响，另一方面因其工资水平远低于边际产出，所以资本回报率得以保持长期稳定提升。劳动力增长还可以通过"干中学"提高技术水平和生产效率，进而增加了人力资本的供给（Lewis，1954）。区域人力资本的差异还可以通过吸引先进资本和技术的流动并产生溢出效应，进而影响资本回报率的变动（姚先国等，2008）。在技术进步方面，Krugman（1994）关于东亚无技术进步的论断曾引起很大争论，宋冬林等（2011）的研究也显示技术进步对中国经济增长的贡献在不断下降。但黄德春等（2006）的研究却显示技术创新是促进中国资本回报率提升最有效的方式之一，随后 Bai 等（2006）、方文全（2012）、张勋等（2016）的研究都显示了全要素生产率提升对中国资本回报率有着明显的促进作用。中国快速进行的资本深化没有导致资本回报率的大幅下降，其中一个重要原因就是技术进步带来的产出效率提升（黄先海等，2011）。

第二节　劳动收入提升机制的相关文献

虽然近年来中国劳动收入份额有了上升趋势（Zhang et al.，2011），但长期逆资源禀赋的投资战略以及劳动力过剩与产业结构调整，造成了劳动收入份额一直在低位徘徊。2008 年之前，中国劳动收入份额一直处于下降趋势，之后虽有回升，但直至 2015 年仍处于 50% 以下。劳动收入份额下降会导致居民消费水平下降，不利于消费拉动型经济增长格局的构建，进而导致经济增长对投资与出口的依赖加重。另外，劳动收入份额下降也不利于要素收入分配优化，极易造成规模性收入分配不均（李稻葵等，2009）与社会冲突加剧等问题，给经济长期稳定发展埋下隐患。虽然众多学者都对中国劳动收入份额变动的影响因素做过较为深刻的解释，如产业结构变化（李稻葵等，

2009；罗长远等，2009a；白重恩等，2009；刘亚琳等，2018）、资本偏向型技术进步（黄先海等，2009；张莉等，2017）、对外贸易和引进外资（蒋为等，2014）、所有制变迁（周明海等，2010）和性别比例失衡（魏下海等，2017）等。但由于中国经济发展的特殊性与劳动收入份额变动成因的复杂性，对劳动收入份额的影响因素及其变动机制的探索仍有着十分重要的现实意义。

研究内容与本书较为相似的文献主要集中在金融发展与投资扩张两个研究领域，在 Acemoglu（2003）提出技术进步偏向对要素报酬的影响后，国内很多学者都基于该视角进行过研究，多认为在投资过程中发生了劳动节约型技术进步（黄先海等，2009）或资本偏向型技术进步（陈宇峰等，2013），进而造成了劳动收入份额下降。虽然是否发生或发生何种类型的技术进步仍存在争议，但投资驱动型的增长模式导致了企业偏向使用资本代替劳动（陈宇峰等，2013），确实是中国经济发展的显著特征。投资率过高引发的宏观需求结构失调等问题均有可能导致要素收入分配的变化（Bai et al.，2006），因此，在投资驱动特征明显的中国，分析投资对劳动收入份额影响的文献众多。由于 Acemoglu（2003）及后续相关研究的影响较为深远，因此学者在解释投资对劳动收入份额影响的机制方面多基于技术进步偏向的视角，进而忽视了另一个与投资较为相关的问题，即投资的来源。企业投资的来源有两类：一类是自有资金；另一类是外部资金。中国长期存在的结构性与区域性资金短缺，使得部分地区的投资扩张严重依赖于金融部门的贷款，极易因金融部门的"虹吸效应"而导致资源配置扭曲，进而陷入"脱实向虚"困境，不仅不利于劳动收入份额增长，也抑制了地区经济发展（李强等，2017）。因此分析投资对劳动收入份额的影响时，考虑金融发展的影响，显得十分必要。而根据中国金融发展[①]与劳动收入份额的变动趋势来看，2008年之前两者基本上都处于不断下降的态势，之后则呈现明显的上升趋势。因

---

① 此处金融发展数据使用贷款余额占 GDP 比例表示，数据来源将在下文进行说明。

此，从直观上看，两者也存在着明显的相关性并呈现出同步增减的特征，这也是本书基于金融发展视角，探索中国劳动收入份额变动的现实考量。

部分学者研究了金融发展对劳动收入份额的影响，但多基于金融规模和融资约束的视角进行分析，基于金融结构视角的研究相对较少，与之较为相关的文献也多分析金融结构对收入不平等、城乡收入差距等的影响（Johansson et al.，2014；刘贯春，2017）。由于中国金融市场发展并不完善，大量效率较高的中小企业因信贷支持不足难以扩大规模，而大部分国有企业却因预算软约束导致自力更生能力不足（Allen et al.，2007），这说明中国金融发展不仅是规模问题，更是结构问题，因此仅分析金融规模的影响可能无法较好地阐释中国金融市场中存在的特殊现象。

第三节 资本回报率与劳动收入协同增长的相关文献

已有研究认为经济增长是提高资本回报率的重要动力，而劳动者报酬的提高会降低资本回报率（黄先海等，2012a；陈培钦，2013），高劳动力转移成本还是导致中国制造业区域发展不均衡的重要因素（林理升等，2006）。但是如果劳动力增长可以通过"干中学"提高技术水平和生产效率，进而增加人力资本的供给（Lewis，1954），那么劳动报酬提升则不会出现负向影响。人力资本的增长能够缓解资本深化的影响，提高资本的利用效率，因此对资本回报率有着促进作用（杨君等，2018）。人力资本还可以通过吸引先进资本和技术的流动并产生溢出效应，进而影响资本回报率的变动（Song et al.，2011）。人力资本提升对资本回报率的影响还存在着区域差异，人力资本在东部和中部地区对资本回报率均有着显著的促进作用，在西部地区则存在着显著的负向作用（杨君等，2018）。除了人力资本提升外，刘晓光等（2014）还认为劳动力转移是中国资本回报率提升的重要原因，张勋等（2016），罗知等（2017）也得出了类似结论。

去产能政策可通过调节行业过剩产能对劳动收入和资本回报率产生影响。一方面，去产能政策会导致"低效低能"行业的国有中小企业退出，此类企业退出为非过剩行业新企业的进入释放了必要资源，特别是确保新进入企业能够获得充足的要素供给，因此过剩行业的企业退出和非过剩行业的新企业进入有助于产业结构失衡状况的改善，优化了产业结构（白让让，2016b）。而产业结构优化则可以有效降低资源配置的扭曲程度，实现劳动和资本要素的合理配置，最终提高全社会的生产效率（程俊杰，2015），因此有助于劳动收入和资本回报率的提升。另一方面，去产能政策通过倒逼和激励两大手段促使企业更加注重技术创新活动。在技术创新已成为中国资本回报率提升最有效动力的当下（杨君等，2018），通过去产能政策实施带来的技术进步有助于资本回报率提升。虽然不同类型技术进步对劳动收入的影响还存在争议，但技术创新是经济增长的源泉，因此也是劳动收入增长的根本动力，去产能政策实施带来的技术进步有助于劳动收入提高。

去产能政策通过融资限制等举措切断过剩行业的资金来源，并严格把控对产能过剩行业的补贴发放和信贷支持（王桂军，2019），加速了过剩产能的退出，而过剩产能的退出则有利于非过剩行业的企业获取更多的信贷资源，对于激活非过剩行业企业的发展活力大有裨益（郭长林，2016）。去产能政策实施后，非过剩行业企业的融资约束得到部分缓解，进而通过引进和购买新设备、新工艺推动企业实现转型升级，提高企业生产效率和资本回报率。非过剩行业的企业在较低的融资约束下，也会积极从事技术创新活动以寻求市场竞争力的提高（沈红波等，2010），进而对资本回报率提升产生促进作用。但企业的转型升级往往伴随着先进机器设备的投入使用，这也导致了劳动力被大量替代，降低了劳动收入份额。

第四节 本章小结

已有文献对本书的研究有着重要启发，但仍存在以下不足：一是缺乏去产能背景下劳动收入与资本回报率协同增长的理论分析，协同增长理论分析框架的缺失，使得作用力弹性系数、动态演进等深层次机理无法明确，实证研究更是难以展开；二是去产能对中国劳动收入与资本回报率的增长机制造成了冲击，以往文献缺乏对这一特征事实的考虑，因此参考价值大打折扣；三是以往研究多单独分析劳动力或资本回报率的提升机制，协同增长经验研究缺失，使得学者对如何摆脱"劳动收入增长乏力与资本回报率下降共存"的窘境"束手无策"；四是以往研究多忽视资本的时间和空间异质性，或高估折旧率导致资本回报率测度结果存在"虚高"偏误，不利于准确识别中国投资特征；五是产能过剩识别方法缺乏中国特征嵌入，导致"识别误差"频现。

针对以上不足，本书通过完善已有产能过剩与资本回报率的测度方法，准确识别当前中国各省（区、市）产能过剩和要素收入特征及其变动趋势，进而基于三层次理论分析框架的构建，结合多维实证揭示去产能背景下中国劳动收入与资本回报率协同增长的机制，基于理论、实证和经验分析得出的研究结论，还提出了具体的政策建议。本书的研究结论不仅明确了中国去产能的重点方向，关于劳动收入与资本回报率协同增长机制的分析还为中国共同富裕的推进提供了科学指导，进而为包容性社会的构建提供新的启示。

第二章　产能利用率与资本回报率的测度方法与结果分析

第一节 产能利用率的测度方法

一、生产函数法

Cassels（1937）较早提出可用成本函数法测度产能利用率。本书借鉴了 Berndt 等（1981）提出的生产函数，即

$$Y = f(V, F) \tag{2-1}$$

其中，V 表示可变投入向量；F 表示准固定投入向量（短期内无法调整，但在长期可以变动）。

企业是以追求利润最大化为目标的微观主体，根据对偶理论利润最大化问题或是成本最小化问题进行生产决策。由于在短期内受到市场限制和技术条件的约束，因此企业的短期成本函数可以表示为

$$\text{STC} = \text{VC} + \text{FC} = P_K \times K + VC(K, Y, P_z, t, \Delta K) \tag{2-2}$$

其中，VC 代表可变成本；FC 代表固定成本；t 代表技术进步；P_z 代表可变要素的价格；K 代表固定资本；ΔK 代表新增固定资本；Y 代表产出，是 VC 的函数；P_K 代表资本的价格。

根据 Morrision（1985）的模型，选取影响短期可变成本的三个主要的生产因素 L、E、M，L 代表劳动力，E 代表能源，M 代表原材料，式（2-2）可改写成

$$STC = VC(P_M, P_E, P_L, Y, K, \Delta K, t) + P_K \times K \tag{2-3}$$

根据产能利用率和包络定理，对 K 求一阶导，得

$$\partial\text{STC} / \partial K = \partial\text{VC} / \partial K + P_K = 0 \tag{2-4}$$

可从中计算出潜在产能产出 Y^*，即成本最小化的产能产出

$$Y^* = Y^*(P_M, P_E, P_L, K, t) \tag{2-5}$$

进而可以求出产能利用率

$$CU = Y / Y^* = \Phi(P_M, P_E, P_L, K, t) \tag{2-6}$$

借鉴 Berndt 等（1981）的研究，首先构建标准化可变成本函数，假定有 N 种准固定投入，S 种可变投入。X_i 代表第 i 种要素投入，w_j 代表第 j 种可变要素的价格，$\tilde{w}_j$ 代表经过第一种要素价格标准化后的价格，时间趋势 t 代表技术进步，Y 代表产出水平，即 $G = WC/w_1$，即经过第一种要素价格标准化处理后的短期成本。其形式表示为

$$
\begin{aligned}
G &= V_1 + \sum_{j=2}^{S} \tilde{w}_j V_j \\
&= Y \times \left(\alpha_0 + \alpha_{0t} \times t + \sum_{j=2}^{s} \alpha_j \times \tilde{w}_j + \frac{1}{2} \sum_{j=2}^{s} \sum_{l=2}^{s} \gamma_{jl} \times \tilde{w}_j \tilde{w}_l + \sum_{j=2}^{s} \alpha_{jt} \times \tilde{w}_j \times t \right) \\
&\quad + \sum_{i=1}^{N} \alpha_i \times x_i + \frac{1}{2} \sum_{i=1}^{N} \sum_{m=1}^{N} \gamma_{im} \times \frac{x_i \times x_m}{Y} + \sum_{i=1}^{N} \sum_{j=2}^{S} \gamma_{ij} \times \tilde{w}_j \times x_i + \sum_{i=1}^{N} \alpha_{it} \times x_i \times t \\
&\quad + \frac{1}{2} \sum_{i=1}^{N} \sum_{m=1}^{N} \beta_{im} \times \frac{\Delta x_i \times \Delta x_m}{Y}
\end{aligned}
\tag{2-7}
$$

根据我国的实际情况，在实证分析研究中加入劳动力（L）、能源（E）和原材料（M），把可变成本函数形式转化为

$$
\begin{aligned}
G &= L + \tilde{P}_E \times E + \tilde{P}_M \times M \\
&= Y \times [z_0 + z_{0t} \times t + z_E \times \tilde{P}_E + z_M \times \tilde{P}_M + 0.5 \times (S_{EE} \times (\tilde{P}_E)^2 \\
&\quad + S_{MM} \times (\tilde{P}_M)^2) + S_{EM} \times \tilde{P}_E \times \tilde{P}_M + z_{Mt} \times \tilde{P}_E \times t + z_{Mt} \times \tilde{P}_M \times t] \\
&\quad + z_K \times K + 0.5 \times (S_{KK} \times (K^2/Y) + \beta_{KK} \times (\Delta K^2/Y)) \\
&\quad + S_{EK} \times \tilde{P}_E \times K + S_{MK} \times \tilde{P}_M \times K + Z_{Kt} \times K \times t
\end{aligned}
\tag{2-8}
$$

其中，加波浪线的变量表示经过劳动力价格指数标准化处理得到的指数。$\tilde{P}_E$ 表示经过劳动力价格指数标准化处理后的能源价格指数；$\tilde{P}_M$ 表示经过劳动力价格指数标准化处理后的原材料价格指数；L 代表劳动力总成本；E 代表能

源的消费量；M 代表原材料的投入量；K 代表固定资产净值；Y 代表工业增加值；t 代表技术进步；ΔK 代表历年新增固定资本。

根据式（2-4）对资本 K 求导的公式，可以计算出产能利用率 CU，即

$$
\begin{aligned}
\mathrm{CU} &= Y\big/Y^* \\
&= -Y \times \left(z_K + S_{\mathrm{EK}} \times \tilde{p}_E + S_{\mathrm{MK}} \times \tilde{p}_M + z_{Kt} \times t + \tilde{p}_K \right) \big/ \left(s_{\mathrm{KK}} \times K \right)
\end{aligned}
\tag{2-9}
$$

二、生产侧与消费侧相结合法

本书使用产能利用率指标来反映国内各地区的产能过剩情况。国际上一般以 79% 为标准，将产能利用率低于 79% 的产业界定为存在产能过剩。产能利用率受到生产侧与消费侧的共同影响，因此本书借鉴杨振兵（2015）提出的产能利用分解方法，对中国制造业的产能利用率进行计算，具体的公式为

$$
\mathrm{CU} = \mathrm{CU}_C \times \mathrm{CU}_P \tag{2-10}
$$

其中，CU 为最终的产能利用率；CU_C 和 CU_P 分别表示需求侧的产能利用率和供给侧的产能利用率。CU_C 的计算方法较为简便，可表示为

$$
\mathrm{CU}_C = D/S \tag{2-11}
$$

其中，D 为制造业销售产值；S 为制造业总产值。

对于 CU_P 的计算，本书借鉴董敏杰等（2015）的研究，先建立如下生产函数

$$
y = \mathrm{TE} \times Y(F,V) \tag{2-12}
$$

其中，y 和 Y 分别表示实际产出水平与有效产出水平；F 表示固定投入；V 表示可变投入；TE 表示技术效率。在没有 V 和 TE 约束下，企业的生产能力为 $Y(F)$。因此，产能利用率 CU_P 可表示为实际产出与生产能力之比

$$
\mathrm{CU}_P = y/Y(F) = TE \times Y(F,V)/Y(F) = \mathrm{TE} \times \mathrm{EU} \tag{2-13}
$$

其中，$\mathrm{EU} = Y(F,V)/Y(F)$，表示在投入约束下设备的利用效率。

然后可以使用 DEA 方法计算 $Y(F,V)$ 和 $Y(F)$，具体计算公式为

$$\text{Max} Y_j^t(F_j^t, V_j^t) = \sum_{i=1}^{n} \lambda_i^t y_i^t \qquad （2\text{-}14）$$

$$s.t. \sum_{i=1}^{n} \lambda_i^t y_i^t \geqslant y_j^t, \sum_{i=1}^{n} \lambda_i^t F_i^t \leqslant F_j^t, \sum_{i=1}^{n} \lambda_i^t V_i^t \leqslant V_j^t, \sum_{i=1}^{n} \lambda_i^t = 1, \lambda_i^t \geqslant 0$$

$$\text{Max} Y_j^t(F_j^t) = \sum_{i=1}^{n} \lambda_i^t y_i^t \qquad （2\text{-}15）$$

$$s.t. \sum_{i=1}^{n} \lambda_i^t y_i^t \geqslant y_j^t, \sum_{i=1}^{n} \lambda_i^t F_i^t \leqslant F_j^t, \sum_{i=1}^{n} \lambda_i^t = 1, \lambda_i^t \geqslant 0$$

其中，t 表示时期；i 表示实际生产单元；j 表示被考察单元；λ 表示权重向量；约束条件 $\sum_{i=1}^{n} \lambda_i^t = 1$ 表示规模报酬可变。

第二节　我国各地区产能利用率的测度结果分析

一、生产函数法测度结果

本书利用生产函数法测算了 1999—2013 年我国 30 个省（区、市）的产能利用率。首先分东、中、西部三个区域[1]进行回归分析，测算出式（2-8）所需的各个参数，具体如表 2-1 至表 2-3 所示。然后将上述参数代入式（2-9），进而测算出 30 个省（区、市）的产能利用率，具体如表 2-4 所示。

表 2-1　东部地区主要参数的估计结果

系数	系数值	p 值	系数	系数值	p 值
z_K	-1.23^{***} (0.38)	0.00	z_M	11.38 (6.92)	0.23
z_{K_t}	0.07^{***} (0.02)	0.00	z_{M_t}	-0.58^{*} (0.333)	0.08
S_{EK}	1.27^{*} (0.74)	0.09	S_{MK}	2.75^{**} (1.31)	0.04

[1]　本书将 31 个省（区、市）划发为东、中、西部三个区域，其中，东部地区包括北京、天津、河北、辽宁、上海、江苏、浙江、广东、山东、福建和海南；中部地区包括吉林、黑龙江、安徽、江西、河南、湖北、湖南和山西；西部地区包括广西、内蒙古、重庆、四川、贵州、云南、西藏、陕西、甘肃、青海、宁夏和新疆。本部分因西藏地区数据缺失严重，未将其统计在内。

续表

系数	系数值	p 值	系数	系数值	p 值
S_{KK}	−0.70*** (0.25)	0.00	z_E	−0.03 (6.33)	0.53
β_{KK}	−3.57** (1.80)	0.05			

注：*、** 和 *** 分别表示在 10%、5% 和 1% 水平上显著。

表 2-2 中部地区主要参数的估计结果

系数	系数值	p 值	系数	系数值	p 值
z_K	−0.31	0.22	z_M	−16.61**	0.04
z_{K_t}	0.01	0.28	S_{MM}	41.02***	0.00
z_0	−5.54***	0.00	S_{EM}	−18.77***	0.00
z_{0t}	0.28***	0.00	S_{KK}	−0.62***	0.02
S_{EK}	1.82**	0.02	z_{E_t}	−1.17***	0.00
S_{KK}	−0.57	0.68	z_{M_t}	0.82**	0.01
S_{KK}	−11.56*	0.09	z_E	27.79***	0.00
β_{KK}	−2.19**	0.02			

注：*、** 和 *** 分别表示在 10%、5% 和 1% 水平上显著。

表 2-3 西部地区主要参数的估计结果

系数	系数值	p 值	系数	系数值	p 值
z_k	7.10* (4.36)	0.10	z_{ET}	−1.31 (1.09)	0.23
z_{k_t}	−0.38* (0.24)	0.10	S_{KK}	2.28* (1.21)	0.06
z_{0t}	−0.32 (−1.47)	0.14	S_{MK}	−15.64* (8.36)	0.06
S_{EK}	4.13* (2.17)	0.05			

注：*、** 和 *** 分别表示在 10%、5% 和 1% 水平上显著。

表 2-4   1999—2013 年代表年份各省（区、市）产能利用率测度结果

（单位：%）

省（区、市）	1999年	2001年	2003年	2005年	2008年	2010年	2011年	2012年	2013年
北京	70.1	52.2	42.0	50.8	34.1	35.9	38.6	36.5	40.8
天津	61.2	53.0	53.1	70.2	74.5	56.6	68.7	61.0	56.0
河北	83.3	64.6	50.5	76.8	74.0	70.3	88.6	71.1	65.2
黑龙江	52.1	43.8	37.3	62.9	77.9	76.3	86.8	86.2	75.9
吉林	56.3	58.1	45.7	53.6	54.6	79.4	96.5	94.1	82.1
辽宁	108.3	79.0	56.5	98.2	87.2	87.1	106.1	99.3	103.4
上海	90.5	77.3	73.5	75.0	69.9	57.0	59.6	51.4	49.7
江苏	110.8	85.2	75.0	92.5	83.1	86.5	105.3	92.4	89.5
浙江	97.4	89.0	74.9	69.6	70.4	62.5	68.8	60.3	56.6
安徽	72.9	51.4	47.8	70.6	61.5	77.5	110.9	95.9	97.7
福建	92.8	66.3	61.9	74.5	54.1	62.6	81.82	77.1	80.6
山东	105.3	88.5	76.7	96.3	101.3	87.7	109.8	88.0	98.3
广东	99.2	89.4	71.6	81.6	62.1	52.9	68.9	68.5	78.9
海南	53.9	46.7	43.4	41.2	45.9	43.8	51.4	48.7	35.1
河南	80.3	75.3	77.0	121.1	155.6	149.7	167.0	140.0	134.3
湖北	76.4	104.9	67.5	88.1	112.0	100.9	140.7	134.4	125.9
湖南	65.1	68.8	69.6	116.5	151.5	133.2	159.0	137.2	128.4
江西	53.9	54.8	55.7	78.6	103.9	79.3	93.7	86.0	76.4
山西	50.2	35.9	56.4	72.5	75.2	61.7	64.26	52.2	44.0
内蒙古	38.6	47.5	42.1	57.8	66.6	64.8	66.2	50.7	46.0
重庆	65.9	48.7	38.4	50.4	59.2	43.1	70.2	64.5	61.9
四川	69.9	43.1	33.7	67.5	73.4	51.1	83.7	69.1	63.6
贵州	84.5	39.1	38.3	52.5	60.4	42.1	65.4	59.7	55.6

续表

省（区、市）	1999年	2001年	2003年	2005年	2008年	2010年	2011年	2012年	2013年
云南	110.7	79.7	64.2	95.3	87.3	62.0	77.7	70.1	58.4
陕西	55.6	38.8	33.7	59.8	55.9	64.0	66.4	63.5	82.6
甘肃	63.3	55.0	46.1	92.4	82.9	60.9	98.9	76.9	73.6
青海	34.4	15.3	16.7	31.2	38.3	40.7	54.1	48.4	45.8
宁夏	54.0	29.5	20.5	38.0	26.1	22.2	27.9	26.9	64.4
新疆	60.7	50.2	35.6	77.1	84.2	67.4	73.7	60.0	55.6
广西	70.7	50.3	26.1	63.4	79.2	82.0	141.8	140.3	145.5

注：表中数据为笔者根据国家统计局相关数据计算得到，本章余表同。

总体上看，我国各地区产能利用率呈现先上升后下降的趋势，2008年为产能利用率的高峰期。分地区来看，东部地区的产能利用率相对较高，中部地区部分省（区、市）产能利用率较低，西部地区产能利用率最低。

二、生产侧与需求侧相结合法测度结果

本书利用生产侧与需求侧相结合的方法测算了2000—2014年国内30个省（区、市）的产能利用率，测度结果如表2-5所示。从总体来看，产能过剩问题具有明显的普遍性。从区域来看，产能利用率呈现明显的东高西低特征，东部省份产能利用率最高，中部次之，西部最低，但大部分省（区、市）均存在产能过剩问题。具体来看，东部地区，除广东、海南、江苏的产能利用率基本保持在90%以上外，其他省（区、市）大多存在产能过剩问题；中部和西部地区大部分省（区、市）也都存在着严重的产能过剩问题，其中青海、新疆、山西和黑龙江的产能利用率较低，多在20%上下。产能过剩的区域分布特征基本与经济发展水平保持一致，即经济发展水平较高的地区产能过剩问题相对较轻，经济相对落后地区则受产能过剩问题困扰明显。

从时间上看，国内的产能过剩情况具有较强的持续性。东部和中部地区的产能利用率基本保持稳定，东部地区多在 80% 的水平小幅度波动，中部地区则在 50% 的水平上下波动，西部地区的产能利用率则呈现下降趋势，从 2000 年的 42%（西部地区的平均值）下降到 2014 年的 34%。造成这一区域差异的可能原因是，东部地区市场化水平较高，民营企业占较大比例，相对生产效率高，企业一般会根据市场需求进行投资，因此产能过剩问题比中、西部地区要轻。中、西部地区市场化水平相对较低，且国有企业占比较大，部分省（区、市）为了保就业、稳发展等，对无效率国有企业进行持续性补贴救助，进而导致严重的产能过剩问题。

表 2-5　2000—2014 年各省（区、市）产能利用率测度结果（单位：%）

省（区、市）	2000年	2001年	2002年	2003年	2004年	2005年	2006年	2007年	2008年	2009年	2010年	2011年	2012年	2013年	2014年
北京	70.70	68.87	68.80	72.67	60.15	61.22	67.67	61.30	58.12	61.97	65.89	57.97	54.61	60.21	61.33
天津	67.01	64.06	66.52	73.77	80.36	80.70	94.36	84.60	88.26	77.36	77.95	78.02	81.23	79.54	83.79
河北	57.32	53.57	50.98	50.83	53.13	53.76	55.95	52.29	48.99	48.55	51.73	45.57	43.76	39.14	38.01
山西	34.83	31.34	30.11	30.80	31.02	28.41	28.20	26.69	24.96	21.96	24.31	23.28	24.32	23.42	21.04
内蒙古	33.31	33.18	32.35	33.11	38.19	32.70	38.94	35.49	34.84	40.07	37.07	36.69	35.05	33.06	28.75
辽宁	47.78	39.85	38.19	41.17	44.33	46.93	52.50	50.22	47.66	54.43	57.44	52.36	56.08	48.39	46.30
吉林	51.30	48.85	48.62	52.03	48.39	44.70	48.11	52.27	52.68	59.35	55.23	51.43	51.52	50.16	48.79
黑龙江	48.56	42.65	37.98	35.02	32.72	32.60	33.00	26.99	26.62	25.67	25.40	23.29	23.07	23.66	21.41
上海	75.65	73.34	74.24	82.68	74.99	69.71	74.96	74.25	75.62	70.76	84.72	78.72	78.36	73.64	72.19
江苏	95.39	97.06	97.59	96.20	86.72	84.65	88.52	85.96	89.11	92.91	94.89	92.81	98.63	98.66	98.67
浙江	98.26	96.97	97.08	95.97	85.78	83.17	86.18	83.81	80.97	77.89	87.22	79.41	82.79	78.85	75.77
安徽	55.43	54.17	53.90	52.49	53.05	56.91	60.42	53.09	51.77	57.14	62.17	61.01	61.61	60.00	62.55
福建	69.74	65.77	71.56	77.59	78.54	81.37	88.55	85.21	89.45	87.99	97.76	97.50	97.61	97.62	97.63
江西	53.96	50.82	53.61	52.21	58.13	61.40	70.23	66.88	47.44	62.91	64.21	58.41	61.49	62.50	65.26
山东	80.61	81.25	82.13	78.29	74.94	76.53	78.16	72.69	69.05	79.08	73.63	68.61	79.53	79.72	75.09

续表

省 （区、市）	2000 年	2001 年	2002 年	2003 年	2004 年	2005 年	2006 年	2007 年	2008 年	2009 年	2010 年	2011 年	2012 年	2013 年	2014 年
河南	61.98	58.47	55.32	54.04	50.27	56.25	58.88	62.47	58.32	57.99	60.95	55.21	56.41	52.47	50.16
湖北	58.07	58.28	58.10	37.68	38.51	37.88	42.56	39.17	40.50	40.87	51.91	49.35	55.64	52.53	56.29
湖南	50.54	50.92	52.40	50.49	52.65	59.42	61.82	60.74	63.66	65.78	65.84	66.67	66.76	70.02	70.41
广东	99.20	97.62	97.85	97.27	97.79	97.50	97.65	97.83	97.13	97.09	97.46	97.63	97.43	97.42	97.41
广西	45.24	41.15	44.45	45.19	44.97	47.94	53.63	43.23	40.05	42.19	42.54	44.29	49.03	53.01	55.95
海南	76.49	84.16	87.20	86.72	90.35	98.97	93.86	96.89	95.32	94.49	96.47	95.86	90.59	86.32	86.96
重庆	53.40	54.62	56.49	63.62	69.10	69.37	74.02	67.83	68.36	76.67	74.20	79.18	76.20	73.93	76.16
四川	43.21	41.46	44.80	43.73	44.93	47.93	56.91	54.27	57.12	60.17	56.77	57.21	54.04	49.00	47.33
贵州	42.60	38.59	38.51	37.77	35.18	35.36	35.45	33.30	31.16	28.51	27.93	30.89	30.62	32.24	34.75
云南	46.08	44.47	44.85	42.33	43.45	46.86	50.05	44.37	41.96	39.13	36.59	34.98	35.63	31.07	26.86
陕西	39.21	35.12	33.48	32.97	32.79	31.92	33.49	31.14	31.59	36.52	38.75	28.82	28.96	33.47	27.18
甘肃	42.42	44.48	42.73	34.47	32.32	42.71	39.47	37.86	33.42	30.67	25.97	24.79	23.85	25.18	24.08
青海	21.92	21.45	22.90	20.50	23.54	24.08	27.20	21.55	22.10	22.62	18.20	20.49	18.06	19.76	17.79
宁夏	57.48	43.05	40.98	35.05	51.62	59.76	58.25	42.52	38.30	31.99	31.63	23.28	24.17	27.61	26.44
新疆	39.33	35.17	29.85	26.07	24.29	24.55	26.62	21.51	20.42	17.44	15.92	14.33	14.10	13.16	12.23

第三节　资本回报率的测度方法

本书借鉴 Bai 等（2010）的研究，基于国民收入核算数据对国内各省（区、市）的资本回报率进行了测度。在不考虑资本折旧和价格变化的情况下，资本回报率的测度模型如下

$$i(t) = \frac{P_Y(t)\text{MPK}(t)}{P_K(t)} \tag{2-16}$$

其中，$i(t)$ 表示资本回报率；$P_Y(t)$ 表示产出品价格；$P_K(t)$ 和 MPK(t) 分别表示资本的价格和边际产出。其中 MPK(t) 数据可使用以下方法求出

$$\alpha(t) = \frac{P_Y(t)\text{MPK}(t)K(t)}{P_Y(t)Y(t)} \tag{2-17}$$

其中，$K(t)$ 表示资本存量。

结合式（2-16）和式（2-17），并将资本折旧和价格变化加入模型，最终的测度模型可以表示为

$$\begin{aligned}
r(t) &= i(t) + P_K'(t) - \delta(t) - P_Y'(t) \\
&= \frac{\alpha(t)}{P_K(t)K(t)/P_Y(t)Y(t)} + P_K'(t) - \delta(t) - P_Y'(t)
\end{aligned} \tag{2-18}$$

其中，$r(t)$ 表示最终的资本回报率，下文对资本回报率的测度即以式（2-18）为基础；$P_Y'(t)$ 和 P_Y' 分别表示产出品和资本品的价格变化率；$\alpha(t)$ 表示总产出中的资本份额；$\delta(t)$ 表示资本折旧率。

第四节　我国各地区资本回报率的测度结果分析

图 2-1 报告了 1995—2014 年我国东、中和西部地区的资本回报率。分地区来看，东部地区资本回报率最高，中部地区次之，西部地区最低。改革开放以来，东部地区接受了大量的国内外投资，产业发展和技术水平提升较为迅速，而中、西部地区在产业投资方面的吸引力较弱，经济发展也较为缓慢。随着经济的发展，东部地区更加注重产业结构升级，中、西部地区则大量接收东部地区转移的产业，但这些产业多属于落后的边缘产业，盈利水平较低。另外，由于偏远的区位条件和落后的基础设施，西部地区的资本回报率不仅远远落后于东部地区，与中部地区的差距也较为明显。

从时间上看，我国的资本回报率在前期较为平稳，后期则出现了较大降幅。2000 年之前，国内各地区的资本回报率多在 15% 以上；至 2008 年，东、中部地区的资本回报率保持在 15% 以上；之后，则降到 10% 上下。这也与白重恩等（2014），张勋等（2014）的研究具有一定的相似性。2008 年之后，资本回报率出现的大幅度下降，与经济危机的爆发以及我国的政策导向有关。

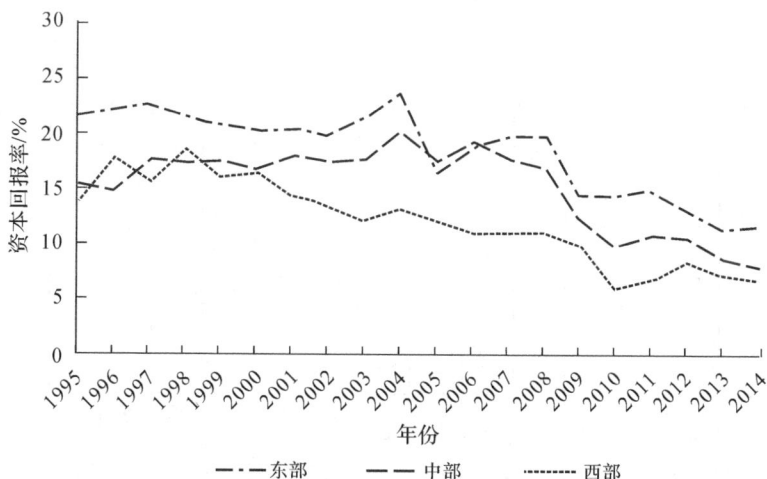

图 2-1　1995—2014 年我国东、中、西部地区的资本回报率

注：数据来自国家统计局，本章余图同。

经济危机的蔓延，导致了产品需求的下降，企业经营遭遇严重困难，利润大幅下跌。另外，我国政府推出的"4 万亿"刺激计划，造成大量产业出现过剩产能，进而导致资本回报率大幅下降。与东部和中部地区相比，西部地区的资本回报率在 2000 年之后即出现了持续的下滑，其中可能的原因是 2000 年政府实施积极的财政政策推动西部大开发，大量资金被投入公路、通信等基础设施建设，这些投资短期内很难实现盈利，因此造成了资本回报率的下降。但随后的年份，西部地区的资本回报率并没有出现明显回升，而是持续下滑，这也说明靠外部刺激推动西部发展效果不佳，西部地区要实现经济的持续发展，仍需寻求内生驱动力，即增强自我造血功能。

从变动趋势上看，地区间资本回报率趋同趋势较为明显。东部和中部地区的资本回报率在部分年份较为接近，趋同趋势最为明显。虽然西部地区的资本回报率较低，但是在变动趋势上依然与东部和中部地区较为同步，这也说明我国区域间的资本配置效率在提升。

本书还对 2000—2017 年各省（区、市）的资本回报率进行了测度，具体结果详见表 2-6。

表2-6 2000—2017年各省（区、市）资本回报率测度结果

（单位：%）

省（区、市）	2000年	2001年	2002年	2003年	2004年	2005年	2006年	2007年	2008年	2009年	2010年	2011年	2012年	2013年	2014年	2015年	2016年	2017年
北京	10.51	14.91	16.63	13.82	13.05	10.98	11.87	12.97	17.22	11.6	11.68	13.01	11.63	9.38	11.35	7.4	7.6	13.64
天津	14.96	17.08	18.54	19.2	30.88	14.56	22.96	21.97	17.33	16.94	11.67	12.24	10.12	8.84	8.97	10.1	6.96	9.63
河北	16.48	15.23	17.39	19.25	24.54	17.43	18.35	14.19	13.38	7.51	6.71	7.27	9.72	8.61	9.24	7.9	3.51	10.83
山西	25.15	22.72	20.37	23.63	21.36	23.01	21.79	21.21	19.14	13.68	7.17	9.21	12.2	10.88	7.79	4.09	4.28	-1.46
内蒙古	25.99	25.44	24.32	17.45	22.84	18.57	15.85	13.84	11.51	11.02	10.98	7.48	9.09	6.24	4.73	6.24	5.54	17.33
辽宁	24.88	25.88	25.5	28.61	25.27	9.35	13.65	12.11	10.78	8.45	6.86	9.2	7.79	8.54	7.29	7.92	3.7	6.93
吉林	9.99	11	9.02	7.5	20.58	16.86	15.41	11.67	13.45	8.81	6.3	6.7	7.28	6.1	6.07	5.33	3.81	11.04
黑龙江	23.13	22.88	22.82	21.38	26.58	26.7	28.87	27.33	26.01	21.1	15.23	15.73	15.06	12.39	9.36	9.32	7.32	9.25
上海	18.95	18.46	16.73	19.06	23.34	18.69	19.73	22.84	24.3	16.37	18.06	19.39	16.82	14.61	14	12.01	10.38	18.73
江苏	22.16	23.1	16.39	23.56	24.41	12.38	18.97	21.75	22.05	14.33	14.53	14.94	12.79	13	13.34	9.73	10.1	16.52
浙江	21.95	23.12	25.77	25.71	19.36	17	17.35	19.51	21.86	15.26	14.5	16.32	14.45	11.16	13.32	9.46	8.57	14.71
安徽	18.22	21.16	20.03	21.86	16.99	18.44	18.5	17.87	14.59	9.05	12.21	12.62	12.96	12.02	12.63	10.46	8.05	14.72
福建	21.91	22.05	21.24	21.83	23.06	20.86	22	20.04	14.98	9.01	10.06	11.37	9.44	8.6	7.73	5.56	3.76	7.84
江西	14	15.93	17.41	16.42	10.32	14.47	15.29	16.7	20.78	15.68	11.28	13.14	15.59	12.87	14.89	12.27	11.35	17.74
山东	23.09	18.11	17.54	16.92	25.93	17.8	18.08	18.94	16.67	14.1	16.6	17.05	13.99	11.86	12.41	8.46	8.05	13.74

续表

省（区、市）	2000年	2001年	2002年	2003年	2004年	2005年	2006年	2007年	2008年	2009年	2010年	2011年	2012年	2013年	2014年	2015年	2016年	2017年
河南	20.95	20.85	21.44	22.02	23.01	15.48	21.62	18.7	16.02	9.65	7.12	10.28	6.76	4.53	3.93	2.63	0.66	7.4
湖北	9.02	10.37	7.83	11.61	15.94	14.49	17.3	15.61	14.85	11.76	13.42	11.74	11	9.26	9.2	8.23	5.51	11.67
湖南	14.23	17.91	20.41	14.67	25.92	15.67	15.43	14.63	16.12	13.86	9.88	10.61	11.37	9.86	9.19	9.08	6.34	12.39
广东	22.39	23.79	24.23	25.43	28.75	23.19	26.15	27.55	30.24	23.81	23.37	21.7	20.15	16.81	15.72	13.12	10.65	14.33
广西	18.41	15.57	15.22	16.68	15.39	11.04	8.13	7.65	9.59	7.9	0.3	1.23	4.23	4.89	5.05	2.4	0.4	11.44
海南	7.38	5.51	9.11	10.32	8.83	5.96	5.11	17.82	11.58	7.11	6.81	6.13	5.47	2.46	1.65	4.17	1.02	3.76
重庆	20.17	15.83	14.5	11.99	9.84	9.06	9.25	9.91	10.1	8.17	7.97	7.34	10.72	13.5	11.74	10.59	9.01	15.69
四川	17.2	1.61	26.38	12.34	13.57	15.31	13.51	13.41	13.31	11.49	8.77	12.86	14.01	12.71	11.95	3.7	2.41	8.19
贵州	9.03	8.52	7.96	5.79	10.87	7.94	8.11	7.06	8.63	11.13	7.44	7.05	4.46	3.97	4.42	1.61	2.07	5.97
云南	22.42	17.63	17.2	15.81	16.22	14.13	11.17	9.03	10.11	11.11	7.53	3.74	4.13	3.07	3.73	3.15	0.97	3.62
西藏	4.68	-1.21	-0.8	3.3	1.71	5.92	2.62	4.77	7.86	-1.37	-0.89	-1.67	-3.96	-3.9	-3.38	-5.57	-5.5	-0.9
陕西	16.79	11.4	13.49	13.27	16.31	10.32	12.66	15.87	12.65	11.87	8.19	9.63	11.63	10.03	9.67	10.63	5.42	6.29
甘肃	13.94	17.99	14.3	13.74	12.02	15.64	13.89	14.92	13.15	13.61	3.91	8.06	12.46	7.75	8.53	10.79	4.3	8.61
青海	7.89	5.9	8.18	5.73	2.79	4.84	3.8	2.46	4.33	8.72	1.85	3.77	6.63	3.2	2.18	0.48	-0.98	7.31
宁夏	11.18	5.73	6.69	4.92	2.97	4.89	1.32	-2.65	-1.95	3.74	-2.76	0.4	4.79	1.75	2.24	-2.06	-2.73	2.83
新疆	5.13	10.1	6.41	8.41	5.82	5.27	6.96	11.05	11.38	7.95	-4.01	5.21	4	2.37	2.3	5.17	2.16	-2.89

第五节 国内各地区劳动收入现状分析

一、我国劳动收入总体情况

2000—2017 年全国劳动收入变动情况如图 2-2 所示，劳动收入整体处于平稳上升的状态；2004—2008 年，劳动收入有较明显的增长，平均增速达 22% 左右；2008 年之后，劳动收入整体表现出增长乏力。2012 年，国家提出"双倍增"的目标，而跨越"中等收入陷阱"是实现这一目标的关键。从图 2-3 全国劳动收入增长率趋势可以看出，2008 年之前增长处于较高水平，甚至出现过两次激增，但 2008 年之后劳动收入增长速度趋于缓慢，增速整体呈现不断下滑趋势。

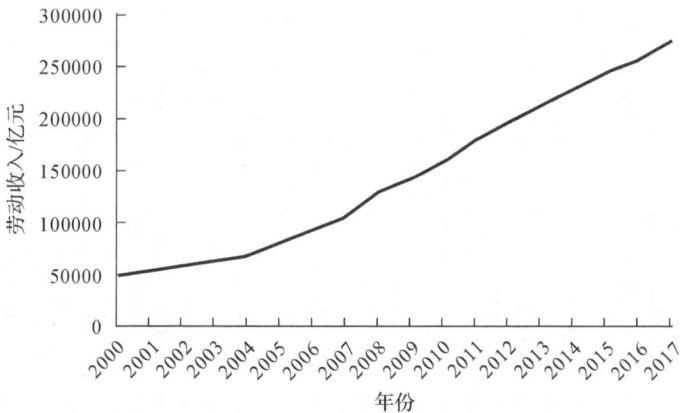

图 2-2 2000—2017 年全国劳动收入变动情况

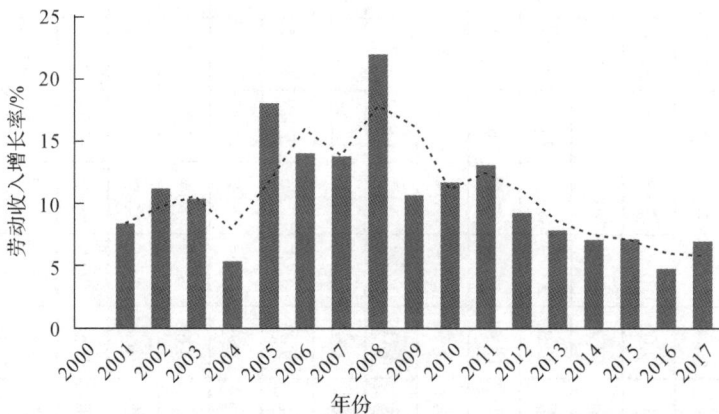

图 2-3 2001—2017 年全国劳动收入增长率

二、国内各地区劳动收入情况

2000—2017 年，全国 31 个省（区、市）年均劳动收入如图 2-4 所示，平均劳动收入排在前五的分别为广东（16314 亿元）、江苏（12628 亿元）、山东（11673 亿元）、浙江（8671 亿元）和河南（7543 亿元），排在后五的分别为甘肃（1393 亿元）、海南（811 亿元）、宁夏（577 亿元）、青海（406 亿元）和西藏（145 亿元）。劳动收入水平之间存在结构差异，首先，高劳动收入的省（区、市），经济发展水平高于低劳动收入的省（区、市）；其次，高劳动收入的省（区、市），科技发展迅猛，高层次人才需求急迫，带动了劳动收入的增长。转变经济发展方式、调整发展结构、促进平衡式发展是促进各省（区、市）协调发展的关键。

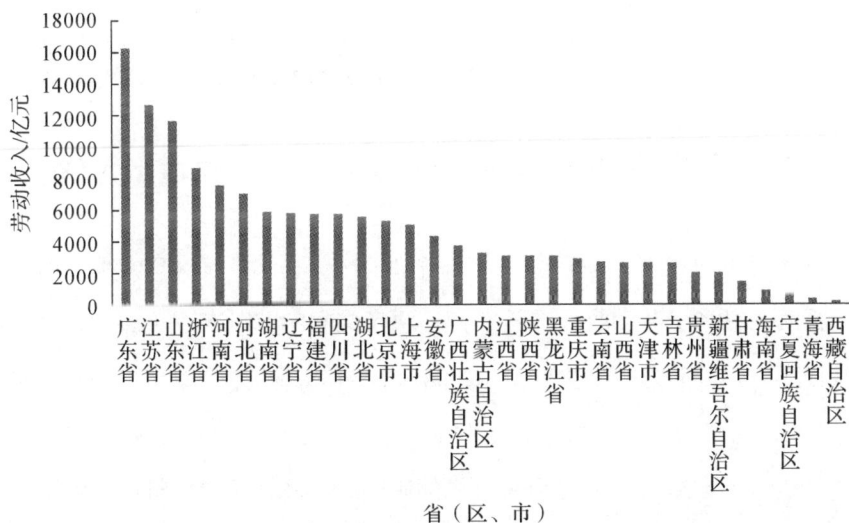

图 2-4　2000—2017 年全国 31 个省（区、市）年平均劳动收入

2000—2017 年，全国各地区劳动收入呈现不断增长的趋势，如图 2-5 所示。东部地区劳动收入一直高于中部和西部地区，且东部地区劳动收入与中、西部的差距逐年扩大。出现这种现象的原因可能在于东部地区在区域经济中处于领先地位，长三角、珠三角以及京津冀环渤海经济圈是目前国民经济的主体，资金、技术和人才等资源更倾向于投入该地区，并吸引越来越多的人

才涌进，以此形成了良性的经济发展循环。从图 2-5 中可以看出，在 2008 年之前，东部地区有过较快的劳动收入增长，在此之后，各地区增长放缓，中部和西部地区出现明显的增长放缓趋势。

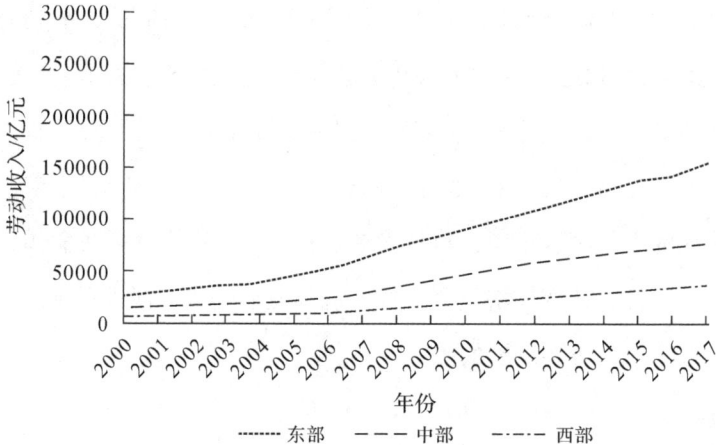

图 2-5　2000—2017 年各地区平均劳动收入

第六节　我国资本回报率与劳动收入协同增长现状

我国资本回报率和劳动收入增长率如图 2-6 所示。在 2004 年之前，资本回报率明显高于劳动收入增长率，且两者之间的差距在逐年加大，资本的受益程度大于劳动力的收益程度。2004 年，资本回报率开始出现下降，降幅达 3.35%，而劳动收入增长率有了明显的上升，达到 12.68%，两者之间的差距进一步缩小。2008 年，受金融危机的影响，经济增长受到打击，伴随着企业大量倒闭，失业率增加，劳动收入出现急剧下降。之后年份中，资本回报率和劳动收入增长率基本处于一致的波动水平。

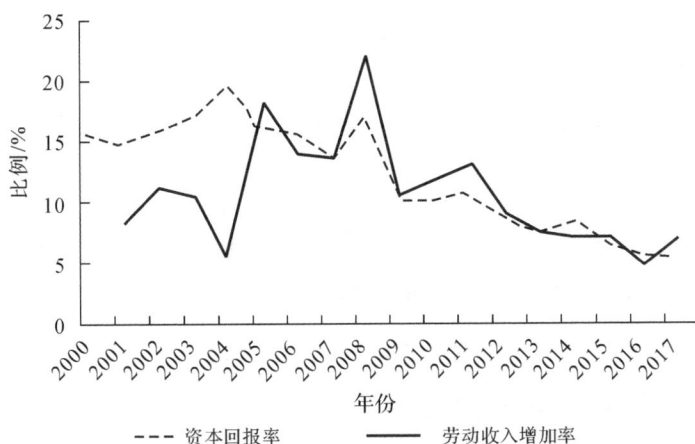

图 2-6　2000—2017 年全国资本回报率和劳动收入增长率

　　各地区年均资本回报率和劳动收入增长率如图 2-7 所示，整体来看资本回报率在东部地区最高，中部地区次之，西部地区资本回报率最低，不到东部地区资本回报率的 1/2。而劳动收入增长率各地区差距较小，都在接近 11% 的水平。东部地区和中部地区的资本回报率高于劳动收入增长率。从全国来看，资本回报率高于劳动收入增长率是正常现象，但西部地区的资本回报率低于劳动收入增长率，且差距明显，达 3.41 个百分点。

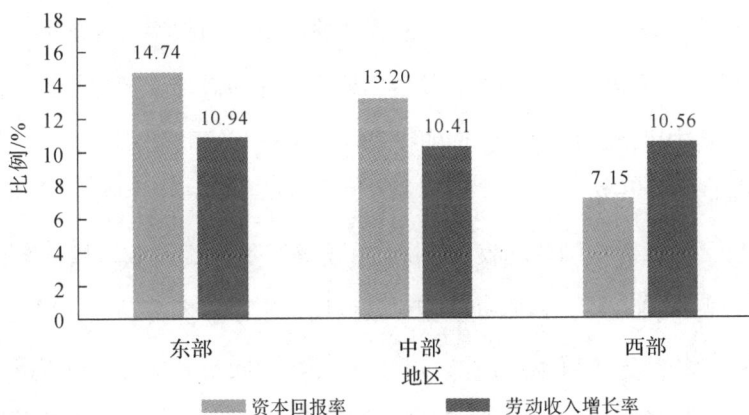

图 2-7　2000—2017 年国内各地区年均资本回报率和劳动收入增长率

第七节　本章小结

首先，本章利用两种方法测度了我国产能利用率情况，进而为各省（区、市）产能过剩判断提供了数据依据。从时间上看，我国的产能过剩具有较强的持续性。从区域来看，我国产能利用率呈现明显的东高西低特征，东部地区产能利用率最高，中部次之，西部最低，但大部分省（区、市）均存在产能过剩问题。东部和中部地区的产能利用率基本保持稳定，东部地区多在接近80%的水平小幅度波动，中部地区则在50%的水平上下波动。西部地区的产能利用率则呈下降趋势，从2000年的42%（西部地区的平均值）下降到2014的34%。

其次，本章通过改进已有测度方法形成一个测度国内资本回报率的方法，并对各省（区、市）的资本回报率进行了实证测度。从时间上看，我国的资本回报率在前期较为平稳，后期则出现了较大降幅。2000年之前，国内各地区的资本回报率多在15%以上；至2008年，东、中部地区的资本回报率保持在15%以上；之后，则降到10%上下。2008年之后出现的资本回报率大幅下降，应与经济危机的爆发以及中国的政策导向有关。细分省（区、市）来看，上海、江苏、浙江、安徽和江西的资本回报率处在前列，基本都在10%以上；西藏、宁夏和新疆的资本回报率相对较低，部分年份还处在负值状态，其中可能的原因是它们的投资回报率低于通货膨胀率，进而使得最终的资本回报率为负。

最后，本章对全国劳动收入情况做了分析。我国劳动收入增长率在2008年之前较高，2008年之后则处于相对较低增长水平，即劳动收入增长较为乏力，这一趋势与中国资本回报率的增长趋势较为同步。由此可以发现，中国在2008年之后陷入了资本回报率快速下降和劳动收入增长乏力的困境，进而为"双倍增"目标的实现埋下了严重隐患。因此，如何推动资本回报率与劳动收入协同增长成了中国经济持续发展必须应对的严峻挑战。

第三章　去产能背景下劳动收入与资本回报率协同增长的理论分析

　　本书主要研究去产能背景下劳动收入与资本回报率协同增长的机制与政策，主要的理论研究逻辑为"去产能的冲击效应—基于产能过剩形成动因揭示要素收入变动机制—基于产能过剩破解路径探寻要素收入变动机制—去产能背景下协同增长机制"。首先，去产能对原有的要素收入增长机制造成了冲击，因此本书第一步便是分析去产能对劳动收入和资本回报率的冲击效应；其次，投资扩张是我国产能过剩形成的重要因素，因此本书第二步即基于投资扩张视角分析劳动收入与资本回报率变动的机制；再次，积极向国外输出产能和推动国内供给侧结构性改革是中国破解产能过剩的重要路径，因此第三步就是基于全球价值链视角分析劳动收入与资本回报率变动的机制；最后，在前述单一增长机制分析的基础上，重点考虑中国经济发展的两大阶段性特征——城乡二元背景下的劳动力转移和去产能背景下的劳动力转移，分析劳动收入与资本回报率协同增长的机制。具体的理论框架图如图3-1所示。

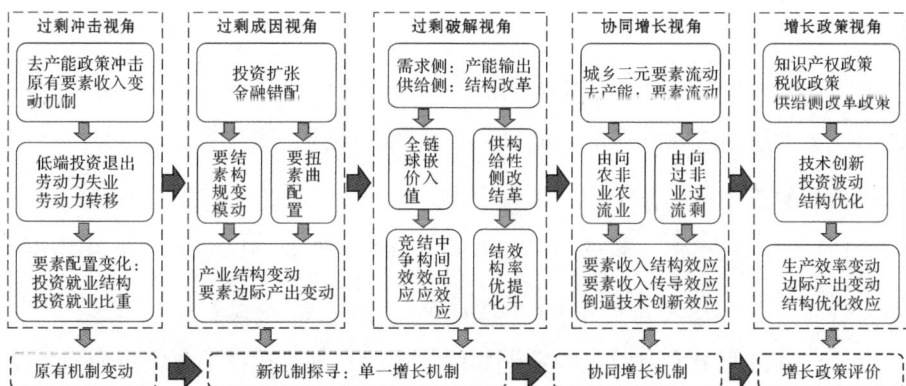

图 3-1　具体的理论分析框架

第一节 去产能影响劳动收入和资本回报率的理论分析

一、去产能影响劳动收入的理论分析

中国经济发展进入新常态所遇到的一个突出问题，便是制造业存在严重的产能过剩，去产能已成为当务之急，但这可能会对中国要素收入分配机制产生严重冲击。现有文献中，基于产能利用率提升视角分析劳动收入份额变动机制的研究仍较为缺乏，也无法明确两者之间的影响机理，进而不利于去产能政策的合理制定，也不利于劳动收入倍增目标的实现，因此基于产能利用率提升视角分析劳动收入份额变动机制对我国经济发展有着重要的现实意义。鉴于此，本书通过梳理产能利用率提升与劳动收入份额变动的相关文献，提出了如下理论假说。

首先，技术进步可以通过技术效率增进提高产能利用率，但其对要素收入分配的冲击方向是不确定的，因为劳动偏向型技术进步可以促进劳动收入份额增长，而资本偏向型技术进步则会导致劳动收入份额下降（黄先海等，2009）。当前制造业存在的产能过剩困境倒逼部分企业进行了技术创新，以提高产品质量和市场竞争力（杜威剑等，2015）。另外，产能过剩还会推动企业加快国际化步伐，通过逆向技术溢出提高生产效率以实现产能利用率提升。因此，技术进步是中国制造业产能利用率提升的重要动力，但技术进步也会导致制造业要素禀赋结构发生变化，且技术进步存在的要素偏向还使得要素生产效率提升速度不同步，进而对原有的要素收入分配机制产生严重冲击，劳动收入份额也因此发生改变。为此，提出本部分第一个假说：

假说1：技术进步带来的效率提升能够提高产能利用率，但也冲击了原有的要素收入分配机制，进而导致劳动收入份额发生变动。

其次，劳动工资存在刚性与当前中国资本一方的强势地位，使得劳动力一方缺乏议价能力，因此在短期内，产能利用率提升带来的产出增长部分多被资本要素获取，劳动收入很难获得增长。当前，增加劳动强度并延长劳动时间仍是中国制造业提高产能利用率的主要方式之一，而劳动收入却无法得到同比例增长，因此产能利用率提升会导致劳动收入份额下降。另外，在短期内，去产能政策不可避免地会导致失业增加，此时产能利用率虽得到了提升，但失业增加却导致了劳动收入份额下降。为了治理产能过剩，地方政府多采用行政性手段规定行业的产量和销量，在抑制投资的同时也导致失业率大幅上升和劳动者收入下降，劳动收入份额也因此出现下降。为此，提出本部分第二个假说：

假说2：产能利用率提升带来的产出增加，会因工资刚性约束而导致要素收入分配偏向资本，进而降低劳动收入份额。

最后，高端劳动力的收入一般高于低端劳动力，而低端劳动力在经济发展初始阶段往往占据优势地位，因此此时的劳动收入份额多呈下降趋势。随着经济的发展，当高端劳动力占比超过某一值，劳动收入份额便会呈现增长态势，因此劳动收入份额与经济发展水平之间呈"U"形关系（李稻葵等，2009）。中国制造业的去产能可使低端和低效产业逐渐被淘汰，产业结构不断向高端转型升级，高端劳动力占比不断增加，因此劳动收入份额会随着产能利用率的增长而增长。另外，由于先进资本与高端劳动力之间还存在着互补性，所以短期内会导致劳动收入份额下降的资本偏向型技术进步，长远来看能提升高端劳动力比例并推动劳动生产效率提升，进而实现劳动收入份额的增长。为此，提出本部分第三个假说：

假说3：通过产业结构与劳动力结构优化实现产能利用率提升，能够促进劳动收入份额增长。

二、去产能影响资本回报率的理论分析

产能过剩的本质是供大于求，供大于求势必会带来行业竞争加剧与产品价格下降，甚至导致企业破产倒闭（林毅夫等，2010），因此产能过剩给资本回报率的稳定增长造成了严重困扰。由于当前产能过剩形成的主要原因在于低端供给结构难以满足人们日益提升的消费需求，因此去产能政策可通过以下效应促进资本回报率增长。首先，去产能政策存在结构升级效应。普通商品存在的"饱和需求陷阱"导致需求侧政策难以有效化解产能过剩（周密等，2017），供给侧去产能政策通过促进产业结构升级提升高端产品供给比例，这一方面有助于供需结构实现新的均衡，另一方面还有助于产品销售价格的提高，而价格增量最终会转化为资本回报率的提升。其次，去产能政策存在资源配置效率提升效应。产能过剩导致大量产能闲置和库存高企，不仅造成企业存货成本上升，还使得大量资源被闲置浪费（席鹏辉等，2017）。去产能政策通过倒逼低小散和无效产能退出市场，可有效地降低资源配置的扭曲程度，进而提高全社会的生产效率（程俊杰，2015），因此有助于资本回报率提升。最后，去产能政策存在竞争弱化效应。去产能政策在运用行政化手段强制关闭低端无效产能的同时，还鼓励企业通过市场化手段兼并重组其他企业以提高产业集中度（丁志国等，2020），这有助于降低市场竞争程度进而带来资本回报率增长。据此，提出本部分第一个假说：

假说 1：去产能政策有助于资本回报率的提升。

去产能政策也可能会对资本回报率产生不利影响。首先，去产能政策导致市场功能紊乱。行政化的去产能政策背离了市场经济规律，如"一刀切"的数量管控措施虽在短期内能够有效控制产能，但由此导致的市场供给下降往往带来市场价格的报复性反弹，进而引发企业在调控政策放松后大量涌入，由此导致产能过剩治理陷入"越调越乱"的困境（徐朝阳等，2015）。中国近些年的产业发展历程也显示，去产能政策导致行业产能不足和产能过剩交替出现，由此引发的市场功能紊乱和企业投资行为异化（余东华等，2015），不利于企业形成最优经营决策，进而抑制了资本回报率增长。其次，去产能政策存在"投资诱导效应"。为了加快整治淘汰低小散产能，各地政府纷纷出台实施"上大压小"和提高准入门槛等政策,该类政策虽能淘汰一批低小散产能,但也存在明显的缺陷。"上大压小"政策导致众多在位企业不断购置新设备、上马新项目,以符合"上大"要求,由此导致行业投资规模进一步扩张。提高准入门槛的政策则导致新进企业的资产规模越来越大,产能也越来越高,进而背离了去产能政策的初衷。因此,上述去产能政策存在着严重的"投资诱导效应",由此导致的资本存量增长不利于资本回报率提升。最后,去产能政策扭曲企业经营决策。去产能政策的数量管控措施一方面导致企业无法按照利润最大化目标进行生产决策,另一方面还导致生产设备难以满负荷运转,大量产能被闲置浪费,反而导致资本回报率下降。据此,提出本部分第二个假说:

假说2:去产能政策不利于资本回报率的提升。

去产能政策的首要任务是优化存量资本和控制增量资本,而资本存量又是影响资本回报率的重要因素(黄先海等,2012a),因此去产能政策可通过增加或降低资本存量来影响资本回报率。去产能政策一方面通过淘汰低端落后产能而降低存量资本,另一方面还通过严控增量资本而降低资本存量的增长速度,降低存量与控制增量能够有效降低产能过剩行业的资本存量,因此有助于资本回报率增长。但是从我国对钢铁和家电等产能严重过剩行业的调控经验来看,政府调控产能的政策目标并不容易实现(徐朝阳等,2015)。有时,产能调控政策导致的供给下降反而会刺激地方政府与民营企业的投资热情(江飞涛等,2007),进而导致产能过剩治理出现"越调越乱"困境和"投资诱导效应"。这不仅无法实现去产能目标,还导致产能过剩行业的资本存量不断增长,资本回报率也因此出现下降。据此,提出本部分第三个假说:

假说3:去产能政策通过资本存量变动影响资本回报率。

解决低端供给过剩而高端供给不足的主要措施是加大研发投入,以促进技术创新和产业结构升级,因此加大研发投入成了我国去产能的重要举措。去产能政策一方面通过提高技术标准倒逼企业加强研发投入力度,另一方面还通过专项奖补资金等引导企业加强研发投入力度，以期实现技术创新和高端供给比例提升。也就是说，去产能政策可通过倒逼和激励两大手段促进企业提升研发投入，而研发投入增长带来的技术创新又是资本回报率提升最为有效的动力（杨君等，2018），因此去产能政策可通过提升研发投入来促进资本回报率增长。但值得注意的是，去产能也会导致政策不确定性急剧提升，进而使得企业盈利风险持续增加（Gulen et al.，2016），而盈利风险增加会削弱企业研发投入意愿。另外，技术创新本来就是一项高风险和高投入的投资活动，众多企业的研发投入均存在外部融资约束，去产能政策还会通过融资限制等举措切断过剩行业的研发资金来源（王桂军，2019），进而对资本回报率提升产生抑制作用。据此，提出本部分第四个假说：

假说4：去产能政策通过研发投入变动影响资本回报率。

第二节　劳动收入和资本回报率单一增长机制的理论分析

一、劳动收入提升机制的理论分析：投资扩张视角

借鉴 Song 等（2011），张勋等（2016）对金融发展的研究，本书构建了一个分析金融发展影响劳动收入份额的理论模型。首先，假设经济的产出函数为

$$Y_t = A_t K_t^{\alpha} L_t^{1-\alpha} \qquad (3\text{-}1)$$

其中，Y_t，A_t，K_t 和 L_t 分别表示产出、技术水平、资本投入和劳动投入。假定企业本期的投资 K_t 包含了上期的资金 K_{t-1} 和上期末的借贷资金 J_{t-1}，则有

$$K_t = K_{t-1} + J_{t-1} \qquad (3\text{-}2)$$

在金融市场发展不完善的情况下，企业无法完全借入其需要的资金数量，金融机构会根据企业的自有资金数量给企业发放贷款，即由于面临金融发展约束，企业借入资金的数量受到限制，因此假定企业上一期借入资金的利息

支出与企业本期资本回报额的比值小于一个系数 η_t, 则有

$$J_{t-1} R_t \leqslant \eta_t \rho_t (K_{t-1} + J_{t-1}) \qquad (3\text{--}3)$$

其中，$0 < \eta_t < 1$，表示企业受到的融资约束情况；R_t 表示贷款利率；ρ_t 表示企业投资的总回报率。因此，企业最多能借入的资金为

$$J_{t-1} = \eta \rho_t K_{t-1} / (R_t - \eta \rho_t) \qquad (3\text{--}4)$$

假定企业除支付单位劳动者的报酬 w_t 外，还按产出的固定比例（φ）支付企业家报酬，因此生产利润（π）可以表示为

$$\pi = \underset{L_t}{\text{Max}} \left(A_t K_t^\alpha L_t^{1-\alpha} - \varphi A_t K_t^\alpha L_t^{1-\alpha} - w_t L_t \right) \qquad (3\text{--}5)$$

借助利润最大化的一阶条件，可以推导出最优的劳动力投入，即

$$L_t = \left[(1-\alpha)(1-\varphi) A_t / w_t \right]^{\frac{1}{\alpha}} K_t \qquad (3\text{--}6)$$

此时，单位劳动者的报酬和利率应分别等于劳动的边际产出和资本的边际产出

$$R_t = \alpha A_t (K_t / L_t)^{\alpha - 1} \qquad (3\text{--}7)$$

$$w_t = (1-\alpha)(1-\varphi) A_t (K_t / L_t)^\alpha \qquad (3\text{--}8)$$

进而可推导出利润最大时的利润，即

$$\pi_t = (1-\varphi) R_t K_t \qquad (3\text{--}9)$$

此时的利润扣除借贷的利息支出便是净资本回报，即

$$r_t = \frac{\pi_t - R_t J_{t-1}}{K_t} \qquad (3\text{--}10)$$

将式（3-4）、式（3-7）和式（3-9）代入式（3-10），可得

$$r_t = \alpha (1-\varphi)(1-\eta_t) A_t K_t^{\alpha-1} L_t^{1-\alpha} \qquad (3\text{--}11)$$

由式（3-11）可知资本收入份额为

$$\mathrm{KS}_t = K_t R_t / Y_t = \alpha (1-\varphi)(1-\eta_t) \qquad (3\text{--}12)$$

$$\partial KS_t / \partial \eta_t = -\alpha(1-\varphi) < 0 \qquad (3\text{--}13)$$

由于劳动收入份额与资本收入份额之间成反向变动关系，因此金融发展对劳动收入份额（LS_t）变动的影响可表示为

$$\partial LS_t / \partial \eta_t = \alpha(1-\varphi) > 0 \qquad (3\text{--}14)$$

根据式（3–14）可知，金融发展对劳动收入份额有着促进作用。

另外，考虑企业不存在借贷约束的情况，此时企业借贷不受 η_t 的影响，式（3–3）的约束条件也就不复存在。如果企业借贷过多，则可能会导致投资收益小于借贷利息支出，即

$$B_{t-1}R_t \geqslant \rho_t(K_{t-1} + B_{t-1}) \qquad (3\text{--}15)$$

此时企业可能会减少下期投资或增加举债，但债务最终会到期，企业必须偿还所借债务及其利息，因此从长期来看，企业自有资金必然会减少，企业生产的资本密集度也会随之下降，进而导致生产函数中的 α 值下降。根据式（3–14）可知，劳动收入份额会因 α 值的下降而下降。因此金融发展过度会因过多的收益被用于利息支出而"侵蚀"劳动收入，最终降低劳动收入份额。

据此，笔者认为，金融发展程度提升确实能够促进劳动收入份额增加，但金融过度发展则会导致劳动收入份额下降。结合文献综述部分，可以得出一个推论：由于我国地区间投资扩张模式存在差异，金融发展对劳动收入份额的影响存在区域异质性。

二、资本回报率提升机制的理论分析：投资扩张视角

本书借鉴 Song 等（2011），张勋等（2016）建立的理论模型展开分析。张勋等（2016）的理论研究结论包含了利率对资本回报率的影响，可能暗含了利率外生的假定，但在资本市场出清时，利率应与资本的边际产出相等，利率受要素投入和技术水平等因素的制约，因此本书将基于利率内生化的假定来分析金融发展对资本回报率的影响。假定经济的产出函数为一个包含技术进步的柯布 – 道格拉斯函数，即

$$Y_t = A_t K_t^{\alpha} L_t^{1-\alpha} \tag{3-16}$$

其中，Y_t 表示经济的总产出水平；A_t 表示技术水平；K_t 表示物质资本投入；L_t 表示人力资本投入。假设企业 t 期的资本存量等于上一期的净资本存量（K_{t-1}）与借入资金（B_{t-1}）之和，即

$$K_t = K_{t-1} + B_{t-1} \tag{3-17}$$

由于面临金融发展约束，企业借入资金的数量受到限制，因此假定企业上一期借入资金的利息支出与企业本期资本回报额的比值小于一个系数 η_t

$$B_{t-1} R_t \leqslant \eta_t \rho_t (K_{t-1} + B_{t-1}) \tag{3-18}$$

其中，R_t 表示借入资金的利率；ρ_t 表示总的资本回报率；$0 < \eta_t < 1$。假设企业必须有自有资金投入，银行才会贷款，所以 $\eta_t < R_t/\rho_t$。在面临金融发展约束的情形下，企业最大借入资金与自有资金之间的关系为

$$B_{t-1} / (B_{t-1} + K_{t-1}) = \frac{\eta \rho_t}{R_t} \tag{3-19}$$

假定支付给企业家的收入为产出的一个系数（φ），该系数为一常数，且 $0 < \varphi < 1$。支付给工人的工资为 w_t，则企业利润（π）最大化的决策为

$$\pi = \underset{L_t}{\text{Max}} \left\{ A_t K_t^{\alpha} L_t^{1-\alpha} - \varphi A_t K_t^{\alpha} L_t^{1-\alpha} - w_t L_t \right\} \tag{3-20}$$

根据式（3-20）的一阶条件，可以求出最优的人力资本投入量，即

$$L_t = \left[(1-\alpha)(1-\varphi) A_t / w_t \right]^{\frac{1}{\alpha}} K_t \tag{3-21}$$

利润最大化约束还需要满足工资等于人力资本的边际产出、利率等于物质资本的边际产出这两个条件，即

$$R_t = \alpha A_t (K_t / L_t)^{\alpha-1} \tag{3-22}$$

$$w_t = (1-\alpha)(1-\varphi) A_t (K_t / L_t)^{\alpha} \tag{3-23}$$

根据式（3-20）至式（3-23），便可求得

$$\pi_t = (1-\varphi) R_t K_t = \rho_t K_t \qquad (3\text{-}24)$$

由于企业在上一期借入了资金，因此企业的净资本回报率为

$$r_t = \left(\pi_t - R_t B_{t-1}\right)/K_t \qquad (3\text{-}25)$$

结合式（3-19）、式（3-22）和式（3-25）便可以得到

$$r_t = \alpha(1-\varphi)(1-\eta_t)A_t K_t^{\alpha-1} L_t^{1-\alpha} \qquad (3\text{-}26)$$

其中，α、φ，η_t 均大于 0 且小于 1，因此

$$\partial r_t / \partial \eta_t = -\alpha(1-\varphi)A_t K_t^{\alpha-1} L_t^{1-\alpha} < 0 \qquad (3\text{-}27)$$

$$\partial r_t / \partial A_t = \alpha(1-\varphi)(1-\eta)K_t^{\alpha-1} L_t^{1-\alpha} > 0 \qquad (3\text{-}28)$$

$$\partial r_t / \partial K_t = \alpha(\alpha-1)(1-\varphi)(1-\eta)A_t K_t^{\alpha-2} L_t^{1-\alpha} < 0 \qquad (3\text{-}29)$$

$$\partial r_t / \partial L_t = \alpha(1-\alpha)(1-\varphi)(1-\eta)K_t^{\alpha-1} L_t^{-\alpha} > 0 \qquad (3\text{-}30)$$

因此，金融发展和物质资本存量对资本回报率有着负向影响，技术进步和人力资本的提升对资本回报率有着正向影响。

金融发展对资本回报率有着负向影响，其主要原因有三：一是贷款比例的提升增加了企业的利息支出。金融发展水平的提升，有利于降低企业的融资难度，企业利用外部资金进行投资的比例便会提升，但加大财务杠杆需要支付更多的利息成本，资本回报率便有可能出现下降。二是贷款结构的挤出效应。如果贷款大量流向效率低下的部门，挤出了高效率部门贷款的获得量，不利于资金的结构优化和效率提升。随着中国金融发展水平的提升，银行贷款余额也在逐年增长，但大量贷款流向了大型国企、产能过剩行业，对贷款结构造成了严重的挤出效应，大量中小企业仍存在融资难和融资贵的问题。而中小企业的效率往往高于大部分的大型国企和产能过剩行业中的企业，因此可以说贷款结构挤出效应的存在降低了资本回报率。三是政府对金融的干预。为了维护社会稳定，促进区域经济增长，政府会出台相关政策鼓励、引导甚至直接干预金融资金的流向，进而导致资金大量流向某一行业，造成该行业竞争过度或产能过剩。同时利率管制、信贷配给等干预措施进一步导致

了金融市场调节资金流向的作用被削弱，资本回报率也因此出现下滑。除了干涉金融体系外，政府还通过财政支出直接影响市场中的资金配置，造成资本配置效率低下进而影响资本回报率。因此，本书在后续的实证分析中，加入了政府干预变量，并与金融发展指标组合成交互项，以分析金融发展中政府干预对资本回报率的影响。上述模型仅从金融规模发展的视角进行了分析，但在金融规模发展的同时，金融结构也在发生变动，如果金融结构得到优化，则有可能促进资本回报率提升。因此，为了更加全面地反映金融发展对资本回报率的影响，本书除了分析金融规模发展外，还进一步分析了金融结构优化对资本回报率的影响。

第一，资本存量对资本回报率有着负向影响。古典经济学理论认为资本的边际收益是递减的，因此资本存量的增长会带来资本边际产出的下降，最终导致资本回报率下降。这一理论成立的前提是，资本积累的同时没有发生技术进步。黄先海等（2008）曾把资本投资分为两类：一是含有资本体现型技术进步的投资，该类投资能够带来技术的进步，进而抵消资本边际产出的下降；二是重复性的数量扩张型投资，该类投资的质量不变，仅体现为数量的增长。Yong等（2003）研究发现，中国的经济增长主要是靠资本和劳动力的投入，技术进步的作用较小，这也暗含着中国投资的快速增加并没有带来技术进步的增长，为了验证这一结论，并分析资本存量增长是否通过影响技术进步进而影响到资本回报率的变动，本书在实证部分将加入资本存量与技术进步的交互项。

第二，人力资本的增长对资本回报率有着正向影响。首先，劳动者可以通过"干中学"提高自身的技术水平，并通过溢出效益带来整个社会人力资本水平的提升，从而促进生产效率的提升。但"干中学"的作用能否得到充分发挥，还与劳动者从事的具体行业有很大关系，从事技术含量高的工作能够获得较高的技术积累，而从事组装、加工等低技术含量工作，获得的技术积累则相对较低。另外，人力资本的增长能够降低资本深化的程度，提高资本的利用效率，因此对资本回报率有着促进作用。在中国投资率快速增长时期，人力资本的提升对缓解资本边际产出下降是否有着重要作用，便成了一个需要深入研究的问题。为了更好地分析人力资本对资本回报率的影响机制，除了单独分析人力资本的影响外，本书还将对人力资本与物质资本存量的交互项进行分析。

第三，技术进步对资本回报率有着正向影响。从新古典增长模型对外生技术进步的强调和新增长理论对内生技术进步的解释，都说明了技术进步对经济增长的重要影响。技术进步本身就是一种要素投入，能够带来产出的增长。另外，技术进步还可以与资本、劳动结合起来，以不变的投入带来更高的产出，或者以更低的投入带来相同的产出，因此技术进步对资本回报率有着促进作用。

三、劳动收入提升机制的理论分析：全球价值链嵌入视角

假定一个包含三类技术进步的柯布-道格拉斯生产函数为

$$Y_i = A_i(T_iK_i)^\alpha(H_iL_i)^{1-\alpha} \tag{3-31}$$

其中，Y_i、K_i 和 L_i 分别表示国家 i 的总产出、资本存量和劳动力数量；A_i、T_i 和 H_i 分别表示中性技术进步、资本偏向型技术进步和劳动力质量提升型技术进步，三个指标也衡量了三类生产效率的提升。

假定在完全竞争条件下，资本回报率（w_i）等于劳动边际产出（MPL_i），因此对式（3-31）关于资本 L_i 求导可得

$$w_i = MPL_i = (1-\alpha)A_iT_i^\alpha H_i^{1-\alpha}\left(\frac{K_i}{L_i}\right)^\alpha \tag{3-32}$$

因此，在资本存量和劳动力给定的情况下，劳动收入主要受中性技术进步、资本偏向型技术进步和劳动力质量提升型技术进步的影响。结合已有文献，企业嵌入全球价值链会通过竞争效应、中间品效应和市场规模效应等影响企业的技术进步与生产效率。进口廉价中间品会影响企业的劳动生产效率

和资本生产效率，而高质量的中间品则可以促进企业技术效率的提升（Amiti et al.，2007）。企业在嵌入全球价值链的进程中，通过"干中学"、市场规模提升等还可以带来纯技术效率提升、规模经济等，而这些变化均会导致资本回报率的变化。Chiarvesio 等（2010）关于国际市场竞争压力倒逼企业创新并提高效率的研究，也为全球价值链嵌入对劳动收入的影响提供了部分经验支撑。总的来看，全球价值链嵌入通过影响三类技术进步带来生产效率的变化，而劳动收入则因生产效率的变化而变化。根据上述分析，并结合吕越等（2017）的研究，将全球价值链嵌入（GVC）引入生产函数，可得：

$$A_i = C_A f_A(\mathrm{GVC}_i)\theta_A(Z_i) \tag{3-33}$$

$$T_i = C_T f_T(\mathrm{GVC}_i)\theta_T(Z_i) \tag{3-34}$$

$$H_i = C_H f_H(\mathrm{GVC}_i)\theta_H(Z_i) \tag{3-35}$$

其中，C_j（$j=A$，T，H）表示常数项，$f_j(\mathrm{GVC}_i)$ 表示 GVC 对技术进步的影响，$\theta_j(Z_i)$ 表示其他控制因素对技术进步的影响。将上述三式代入式（3-32），可得

$$w_i = C_i \cdot f(\mathrm{GVC}_i)\theta(Z_i)\left(\frac{K_i}{L_i}\right)^{1-\alpha} \tag{3-36}$$

其中，$C_i = \alpha C_A C_T^\alpha C_H^{1-\alpha}$，$f(\mathrm{GVC}_i) = f_A(\mathrm{GVC}_i)[f_T(\mathrm{GVC}_i)]^\alpha [f_H(\mathrm{GVC}_i)]^{1-\alpha}$，$\theta(Z_i) = \theta_A(Z_i)[\theta_T(Z_i)]^\alpha [\theta_H(Z_i)]^{1-\alpha}$。

为了简化分析且不失一般性，假定 $f(\mathrm{GVC}_i)$ 满足指数形式，得

$$f(\mathrm{GVC}_i) = e^{\beta \mathrm{GVC}_i} \tag{3-37}$$

将式（3-37）代入式（3-36），并两边取对数，得

$$w_i = C_i e^{\beta \cdot \mathrm{GVC}_i}\theta(Z_i)\left(\frac{K_i}{L_i}\right)^\alpha \tag{3-38}$$

根据式（3-38）可知，全球价值链嵌入有利于劳动收入的提升。

四、资本回报率提升机制的理论分析：全球价值链嵌入视角

本部分分析思路与本节第三部分基本一致。假定一个包含三类技术进步的柯布－道格拉斯生产函数为

$$Y_i = A_i(T_i K_i)^\alpha (H_i L_i)^{1-\alpha} \tag{3-39}$$

其中，Y_i、K_i 和 L_i 分别表示国家 i 的总产出、资本存量和劳动力数量，A_i、T_i 和 H_i 分别表示中性技术进步、资本偏向型技术进步和劳动力质量提升型技术进步，三个指标也衡量了三类生产效率的提升。

假定在完全竞争条件下，资本回报率（r_i）等于资本边际产出（MPK_i），因此对式（3-39）关于资本 K_i 求导可得

$$r_i = \mathrm{MPK}_i = \alpha A_i T_i^\alpha H_i^{1-\alpha} \left(\frac{K_i}{L_i}\right)^{\alpha-1} \tag{3-40}$$

与前文分析保持一致，本部分将全球价值链嵌入（GVC）引入生产函数，可得

$$A_i = C_A f_A(\mathrm{GVC}_i)\theta_A(Z_i) \tag{3-41}$$

$$T_i = C_T f_T(\mathrm{GVC}_i)\theta_T(Z_i) \tag{3-42}$$

$$H_i = C_H f_H(\mathrm{GVC}_i)\theta_H(Z_i) \tag{3-43}$$

其中，C_j（$j=A$，T，H）表示常数项，$f_j(\mathrm{GVC}_i)$ 表示 GVC 对技术进步的影响，$\theta_j(Z_i)$ 表示其他控制因素对技术进步的影响。将上述三式代入式（3-41），可得：

$$r_i = C_i f(\mathrm{GVC}_i)\theta(Z_i)\left(\frac{K_i}{L_i}\right)^{\alpha-1} \tag{3-44}$$

式中，$C_i = \alpha C_A C_T^\alpha C_H^{1-\alpha}$，$f(\mathrm{GVC}_i) = f_A(\mathrm{GVC}_i)[f_T(\mathrm{GVC}_i)]^\alpha [f_H(\mathrm{GVC}_i)]^{1-\alpha}$，$\theta(Z_i) = \theta_A(Z_i)[\theta_T(Z_i)]^\alpha[\theta_H(Z_i)]^{1-\alpha}$。

为了简化分析且不失一般性，本部分假定 $f(\mathrm{GVC}_i)$ 满足指数形式，即

$$f\left(\mathrm{GVC}_i\right)=e^{\beta \mathrm{GVC}_i} \qquad (3\text{-}45)$$

将式（3-45）代入式（3-44），并两边取对数，得

$$r_i=C_i e^{\beta \cdot \mathrm{GVC}_i} \theta(Z_i)\left(\frac{K_i}{L_i}\right)^{\alpha-1} \qquad (3\text{-}46)$$

根据式（3-46）可知，全球价值链嵌入有利于资本回报率的提升。

五、劳动收入与资本回报率提升机制的理论分析：供给侧结构性改革视角

产能过剩顽疾是制约中国经济健康发展的主要障碍，在需求侧调控政策难以奏效的情况下，2015 年底，中国系统性地提出了供给侧结构性改革政策。当前，关于供给侧结构性改革的政策重点应放在哪里仍存在不同观点：吴敬琏（2016）认为应该依靠全要素生产率提升，该类政策可归属于技术效率增进型供给侧结构性改革政策；贾康等（2015）认为应该依靠产业、要素和增长动力等的全面调整，特别是在 Maslow（1943）消费结构层次理论指导下，优化供给结构是改革的重点，这类政策可归属于结构优化型供给侧结构性改革。因此，本部分基于这两个层面来分析供给侧结构性改革对劳动收入和资本回报率的影响。

（一）技术效率增进型供给侧结构性改革对要素收入的影响

周密等（2017）曾基于饱和需求的视角对出现产能过剩的原因进行过研究，认为消费需求达到某一数量后，价格的下降并不会增加该商品的需求。根据他们的研究思路，本部分假设消费者对普通商品的需求存在一个最大数量（因此需求曲线为向下折弯的），当市场供给量达到该数量时，如果厂商的供给质量提升主要来自资本偏向型技术进步带来的技术效率增进，则会带来产出的大量增长，因此供给曲线向右移动。但因供给的种类并未增加，市场需求仍受限于原有产品种类，需求曲线不变（如图 3-2 所示）。假定原先的需求曲线为 D_0，供给曲线为 S_0，则市场均衡点为 A_0，均衡价格为 P_0，均

衡产量为 Q_0，此时市场需求量已达到最大需求量 Q_0，当价格低于 P_0 时，需求量将一直保持 Q_0 不变。假设出现了技术效率增进，供给曲线从 S_0 向右移动到 S_1，由于需求已达到饱和，需求量不变，仅价格由 P_0 降到 P_1。如果需求曲线不是向下折弯的，将其向右下方延长并与供给曲线 S_1 相交于 A 点，A 点对应的产量为 Q_1，Q_1 便为技术效率增进后的供给量。由于需求量为 Q_0，小于供给量 Q_1，所以市场便出现了产能过剩，过剩量为 Q_1-Q_0。

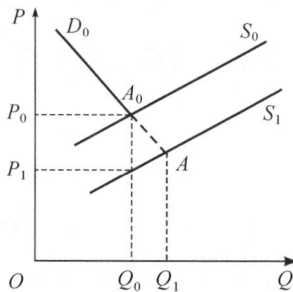

图 3-2　技术效率增进对产能过剩的影响

技术效率增进也意味着要素边际产出增加，根据古典经济学理论，劳动边际产出（MPL）和资本边际产出（MPK）和产品价格（P）决定了要素收入，因此劳动收入（w）和资本回报率（r）可分别由以下公式表示

$$w = PMPL \qquad (3-47)$$

$$r = PMPK \qquad (3-48)$$

技术效率增进使得供给曲线向右下方移动，在需求饱和约束下，产品的需求不会提升，但价格 P 却会大幅度下降。因此式（3-47）和式（3-48）的右半部分两个变量呈相反方向变动，进而导致劳动收入和资本回报率变动的方向难以确定。

假设总收益（Y）按一定比例分配给资本和劳动要素，则有

$$Y=wL + rK \qquad (3-49)$$

在需求饱和约束下，厂商产品销售量已达到最大值，而价格却出现了大幅度下降，因此厂商的总收益必定减少，在劳动要素和资本要素投入数量不

变，且要素收入分配比例保持一定的情况下，w 和 r 必定下降。由此可知：

需求饱和导致的产能过剩下，技术效率增进型供给侧结构性改革会导致劳动收入和资本回报率出现下降。

（二）结构优化型供给侧结构性改革对要素收入的影响

继续沿用上述供需模型分析结构优化型供给质量提升对产能过剩的影响。根据 Maslow（1943）的消费结构层次理论，在普通商品面临"需求饱和陷阱"时，如果增加高端商品的供给，市场需求便会因高端商品需求的增加而得到提升，消费曲线向右移动。为了分析的简便，且不失一般性，假定在总供给结构变化的同时，供给曲线不变，需求曲线向右移动（如图 3-3 所示）。市场原来的均衡点在 A_1 处，当供给结构升级后，需求曲线因高端产品的消费需求得到满足而向右移动到 D_2，并与供给曲线相交于 A_2。此时，价格由 P_1 上升到 P_2，需求量由 Q_0 上升到 Q_2，供给量由 Q_1 上升到 Q_2，需求量与供给量达到平衡，产能过剩得到化解。[①]

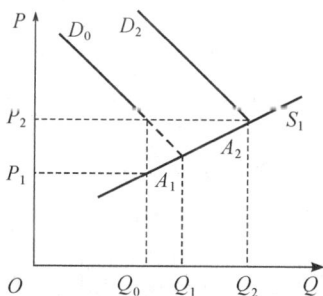

图 3.3 结构优化对产能过剩的影响

结构优化型供给侧结构性改革能够提高社会需求，即需求曲线向右上方移动，经济实现新的均衡时，厂商可以销售更多的产品，产能过剩也因此得以化解。另外，需求提升也使得均衡时的价格水平提高，在要素边际产出不变的情况下，劳动收入和资本回报率得以实现增长。由于在结构优化的同时，

① 这里仅分析了供需达到新均衡点的情况，现实情况是，前期的结构优化只能在一定程度上减轻产能过剩，只有持续不断地进行结构优化，才能不断降低产能过剩，最终实现产能过剩的化解。

还往往伴随着新技术的投入，因此要素边际产出也有可能得以提升，进而使得劳动收入和资本回报率实现更大幅度的提升。由此可知：

结构优化型供给侧结构性改革能够提升劳动收入和资本回报率。

第三节　劳动收入与资本回报率协同增长机制的理论分析

一、城乡二元背景下劳动收入与资本回报率协同增长机制的理论分析

本部分借鉴刘晓光等（2014）的研究来构建理论分析模型。我国经济发展存在着明显的城乡二元特征，大量农村剩余劳动力不断向城市转移，为制造业发展提供了源源不断的劳动力，因此构建的模型包含农业部门和非农业部门。另外，本部分放松已有研究中劳动收入不变的假定，以契合中国劳动收入不断上升的客观事实。

为更加直观地进行需求分析，先忽略人口增长带来的影响。模型假定如下：在一个仅有两个部门的经济体中，a 指代农业部门，b 指代非农部门。N_a 和 N_b 分别表示两个部门的初始劳动力，总劳动力为 $N=N_a+N_b$。

依据模型假设需要，设定非农部门的生产函数为

$$Y_{it}=K_{it}^{\alpha}(A_{it}L_{it})^{(1-\alpha)} \tag{3-50}$$

其中，i 表示厂商，K_{it} 代指厂商 i 生产中所投入的资本；L_{it} 则代指所投入的劳动；α 表示资本产出弹性；A_{it} 表示生产的技术水平；t 表示时期。依据已有文献关于资本偏向型技术进步的研究，本部分假定技术水平 A_{it} 是资本存量 K_{it} 的函数，且两者存在正相关关系，即厂商的技术进步来自投资的增长。同时，企业的技术水平 A_{it} 还与经济中总的厂商资本存量 K_t 有关。这是因为经济中总的投资会对单个厂商的技术进步产生溢出效应。因此，本部分假定 $A_{it}=K_t^{\sigma}$，$\sigma \geq 0$。据此可得更为一般的非农部门的生产函数，即

$$Y_{it} = K_{it}^{\alpha}(K_t^{\sigma}L_{it})^{1-\alpha} \tag{3-51}$$

上述公式表明，单个厂商生产是规模报酬不变的，但整个经济体生产是规模报酬递增的，这是因为存在溢出效应。对非农部门来说，此时总的就业人口 $L_{bt}=\sum_i L_{it}$，总的资本存量 $K_t=\sum_i K_{it}$。

在劳动者工资 w_t、资本回报率 r_t 和社会总资本存量 K_t 给定的情况之下，企业再进行利润最大化决策，则有

$$\pi_{it} = K_{it}^\alpha (K_t^\sigma L_{it})^{1-\alpha} - r_t K_{it} - w_t L_{it} \qquad (3\text{-}52)$$

分别对式（3-52）关于资本和劳动力求导，可得

$$r_t = \alpha K_t^{\sigma(1-\alpha)} K_{it}^{\alpha-1} L_{it}^{1-\alpha} \qquad (3\text{-}53)$$

$$w_t = (1-\alpha) K_t^{\sigma(1-\alpha)} K_{it}^\alpha L_{it}^{-\alpha} \qquad (3\text{-}54)$$

当达到瓦尔拉斯所提出的一般均衡状态时，处于市场之中的所有厂商都会做出相同的且最有利于己的最优决策，即选择一致数目的资本 K_{it} 和劳动 L_{it}，则有

$$r_t = \alpha K_t^{\sigma(1-\alpha)} \left(\frac{L_{it}}{K_{it}}\right)^{1-\alpha} = \alpha K_t^{\sigma(1-\alpha)} \left(\frac{L_{bt}}{K_t}\right)^{1-\alpha} \qquad (3\text{-}55)$$

$$w_t = (1-\alpha) K_t^{\sigma(1-\alpha)} \left(\frac{K_{it}}{L_{it}}\right)^\alpha = (1-\alpha) K_t^{\sigma(1-\alpha)} \left(\frac{K_t}{L_{bt}}\right)^\alpha \qquad (3\text{-}56)$$

同上，依据模型假设的需求可以将农业部门的生产函数设置为

$$Y_{at} = R_{at}^\gamma (A_{at} L_{at})^{1-\gamma} \qquad (3\text{-}57)$$

其中，A_{at} 表示农业部门的技术水平；R_{at} 表示农业部门所使用的土地要素；L_{at} 表示农业部门的劳动力投入；$1-\gamma$ 表示劳动产出弹性。同样，为了与之前非农部门的设定保持一致，认为农业部门的技术水平也是社会总资本存量的函数，即 $A_{at}=A_a K_t^\sigma$，$A_a > 0$。该式表示农业部门的技术来自非农部门，但转化是不完全的。因为 R_{at} 在一定时期内保持固定，故将其进行单位化，此时农业部门的生产函数为

$$Y_{at} = (A_a K_t^\sigma L_{at})^{1-\gamma} \qquad (3-58)$$

然后再考虑劳动力从农业部门向非农部门转移。如果劳动力能够在经济体中自由转移，则市场均衡时不同部门的边际劳动生产率满足 $MPL_{at}=MPL_{bt}$。但从实际情况考虑，农村劳动力转移到城市工作，需要克服各种阻力，并为进行转移活动支付实际存在的隐性成本。故此，即使非农部门提供的工资较农业部门高，也并不能促使劳动力实现充分转移，即转移成本的存在导致劳动力难以在部门间实现充分转移。根据已有研究可以得出这样一个事实，即中国非农部门的边界劳动生产率远高于农业部门，即 $MPL_{at} \ll MPL_{bt}$，说明当劳动力的转移达到均衡情况时，农业部门和非农部门的边际产出并没有达到一致水平，这就是转移成本所带来的结果。此外，研究还发现，劳动力的转移仍存在异质性，不同性质的劳动力所面临的转移成本也不尽相同。

本书设定农业部门劳动力 i_θ 的转移成本为 θ，可以将该部门劳动力依据转移成本大小进行排序，得到具有某种规律的分布函数。假设分布函数为 $\theta \sim G(\theta)=P(x|x \leqslant \theta)$。当农业部门劳动力 i_θ 在非农部门就业的工资 w_t 高于其转移成本 θ 时，即 $w_t \geqslant \theta$，发生劳动力的转移，反之则不发生转移。因此，农业部门劳动力转移的比例为

$$m_t = P(\theta|\theta \leqslant w_t)=G(w_t) \qquad (3-59)$$

这一方面是转移成本的影响，另一方面是我国非农部门边界劳动生产率远高于农业部门这一特殊国情的影响，所以直接导致了劳动力自由流动的条件 $MPL_{at}=MPL_{bt}$ 失效。

为进一步进行理论分析，假设 θ 的值为 $[u_1, u_2]$ 上的均匀分布，在非农部门工资 w_t 给定的条件下，农业部门劳动力转移比例应为

$$m_t = \frac{w_t - u_1}{u_2 - u_1} \qquad (3-60)$$

非农部门就业供给数量即为

$$L_{bt} = N_b + m_t N_a \qquad (3-61)$$

将上述两个公式结合起来进行运算，可得

$$L_{bt} = N_b + \frac{w_t - u_1}{u_2 - u_1} N_a \qquad (3-62)$$

由给出的上述公式可以分析得出：转移成本的异质性使得工资水平成为影响非农部门劳动力供给的重要正向因素，但农业部门并不能无限地向非农部门提供剩余劳动力。

下面对劳动力市场和资本市场进行均衡分析。首先，分析劳动力市场均衡的情况。根据供求均衡关系，结合式（3-56）和式（3-62）可知均衡时有

$$L_{bt} = N_b - \frac{N_a u_1}{u_2 - u_1} + \frac{N_a}{u_2 - u_1}(1-\alpha) K_t^{\sigma(1-\alpha)} \left(\frac{K_t}{L_{bt}} \right)^{\alpha} \qquad (3-63)$$

解上述方程后，便可以求出非农就业量 L_{bt}，再由此推算出工资 w_t，而 L_{bt} 与 w_t 均是资本存量 K_t 的函数，即 $L_{bt}=L_b(K_t)$，$w_t=w(K_t)$。

此时仍然假设在劳动力进行转移的最初状态时市场是均衡的，即

$$\frac{N_b}{N_a} = \frac{u_1}{u_2 - u_1} \qquad (3-64)$$

则

$$N_b - \frac{N_a u_1}{u_2 - u_1} = 0 \qquad (3-65)$$

并将其代入式（3-63），得

$$L_{bt} = \frac{N_a}{u_2 - u_1}(1-\alpha) K_t^{\sigma(1-\alpha)} \left(\frac{K_t}{L_{bt}} \right)^{\alpha} \qquad (3-66)$$

对式（3-66）进一步计算，得

$$L_{bt} = \left[\frac{N_a}{u_2 - u_1}(1-\alpha) \right]^{\frac{1}{1+\alpha}} K_t^{\frac{\sigma(1-\alpha)+\alpha}{1+\alpha}}$$

假定 $B = \left[\dfrac{N_a}{u_2 - u_1}(1-\alpha) \right]^{\frac{1}{1+\alpha}}$，则有

$$L_{bt} = BK_t^{\frac{\sigma(1-\alpha)+\alpha}{1+\alpha}} \tag{3-67}$$

$$w_t = \frac{u_2 - u_1}{N_a} L_b(K_t) = (1-\alpha)B^{-\alpha}K_t^{\frac{\sigma(1-\alpha)+\alpha}{1+\alpha}} \tag{3-68}$$

从上述所给出的公式推导可以得出：根据模型假设和公式推导，均衡时的非农就业量 L_{bt} 和工资 w_t 均随 K_t 的增加而增加。这一结论与 Lewis（1954）的工资不变假设矛盾，因此已有研究关于工资不变的假定并不适合中国劳动力转移的特征事实。

其次，分析资本回报率增长的影响因素。2008 年以前，中国的资本回报率不断上升，当时引起了学者较大的研究热情，纷纷研究解释为什么中国资本回报率没有随着资本深化而下降。依据上文构建的数理模型，资本回报率 r_t 的影响因素有：资本 K_t 的增长使得边际产出下降，进而降低资本回报率；但资本的增长还会带来劳动边际产出的增长，同时还伴随着农业部门劳动力不断流向非农部门这一事实，劳动力的流入使得非农部门的资本边际产出上升，资本回报率因此得到提升；如果在资本 K_t 增长的同时，还存在投资的技术溢出效应，生产技术得到了提升，资本回报率也会因此增长。下面对该问题进行数理分析。

根据式（3-67）和式（3-68）可以求出资本回报率的如下表达式

$$r_t = \alpha B^{1-\alpha}K_t^{\frac{2(1-\alpha)(\sigma-1/2)}{1+\alpha}} \tag{3-69}$$

根据上述结果可知，当 $\sigma < 1/2$ 时，资本回报率 r_t 随资本存量 K_t 的增长而下降；当 $\sigma > 1/2$ 时，资本回报率 r_t 随资本存量 K_t 的增长而增长；当 $\sigma = 1/2$ 时，资本回报率 r_t 为一个固定值。这说明，技术溢出效应参数 σ 是否达到临界值 $1/2$ 直接影响中国资本回报率的变动趋势。因此，劳动收入和

资本回报率协同增长的一个重要条件是：劳动力从农业部门向非农部门转移的过程中，资本增长带来了技术溢出效应，且技术溢出效应的弹性系数大于1/2。

根据 $B=\left[\dfrac{N_a}{u_2-u_1}(1-\alpha)\right]^{\frac{1}{1+\alpha}}$，以及式（3-67）和式（3-68）可知，$r_t$ 和 w_t 均受到农业人口转移的影响，而农业人口转移又受到非农部门劳动工资 w_t 的影响，转移成本的异质性使得工资水平 w_t 成为影响非农部门劳动力供给的重要因素，因此在劳动力由农业部门向非农业部门转移的过程中，劳动收入与资本回报率之间可能存在着互相影响，这也使得两者协同增长的分析存在理论依据。

二、去产能背景下劳动收入与资本回报率协同增长机制的理论分析

假设经济中存在两类企业，一类是高生产率企业 H，另一类是低生产率企业 L，劳动力可以在两类企业间自由流动，资本无法自由流动，两类企业的生产函数分别为

$$Y_{Ht}=K_{Ht}^{\alpha}(A_{Ht}N_{Ht})^{1-\alpha} \qquad (3-70)$$

$$r=\mathrm{MPK}_{Lt} \qquad (3-71)$$

其中，Y 表示产出；K 表示资本投入；N 表示劳动力投入；A 表示技术进步；t 为时间。不失一般性，参考 Song（2011）的研究，假设 $A_{Ht}=\chi A_{Lt}=\chi A_t$，$\chi>1$，$\chi$ 可用于衡量两类企业的技术差距。

假设银行贷款利率为 r，对于低生产率企业而言，其利润最大化的一阶条件为：$w_t=\mathrm{MPL}_t$；$Y_{Lt}=K_{Lt}^{\alpha}(A_{Lt}N_{Lt})^{1-\alpha}$。

根据一阶条件可以推导出均衡时的劳动收入，即

$$w_t=(1-\alpha)A_t\left(\frac{r}{\alpha}\right)^{\frac{\alpha}{\alpha-1}} \qquad (3-72)$$

根据式（3-72）可知，技术进步是促进劳动收入增长的动力。

张少东等（2020）认为去产能政策可通过市场机制和经济杠杆倒逼企业增强技术创新，以提升产品质量和竞争力，进而通过产品质量提升化解过剩产能。在供给侧结构性改革政策提出之后，去产能政策的实施更加注重创造新供给和引导新需求，即引导企业加快技术升级和转型发展步伐以化解过剩产能，因此去产能政策在一定程度上促进了过剩行业企业的技术进步。去产能政策不仅能够激发产能过剩行业企业的创新意愿（王桂军，2019），还会将技术创新需求传导至上下游部门，进而带动产业链的技术升级。另外，去产能政策通过倒逼落后低效产能退出市场以缓解产能过剩，由此释放出的资本和劳动力等资源通过重新配置进入高效部门，进而通过资源配置优化带动全社会技术水平的提升。据此，提出本部分第一个假说：

假说1：技术进步是促进劳动收入增长的重要动力，去产能政策可通过技术进步倒逼机制促进劳动收入增长。

对高生产率企业而言，假设管理者可以获得总产出的部分作为劳动报酬[①]，企业利润最大化可表示为

$$\pi = \underset{N_t}{\text{Max}} \left[K_{Ht}{}^{\alpha} (\chi A_t N_{Ht})^{1-\alpha} - \varphi K_{Ht}{}^{\alpha} (\chi A_t N_{Ht})^{1-\alpha} - w_t N_{Ht} \right] \quad （3\text{-}73）$$

根据例如最大化的一阶条件以及式（3-72），可得

$$\pi = (1-\varphi)^{\frac{1}{\alpha}} \chi^{\frac{1-\alpha}{\alpha}} r K_{Ht} \quad （3\text{-}74）$$

由式（3-74）可知高生产率企业的资本回报率为

$$R = (1-\varphi)^{\frac{1}{\alpha}} \chi^{\frac{1-\alpha}{\alpha}} r \quad （3\text{-}75）$$

为了推进低生产率企业退出，实现要素资源向高生产率部门转移，必须满足高生产率企业资本回报率大于低生产率企业资本回报率这一条件，即保证 $R > r$，这样才能顺利推进过剩产能的化解，$R > r$ 可进一步转化为

---

① 假设在低生产率企业中，管理者决策水平较差，因此赚取与普通劳动者相同的收入。

$$\chi > (1-\varphi)^{\frac{-1}{1-\alpha}} \tag{3-76}$$

根据式（3-71）可知，一个足够大的 χ 是要素资源由低生产率企业转向高生产率企业的必要条件。另外，根据式（3-70）还可发现，两类企业的技术差距 χ 越大，高生产率企业相对低生产率企业的资本回报率就越高，此时通过去产能政策推动要素资源向高生产率企业转移，就能够带来较高的平均资本回报率水平。

由于去产能政策存在着技术倒逼效应，即企业为了在去产能进程中存活下去，会加大技术研发力度，以提高产品质量。一般而言，高生产率企业的研发效率会更高，因此在去产能政策倒逼下，高生产率企业的技术进步幅度会相对更大，从而使得两类企业间的技术差距扩大，即去产能政策存在技术差距拉大效应，由此提出本部分第二个假说：

假说 2：随着去产能政策的不断推进，两类企业的技术差距会逐渐扩大，进而促进高生产率企业的资本回报率不断提高，社会平均资本回报率也因此逐步提高。

对此，可推导出两类企业的平均资本回报率，即

$$\bar{R} = \frac{RK_{Ht} + rK_{Lt}}{K_{Ht} + K_{Lt}} = \frac{r}{1 - (1 - \chi((1-\varphi)\chi)^{-\frac{1}{\alpha}})\dfrac{N_{Ht}}{N_t}} \tag{3-77}$$

式中，表示高生产率企业劳动力占总劳动力的比重，该指标可以反映去产能带来的劳动力转移情况。随着劳动力由产能过剩行业向非过剩行业的转移，N_{Ht}/N 的值会逐渐增加，进而导致两类企业的平均资本回报率提升。由此提出本部分第三个假说：

假说 3：去产能政策能够促进低生产率企业退出，由此释放的要素资源逐渐向高生产率部门转移，进而通过结构优化效应促进平均资本回报率提升，即去产能政策存在结构优化效应。

下面考虑高生产率企业可能面临的融资约束问题。去产能政策的目的是逐步关停产能过剩行业的低效企业，由此释放的劳动力资源便会向高生产率企业转移。企业多吸纳劳动力必须配套一定的资本要素，如果高生产率企业不存在融资约束问题，便可以通过借贷迅速扩张资本规模以吸纳低生产率企业退出而释放出来的劳动力资源，最终均衡时便只剩下高生产率企业。但现实情况是，我国的金融机构仍偏好向大型国有企业放贷，中小私营企业面临的融资约束问题十分严重。去产能政策通过倒逼低效企业停产整顿甚至退出市场，特别是"僵尸企业"的退出，得以释放大量信贷资源，因此有利于缓解高生产率企业面临的融资约束问题，进而促进高生产率企业的规模和数量扩张，最终提高社会平均资本回报率。据此，提出本部分第四个假说：

假说4：去产能政策可通过融资约束缓解效应提高社会总体的资本回报率。

第四节　本章小结

本章从三个方面分析了去产能背景下劳动收入与资本回报率协同增长的机理：首先，分析了去产能政策对劳动收入和资本回报率的影响机理。其次，通过构建理论模型分别分析了劳动收入和资本回报率单一增长的理论机理。最后，在已有研究的基础上，通过扩展古典经济理论构建一个包括劳动力转移的理论模型，揭示出劳动收入与资本回报率协同增长的机理；通过融入去产能政策，构建一个分析去产能背景下劳动收入与资本回报率协同增长的机理。本章的理论研究是开展后续实证研究的基础，本书后续章节均基于本部分的理论分析结论展开，包括去产能政策对劳动收入和资本回报率的冲击效应、劳动收入和资本回报率单一增长的机制、劳动收入和资本回报率协同增长的机制。

第四章　去产能对中国劳动收入和资本回报率影响的实证分析

第一节　去产能对中国劳动收入影响的实证分析

当前中国仍面临着严重的产能过剩约束，该问题若得不到及时治理，将直接危及产业的健康有序发展，因此去产能已成为中国经济发展亟待解决的关键问题。未来几年是中国实现 GDP 与劳动收入"双倍增"目标的关键时期，而去产能带来的失业、产业结构变化等问题，必然会对要素收入分配机制以及劳动收入份额产生严重冲击，进而为"双倍增"目标的实现埋下隐患。因此，在大力推进去产能的同时，如何优化要素收入分配机制并尽可能避免政策实施的不利冲击，已成为中国实现"双倍增"目标的关键所在。但过度重视 GDP、对 FDI 技术溢出效应的追求以及要素价格的扭曲，导致中国制造业长期处于"逆资源禀赋"的发展状态之中，并使技术进步呈现"资本偏向"特征（陈宇峰等，2013），由此产生的投资过快增长也加剧了中国制造业产能过剩问题。那么，现阶段中国制造业技术进步在不同行业是否存在不同的要素偏向？在去产能进程中，劳动收入份额变动是否会因技术进步偏向存在行业差异而出现异质性？

衡量产能政策实施效果的一个重要指标是产能利用率是否得到提升，因此，研究产能利用率提升对劳动收入份额的影响，并基于技术进步的要素偏向视角分析其中可能存在的机制，不仅有利于理清新常态下中国劳动收入份额变动的特殊机制，还能为如何发挥去产能政策的积极作用并避免其对劳动收入份额的负向冲击提供启示。

一、文献综述与研究假说

现阶段，研究产能利用率测算方法的文献相对较多，各种方法均有其优劣之处，因此学界还未形成统一的意见。常见的测度方法有这几种：一是 Klein（1960）提出的峰值法，该方法使用一定周期内峰值处的产量减去实际产量来计算过剩产能量，由于峰值不具有真正的经济产能规模，因此该方法的测算结果是显著有偏的。二是函数法，该方法又分为生产函数法、利润函数法和成本函数法三种。生产函数法是用具体的生产函数与确定的要素投入来测算产能利用率（Klein et al.，1964；沈坤荣等，2012）；利润函数法则是根据实际产出与企业利润最大化时产出的偏离差距计算来测算产能利用率（Segerson et al.，1993）；成本函数法是在规模报酬不变的前提下，计算平均成本最低点对应的产出水平与实际产出的比值，但不同学者对最低点的界定不同，其中利用标准化的短期可变成本函数法的研究相对较多，如Morrison 等（1985）、韩高国等（2012）、吕品等（2016b）的研究均采用该方法。由于生产函数法需要设定具体的函数形式，因此也导致了测度结果存在较大的主观随意性。三是数据包络法（DEA）和随机前沿法（SFA），这两种方法均是通过计算产出偏离生产前沿面的无效率部分来测算产能利用率的非参数估计方法（杨振兵，2015），该方法不用设定具体的函数形式，但却无法证明有效点为充分利用点（程俊杰，2015）。其他方法则包括协整法（Shaikh et al.，2004）、结构向量自回归法（Dergiades et al.，2007）和调查法（王永进等，2012）等，每种方法均对产能利用率测度方法的完善有着重要启示。

中国劳动收入份额自 20 世纪 90 年代中期开始呈现下降趋势（李稻葵，2009），近些年来虽有一定程度的回升，但仍在低位徘徊（Zhang et al.，2011），因此也引发了学者对劳动收入份额变动成因的研究热潮。Bockerman 等（2012）认为在全球化进程中，劳动要素的谈判能力弱于资本是劳动收入份额下降的重要原因，罗长远等（2009a）利用中国数据的研究也有着类似结论。黄先海等（2009）则认为技术进步是影响劳动收入份额的主要因素，特别是在外来技术诱导下发生的资本偏向型技术进步是中国劳动收入份额下降的重要原因（章上峰等，2016）。产业间和产业内的结构变化也是劳动收入份额变动的原因（罗长远等，2009a），当前中国仍存在着明显的二元经济结构特征，在劳动力向工业转移的过程中，劳动收入份额因工业增加值上升而不断下降（白重恩等，2009；李稻葵等，2009），但工业化完成后，服务业的发展则会提升劳动收入份额。除此之外，许多学者还研究了工会力量（魏下海等，2013）、政府政策（方文全，2011）、国企改革（周明海等，2010）、市场分割（王宋涛等，2017）等对劳动收入份额的影响。已有研究对劳动收入份额变动的机制有着深刻见解，也为理解中国要素收入分配有着重要启示，但劳动收入份额变动的机制是十分复杂的，且各因素的影响还可能处在不断变动之中，因此在新的发展阶段继续探讨新的影响因素仍有重要的学术价值。

中国经济发展进入新常态后遇到的一个突出问题，便是制造业存在严重的产能过剩，去产能已成为当务之急，但这可能会对中国要素收入分配机制产生严重冲击。但现有文献中，基于产能利用率提升视角分析劳动收入份额变动机制的研究仍较为缺乏，也无法明确两者之间的影响机理，进而不利于去产能政策的合理制定，也不利于劳动收入倍增目标的实现，因此基于产能利用率提升视角分析劳动收入份额变动对中国经济发展而言有着重要的现实意义。

技术进步可以通过技术效率增进提高产能利用率，但其对要素收入分配的冲击方向是不确定的，因为资本偏向型技术进步会导致劳动收入份额下降，而劳动偏向型技术进步则可以促进劳动收入份额增长（黄先海等，2009）。当前制造业存在的产能过剩困境倒逼了部分企业进行技术创新，以提高产品质量和市场竞争力（杜威剑等，2015）。另外，产能过剩还会推动企业加快国际化步伐，通过逆向技术溢出提高生产效率以实现产能利用率提升。因此，技术进步是中国制造业产能利用率提升的重要动力，但技术进步却会导致制造业要素禀赋结构变化，且技术进步存在的要素偏向还使得要素生产效率提升速度不同步，进而对原有的要素收入分配机制产生严重冲击，劳动收入份额也因此而发生改变。据此，提出本部分第一个假说：

假说1：技术进步带来的效率提升能够提高产能利用率，但也冲击了原有的要素收入分配机制，进而导致劳动收入份额变动。

劳动工资存在刚性与当前中国资本方的强势地位，使得劳动力一方缺乏议价能力，因此在短期内，产能利用率提升带来的产出增长部分多被资本要素获取，劳动收入很难获得增长。当前，增加劳动强度并延长劳动时间仍是中国制造业提高产能利用率的主要方式之一，而劳动收入却无法得到同比例增长，因此产能利用率提升会导致劳动收入份额下降。另外，在短期内，去产能政策不可避免地会导致失业增加，此时产能利用率虽得到了提升，但失业增加却导致了劳动收入份额下降。为了治理产能过剩，地方政府多采用行政性手段规定行业的产量和销量，在抑制投资的同时也导致了失业大幅增加和劳动者收入下降，劳动收入份额也因此出现下降。据此，提出本部分第二个假说：

假说2：产能利用率提升带来的产出增加，会因工资刚性约束而导致要素收入分配偏向资本，进而降低劳动收入份额。

高端劳动力的收入一般高于低端劳动力，而低端劳动力在经济发展初始阶段往往占据优势地位，因此此时的劳动收入份额多呈现下降趋势。随着经济的发展，当高端劳动力占比超过某一比值，劳动收入份额便会呈现增长态势，因此劳动收入份额与经济发展水平之间呈"U"形关系（李稻葵等，2009）。中国制造业的去产能可使低端和低效产业逐渐被淘汰，产业结构不断向高端转型升级，高端劳动力占比不断增加，因此劳动收入份额会随着产能利用率的增长而增长。另外，由于先进资本与高端劳动力之间还存在着互补性，因此在短期会导致劳动收入份额下降的资本偏向型技术进步，在长期却能提升高端劳动力占比并推动劳动生产效率的提升，进而实现劳动收入份额的增长。据此，提出本部分第三个假说：

假说3：通过产业结构与劳动力结构优化实现产能利用率提升，能够促进劳动收入份额增长。

为了验证上述研究假说，本部分首先利用供给侧与需求侧相结合的方法，测度了中国制造业 28 个行业 1999—2015 年的产能利用率；其次通过构建实证模型分析了产能利用率提升对劳动收入份额的影响，并基于偏向型技术进步的视角分析了上述影响存在异质性的原因；最后通过长期与短期实证的结合，提出了产能利用率提升对劳动收入份额的动态影响机制。

二、中国制造业产能利用率的测度

（一）测度方法的构建

借鉴杨振兵（2015）的研究，本书将产能利用率（CU）分解为供给侧的产能利用率（CU_s：实际产出/有效产出）与需求侧的产能利用率（CU_d：需求/供给），因此制造业产能过剩不仅来源于需求侧市场上的供大于求，还来源于供给侧生产过程中技术效率损失所导致的实际产出与有效产出的偏离，因此产能利用率的测度方法可表示为

$$CU = CU_s \times CU_d \qquad (4-1)$$

其中，需求侧的产能利用率可使用工业销售产值（demand）与工业总产值（supply）的比值来衡量，即

$$CU_d = demand + supply \qquad (4-2)$$

供给侧的产能利用率 CU_s 可使用实际产出 y 与有效产出 $Y(F)$ 的比值（董敏杰等，2015）表示

$$CU_s = y/Y(F) = TE \times Y(F,V)/Y(F) = TE \times EU \qquad (4-3)$$

其中，EU 为设备利用率，是指在可变投入与不可变投入约束下生产设备的利用效率；TE 为技术效率，是指因技术水平落后导致的产出不足，$0 \leq TE \leq 1$。该方法不仅可以测度各行业的产能利用率，还可以将产能利用率分解成三个部分：需求侧产能利用率、设备利用效率和技术效率，从而分

析各部分变化对产能利用率的影响。

（二）测度结果分析

基于上述方法，本部分对制造业 28 个行业 1999—2015 年的产能利用率进行了实证测度。由于 2002 年和 2011 年的制造业统计口径有所调整，因此本书以 2002 年为基础将 2011 年的行业分类进行了调整，将"橡胶塑料制品业"分为"橡胶制品业"和"塑料制品业"；将"文教、工美、体育和娱乐用品制造业"中的"工艺品美术品制造"删除；将"汽车制造业"和"铁路、船舶、航空航天和其他运输设备制造业"合并为"交通运输制造业"；将"通用设备制造业"中的"文化办公用机械制造"归入"仪器仪表、文化办公制造业"。数据来源于国家统计局数据库，以及历年《中国统计年鉴》和《中国工业统计年鉴》。

总体上看（见图 4–1），制造业产能利用率长期处于下降状态。1999年制造业产能利用率为 63%，之后便出现了快速下降，到 2015 年已降为41%，这说明中国制造业产能过剩问题已十分突出。[①]2011 年之后，产能利用率下降速度大幅减缓，这主要是因为中央和地方已经意识到问题的严峻性，并先后实施了各类去产能政策。但值得注意的是，制造业产能利用率仅是下降速度趋缓而没有得到根本性提升，则说明过去以需求侧调整为主的去产能政策并不能从根本上解决产能过剩问题，未来政策向供给侧方向转变已显得十分必要。通过对产能利用率的分解还可以看出，需求侧产能利用率和设备利用率较为稳定，而技术效率则处于持续下降状态，由 1999 年的 94.58% 下降到 2005 年的 57.16%，这说明制造业技术效率下降是造成产能利用率下降的主要原因。

---

① 由于本书的产能利用率是基于供给与需求侧角度的测度，测度得到的数值较其他方法得到的数值小，因此无法基于 79% 这一标准去判断是否存在产能过剩，但可通过变动趋势衡量制造业产能利用率的动态变化。

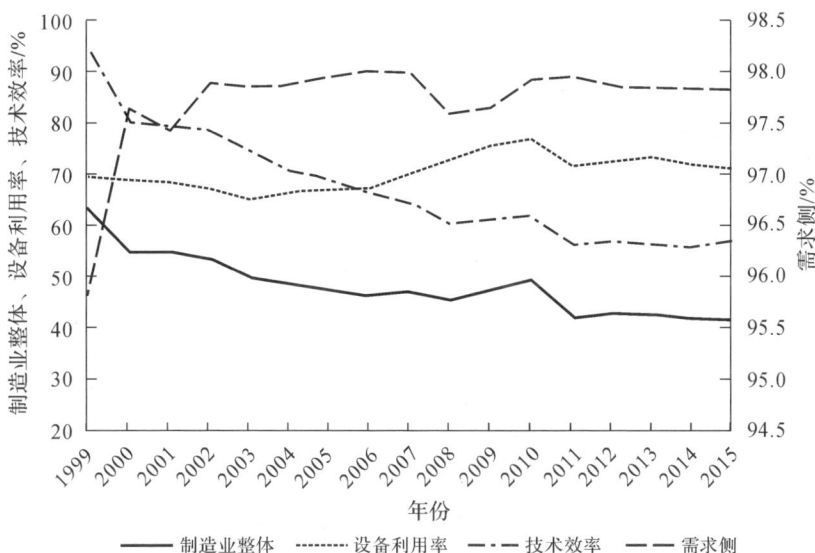

图 4-1 1999—2015 年中国制造业产能利用率

分行业来看（见图 4-2），技术密集型行业的产能利用率最高，劳动密集型行业次之，资本密集型行业最低。资本密集型行业的产能过剩问题最为严重，主要是因为该类行业中国有企业较多，极易受各类政策的影响，加之地方政府的税收减免和土地优惠政策的引导，各地重复建设问题不断加剧，因此也成了制造业中产能过剩最为突出的行业（董敏杰等，2015）。随着国家对过剩行业投资的干预，以及去产能和供给侧结构性改革等措施的实施，资本密集型行业的产能利用率下降势头在 2011 年之后得到了缓解。从具体的行业上看，劳动密集型行业中的纺织业、食品与饮料制造业，资本密集型行业中的造纸业、石油炼焦业、化学纤维业、非金属矿物质业、黑色金属和有色金属业，技术密集型行业中的化学原料和医药制造业都属产能利用率相对较低的行业。虽然三类行业的产能利用率存在差异，但总体均呈现下降态势，这说明制造业产能过剩存在行业普遍性特征和时间持续性特征。

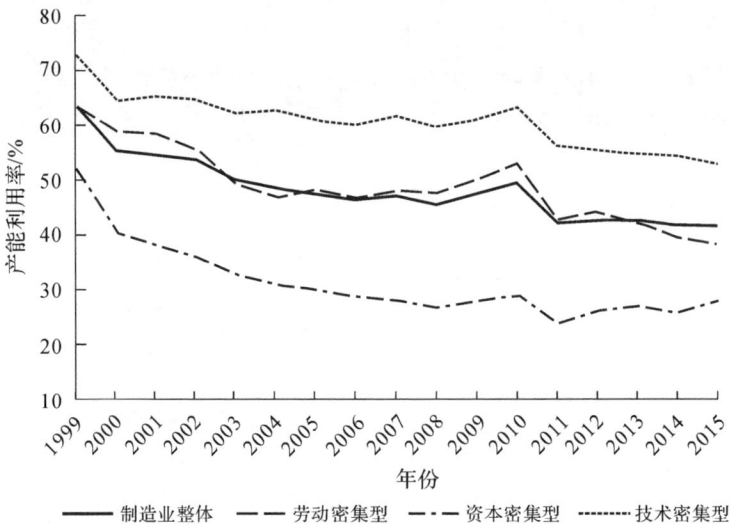

图 4-2　1999—2015 年中国制造业分行业的产能利用率

三、实证分析

（一）计量模型构建

本部分包含 28 个行业 17 年数据，具有截面多、时间短的特征，因此可以使用动态面板分析方法进行计量分析，具体的实证模型为

$$\text{LS}_{it} = \beta_1 \text{LS}_{it-1} + \beta_2 \text{CU}_{it} + \beta' X_{it} + \lambda_i + \varepsilon_{it} \qquad （4-4）$$

其中，LS 表示劳动收入份额；λ_i 表示行业效应；ε_{it} 表示残差项；X_{it} 表示各控制变量。

由于式（4-4）还包含不可观察的行业效应，因此可以通过差分方法消除该效应，得

$$\text{LS}_{it} - \text{LS}_{it-1} = \beta_1 (\text{LS}_{it-1} - \text{LS}_{it-2}) + \beta_2 (\text{CU}_{it} - \text{CU}_{it-1})$$
$$+ \beta' (X_{it} - X_{it-1}) + \varepsilon_{it} - \varepsilon_{it-1} \qquad （4-5）$$

式（4-5）已较好地消除了行业效应，进而可以选择 GMM 方法进行实证分析。但变量之间还可能存在内生性问题，由于选择合适的工具变量较为困难，因此本部分选择各变量的滞后项作为工具变量，并使用 AR(2) 和 Hansen

值检验工具变量以及模型的有效性。具体的控制变量有：

1. 外商直接投资（fdi）

外商直接投资对劳动收入份额的影响存在不确定性。一方面，外商直接投资促进了资本要素的自由流动，但弱化了劳动者的谈判能力，劳动收入份额可能会出现下降；另一方面，外商进入导致企业在劳动力市场的竞争加剧，因而对劳动收入带来了正向作用。本部分采用外商及港澳台投资的存量数据来衡量外商直接投资。

2. 资本产出比（ky）

资本产出比可以间接反映行业的资本深化程度，也是影响劳动收入份额的重要因素。资本产出比对劳动收入份额的影响与资本和劳动的替代弹性相关，当劳动和资本为互补关系时，劳动收入份额与资本产出比同向变化，反之，两者则成负相关关系。本部分采用资本存量与实际工业总产值的比值来衡量资本产出比。

3. 对外出口（exp）

对劳动要素相对丰裕的国家而言，出口能够提升劳动密集型行业的劳动收入，但也可能带来偏向型技术进步，从而对劳动收入份额带来不确定性影响（王永进等，2010）。本部分采用各行业出口交货值与销售总产值的比值来衡量对外出口。

4. 技术进步（tfp）

技术进步会导致收入在要素之间的分配比例变化，劳动增强型技术进步有利于劳动收入份额提升，而资本增强型技术进步则有着反向作用（李坤望等，2012）。本部分采用DEA-Malmquist方法，估算各行业的技术进步指数。

5. 国有企业比重（state）

国有企业的劳动收入一般高于非国有企业，所以国企比重下降会导致劳动收入份额下降（白重恩等，2009）。本部分采用国有控股工业企业增加值占规模以上工业企业增加值的比重来衡量国有企业比重。

6.经济发展水平（py）

随着经济发展水平的提升，劳动收入份额可能呈现先下降后上升的"U"形变化过程。本部分使用人均产值作为经济发展水平的代理变量。

（二）回归结果分析

表4-1报告了制造业总体数据的回归结果。

表 4-1　制造业总体数据的回归结果

变量	模型（1）	模型（2）	模型（3）	模型（4）	模型（5）	模型（6）
l.LS	0.855*** (262.15)	0.422*** (21.91)	0.560*** (68.18)	0.457*** (22.01)	0.425*** (18.50)	0.398***
CU	−0.028*** (−8.78)	−0.055*** (−6.40)	−0.076*** (−11.75)	−0.050*** (−3.56)	−0.070*** (−9.54)	−0.081*** (−4.24)
fdi	−0.255*** (−36.56)	−1.187*** (−16.06)		−0.864*** (−16.64)	−1.165*** (−12.31)	−1.328*** (−9.28)
ky		0.454*** (16.08)	0.127*** (9.75)	0.282*** (10.93)	0.338*** (6.21)	0.433*** (9.38)
exp			−0.213*** (−21.16)			−0.006 (−0.32)
tfp				−0.067*** (−8.80)	−0.014*** (−3.27)	−0.018*** (−3.12)
state					0.115*** (3.17)	
py						−0.002*** (−4.38)
OBS	420	420	420	420	420	420
AR(2)	0.774	0.793	0.196	0.087	0.875	0.450
Hansen	0.549	0.506	0.474	0.242	0.437	0.396

注：括号内为 t 值，*、** 和 *** 分别表示在 1%、5% 和 10% 水平上显著。

第一，制造业产能利用率提升对劳动收入份额有着显著的负向影响，这说明制造业通过产能利用率提升带来的产出增长主要流向了资本要素，导致劳动收入份额下降。出现这一情况的可能原因有三：首先，投资驱动型发展模式加上改革开放后大量外资涌入资本密集型行业（Bai et al., 2010），使得中国要素禀赋发生了重大变化，资本密集型产品逐渐成为中国的比较优势产品。而在这一进程中，大量进口国外先进机器设备以及国内投资的快速积累，使得制造业技术进步的资本偏向特征十分明显，要素收入分配严重偏向资本要素，因此产能利用率提升会导致劳动收入份额下降。其次，去产能政策的实施也是制造业产能利用率提升的主要动力，但去产能不可避免地会导致大批工人失业，进而造成劳动收入份额下降。最后，劳动收入具有刚性特征，产能利用率提升后，劳动收入在短期内无法实现同步提升，而资本则获得了绝大部分产能利用率提升带来的产出增长部分，进而导致劳动收入份额下降。这一结论对当前中国去产能政策的实施有着重要启示：去产能不仅会因落后产能淘汰而造成失业与劳动收入下降等问题，而且还会对现有收入分配机制造成冲击，进而影响劳动收入份额，因此如何避免或尽可能地降低去产能对劳动收入份额的不利影响，是制造业发展面临的重要挑战。

第二，控制变量方面，技术进步对劳动收入份额有着负向影响，这进一步解释了产能利用率提升对劳动收入份额产生负向影响的原因。首先，中国制造业技术进步主要是资本偏向型的，资本产出效率的提升较劳动产出效率更为明显，因此资本要素在产能利用率提升过程中能够分到更多收入，劳动收入份额因此出现下降。经济发展水平对劳动收入份额有着负向影响，这说明制造业发展仍处在"U"形曲线左侧。其次，在经济发展水平较高时，劳动者流动意愿不足将导致其谈判地位下降，进而使得劳动收入份额下降（唐东波，2011）。外商直接投资和对外出口的回归结果均显著为负，这说明制造业的外向发展不利于劳动收入份额的提升。出现该结果的原因是，外商直接投资在制造业的投资仍以加工贸易为主，加工贸易业在中国对外出口中占据着较大比重，但国内该类企业多处于全球价值链低端位置，仅能赚取微不足道的加工费用，利润多被外商拿走，因此外商直接投资和出口增长降低了劳动收入份额。最后，全球化还使得生产要素得到充分流动，而劳动者的谈判能力往往弱于资本，因此外向发展多会降低劳动收入份额（Bockerman et al.，2012）。资本产出比的回归结果为正，这是因为资本产出比的提升意味着资本要素增加与资本边际产出下降，资本要素增加则使劳动要素相对下降与劳动边际产出增长，因此资本产出比增长对劳动收入份额提升有着积极作用。国有企业比重提升促进了劳动收入份额增长，与其他企业相比，国有企业劳动收入相对较高，因此其比重提升能够带来劳动收入份额的增长。劳动报酬一阶滞后项的系数显著为正，说明劳动收入份额存在着较大的惯性。

表 4-2 和表 4-3 分别报告了技术密集型行业和资本密集型行业的回归结果，两类行业的回归结果与总体数据回归结果基本一致，且核心解释变量（产能利用率）对劳动收入份额均存在着显著的负向影响，但从回归的显著性上看，资本密集型行业产能利用率提升的负向效应更强。上文分析结果显示，偏向型技术进步与劳动收入存在刚性是产能利用率提升对劳动收入份额增长产生负向影响的主要原因，那么在技术密集型行业和资本密集型行业，技术进步偏向是否存在差异？产能利用率的影响机制是否存在异质性？为了回答上述问题，后文将通过测度各行业技术进步偏向指数，以更深入地解释产能利用率提升对劳动收入份额的影响机制。

表 4-2　技术密集型行业的回归结果

变量	模型（1）	模型（2）	模型（3）	模型（4）	模型（5）	模型（6）
l.LS	0.740*** (15.70)	0.110 (0.56)	0.172** (2.44)	0.746*** (10.91)	0.390** (2.49)	0.119 (0.43)
CU	−0.091** (−2.35)	−0.149* (−1.88)	−0.277** (−2.96)	−0.117** (−2.38)	−0.098** (−2.36)	−0.302** (−2.26)
fdi	−0.060** (−2.44)	−1.769*** (−3.86)			−1.676*** (−6.64)	
ky		0.537** (3.15)	0.299** (3.20)	0.032 (0.74)		0.261 (1.47)
exp			−0.327** (−2.86)			−0.573** (−2.63)

续表

变量	模型（1）	模型（2）	模型（3）	模型（4）	模型（5）	模型（6）
tfp				-0.086^{***} (-5.76)		
state					0.314^{***} (4.17)	
py						-0.119^{**} (-3.11)
OBS	120	120	120	120	120	120
AR(2)	0.418	0.237	0.873	0.060	0.153	0.322
Hansen	0.862	0.888	0.836	0.827	0.817	0.823

注：括号内为 t 值，*、** 和 *** 分别表示在 1%、5% 和 10% 的水平上显著。

表 4-3 资本密集型行业的回归结果

变量	模型（1）	模型（2）	模型（3）	模型（4）	模型（5）	模型（6）
l.LS	0.847^{***} (254.87)	0.631^{***} (16.96)	0.662^{***} (18.59)	0.936^{***} (36.37)	0.656^{***} (19.22)	0.625^{***} (14.59)
CU	-0.016^{**} (-2.25)	-0.096^{**} (-2.41)	-0.121^{***} (-11.75)	-0.047^{**} (-2.33)	-0.070^{***} (-4.80)	-0.216^{***} (-3.85)
fdi	-0.171^{***} (-12.63)	-0.563^{***} (-9.96)			-0.672^{***} (-5.83)	
ky		0.284^{***} (9.61)	0.138^{***} (4.96)	-0.024 (-1.08)	0.156^{**} (2.46)	
exp			-0.133^{***} (-8.69)			-0.204^{***} (-4.92)
tfp				-0.061^{***} (-3.47)		
state					0.117^{*} (1.87)	0.244^{***} (3.26)
py						-0.001^{**} (-2.44)
OBS	180	180	180	180	180	180
AR(2)	0.168	0.064	0.404	0.958	0.070	0.360
Hansen	0.998	0.614	0.747	0.566	0.345	0.455

注：括号内为 t 值，*、** 和 *** 分别表示在 1%、5% 和 10% 的水平上显著。

表 4-4 报告了劳动密集型行业的回归结果，与上文回归结果不同的是，劳动密集型行业产能利用率提升促进了劳动收入份额的增长。其中可能的原因有二：首先，劳动密集型行业所用资本较少，劳动要素在收入分配方面存在规模优势，因此产能利用率提升所带来的产出增长主要是分配给劳动要素的。其次，根据诱致性技术变迁理论，如果劳动力资源相对过剩，技术进步一般会呈现劳动偏向型特征，进而提升劳动生产效率（陈宇峰等，2013）。因此在劳动密集型行业，技术进步呈现出劳动偏向型特征是劳动收入份额随产能利用率提升而增长的重要原因。

与技术和资本密集型行业不同的是，资本产出比提升不利于劳动密集型行业劳动收入份额的增长，这可能是因为劳动密集型行业中资本比重本来就很低，适当增加资本的比重并不会导致资本边际产出的大幅下降，因此资本收入份额反而会因资本数量的增长带来较大提升，进而导致劳动收入份额的下降。另外，劳动密集型行业资本要素投入增长也在一定程度上反映了资本对劳动的替代作用，当前中国大力推进机器换人、智能制造等战略，劳动密集型行业的资本投入因此得到大幅增加，大量劳动力被先进设备替代，进而导致劳动收入份额下降。

表 4-4 劳动密集型行业的回归结果

变量	模型（1）	模型（2）	模型（3）	模型（4）	模型（5）	模型（6）
l.LS	0.883*** (28.50)	0.897*** (38.09)	0.803*** (13.83)	0.941*** (17.51)	0.891*** (36.23)	0.809*** (37.57)
CU	0.45** (2.79)	0.024* (2.20)	−0.052 (−1.76)	0.024** (2.68)	0.036*** (3.77)	0.024*** (2.08)
fdi	−0.280*** (−13.52)			−0.356*** (−4.22)		
ky		−0.098** (−2.61)				
exp			−0.045** (−2.49)			

续表

变量	模型（1）	模型（2）	模型（3）	模型（4）	模型（5）	模型（6）
tfp				0.015 (0.32)		
state					−0.103*** (36.23)	
py						0.001*** (4.93)
OBS	120	120	120	120	120	120
AR(2)	0.064	0.092	0.463	0.083	0.072	0.093
Hansen	0.921	0.947	0.851	0.781	0.938	0.940

注：括号内为 t 值，*、** 和 *** 分别表示在 1%、5% 和 10% 的水平上显著。

（三）稳健性检验

为了检验上述 GMM 回归结果的稳健性，本部分使用工具面板分析方法重新进行回归，具体的结果如表 4-5 所示。工具面板分析方法的回归结果在变量的影响方向和显著性方面与 GMM 回归结果基本一致，因此可以认为上述回归结果是稳健的。

表 4-5　稳健性检验

变量	行业整体		劳动密集型行业		资本密集型行业		技术密集型行业	
l.LS	0.561*** (32.94)	0.560*** (16.79)	0.048 (1.84)	0.894*** (8.18)	0.633*** (8.32)	0.485*** (11.5)	0.105 (0.75)	0.184** (2.28)
CU	−0.030*** (−12.89)	−0.028*** (−3.60)	0.037* (2.12)	0.009 (0.07)	−0.060* (−2.09)	−0.169*** (−4.08)	−0.071** (−2.33)	−0.113*** (−5.46)
fdi	−0.800*** (−18.01)	−1.095*** (−7.29)	−1.058*** (−5.19)			−0.904*** (−6.24)	−1.340*** (−3.99)	−1.807*** (−3.80)
ky	0.127*** (4.18)	0.252*** (5.82)			0.050*** (3.55)		0.293** (2.49)	
exp		−0.031* (−1.75)			−0.107** (−2.15)			

续表

变量	行业整体		劳动密集型行业		资本密集型行业		技术密集型行业	
tfp		−0.018*** (−2.72)		0.046 (0.72)	−0.007 (−0.38)	−0.039** (−2.48)		−0.058* (−1.91)
state	0.122*** (7.12)			0.172 (0.08)		0.093 (1.33)		
py		−0.002*** (−5.49)				−0.006*** (−3.74)		−0.007*** (−3.81)
OBS	420	420	120	120	180	180	120	120
AR(2)	0.691	0.117	0.079	0.736	0.601	0.445	0.517	0.692
Hansen	0.331	0.999	0.855	0.413	0.517	0.408	0.925	0.966

注：括号内为 t 值，*、** 和 *** 分别表示在 1%、5% 和 10% 的水平上显著。

四、进一步分析：影响机制与长期演进

（一）影响机制：偏向型技术进步

根据产能利用率的测度方法可知，技术效率对产能利用率有着重要影响，且测度结果也显示，技术效率损失正是中国制造业产能利用率下降的主要原因。另外，前文计量分析部分还显示，产能利用率提升对劳动收入份额的影响存在行业异质性，结合理论与测度部分分析结果，可认为技术进步偏向可能是造成产能利用率影响结果出现行业异质性的原因。为了验证上述猜测，本部分假定技术进步可分为三类：资本偏向型技术进步、劳动偏向型技术进步和中性技术进步。因此产能利用率提升对劳动收入份额产生行业异质性影响的可能原因便是不同行业发生了不同偏向的技术进步。一般而言，资本偏向型技术进步能够通过技术效率提升带来产能利用率的提升，但不利于劳动收入份额的增长；而劳动偏向型技术进步则在提升产能利用率的同时，还能促进劳动收入份额的增长（章上峰等，2016）。

因此，本部分分别对劳动密集型、资本密集型与技术密集型行业的技术进步偏向指数进行测度，以分析其是否存在行业异质性。借鉴 Diamond（1965）的研究，本书构建了一个测度技术进步偏向指数（A）的方法，具体为

$$A = \frac{\partial\,\mathrm{MPK}/\partial t}{\mathrm{MPK}} - \frac{\partial\,\mathrm{MPL}/\partial t}{\mathrm{MPL}} \tag{4-6}$$

式（4-6）右边两项分别代表资本边际产出的增长率与劳动边际产出的增长率。如果 $A > 0$，说明技术进步属资本偏向型；如果 $A < 0$，则说明技术进步属劳动偏向型；如果 $A=0$，则说明技术进步是中性的。本部分借鉴杨振兵等（2015）的研究，使用随机前沿分析法对 A 进行测度，具体的测度结果如表 4-6 所示。

表 4-6　典型年份不同类型行业的技术进步偏向指数

行业	1999 年	2000 年	2005 年	2010 年	2011 年	2012 年	2013 年	2014 年	2015 年
劳动密集型	0.025	0.029	0.514	−0.834	−0.818	−0.675	−0.589	−0.525	−0.498
资本密集型	0.011	0.012	0.016	0.025	0.036	0.040	0.044	0.055	0.074
技术密集型	−0.008	−0.009	−0.009	−0.007	−0.008	−0.008	−0.009	−0.010	−0.011

第一，劳动密集型行业技术进步虽在早期呈现资本偏向型特征，但在 2010 年之后已转变为劳动偏向型。笔者在计算式（4-6）的过程中还发现，劳动密集型行业的劳动边际产出一直处于增长状态，而资本边际产出却处于下降状态，因此可以认为劳动密集型行业产能利用率提升主要来自劳动偏向型技术进步，即劳动生产效率的提升，这也是产能利用率提升可以促进劳动收入份额增长的重要原因。

第二，资本密集型行业的技术进步偏向指数一直为正，说明技术进步的资本偏向特征十分明显。与劳动密集型行业不同的是，资本密集型行业的劳动边际产出与资本边际产出均处于下降状态，但劳动边际产出下降速度大于资本边际产出，因此资本密集型行业总的技术效率是处于下降状态的，这也是资本密集型行业出现严重产能过剩的重要原因。现阶段，我国制造业产能过剩主要集中在资本密集型行业，而不是劳动与技术密集型行业，进一步说

明了技术效率损失对资本密集型行业产能利用率下降的严重影响。由于技术进步资本偏向型特征明显，因此资本密集型行业要素收入分配严重偏向资本要素，进而使得该行业产能利用率提升对劳动收入份额有着负向影响。

第三，技术密集型行业的技术进步偏向指数虽然为负，但数值十分接近零，因此可以认为技术进步是中性的。但在技术密集型行业，产能利用率提升对劳动收入份额依然存在着负向影响，可能是因为技术密集型行业对资本要素和劳动要素的投入是非均衡的，现阶段，我国技术研发能力仍相对不足，技术密集型行业多依赖资本投入，特别是先进设备的引进，而不是技能劳动力投入，因此技术密集型行业资本规模相对占优势。虽然中性技术进步可以同时提升资本与劳动力的生产效率，但由于资本规模占优，仍会导致劳动收入份额下降。这与王永进等（2010）的研究结论相吻合，即现阶段中国技能劳动力仍相对稀缺，技术效率提升会导致劳动收入份额下降。另外，劳动收入调整存在刚性也是技术密集型行业劳动收入份额下降的重要原因，即劳动收入水平的增长速度远低于技术进步所带来的劳动生产率的提升速度（陈宗胜等，2014）。

（二）产能利用率提升对资本回报率影响的长期演进

上文分析显示，劳动收入调整存在刚性，可能导致产能利用率提升在短期会降低劳动收入份额。如果劳动收入在长期可以得到充分调整，那么产能利用率提升又会对劳动收入份额产生何种影响呢？不同类型行业的影响是否仍存在异质性？大量经验研究表明，资本与劳动技能可能是互补的（王永进等，2010），资本偏向型技术进步与劳动偏向型技术进步在长期可能会出现交替增长情况，由此带来的产能利用率提升对劳动收入份额的影响便存在不确定性。因此，本部分将产能利用率滞后项纳入回归模型再次进行回归，以分析产能利用率提升的长期效应，具体的回归结果如表4-7所示。

表 4-7 产能利用率的长期影响结果

变量	整体		资本密集型行业		技术密集型行业		劳动密集型行业	
L.LS	0.851***	0.617***	0.956***	0.606***	0.564***	0.191	0.605***	0.926***
	(133.9)	(17.83)	(34.59)	(14.38)	(6.93)	(1.01)	(15.9)	(10.91)
L2.CU							0.090**	0.084**
							(2.52)	(2.63)
L3.CU	0.072***	0.236***	0.085***	0.294***	0.198***	0.209*		
	(22.48)	(16.85)	(6.17)	(5.09)	(5.99)	(1.88)		
控制变量	否	是	否	是	否	是	否	是
OBS	364	364	156	156	104	104	112	112
AR(2)	0.811	0.828	0.694	0.214	0.316	0.599	0.080	0.113
Hansen	0.857	0.871	0.339	0.986	0.883	0.808	0.761	0.872

注：括号内为 t 值，*、** 和 *** 分别表示在 1%、5% 和 10% 的水平上显著。

整体数据、资本密集型和技术密集型行业产能利用率滞后三期的回归结果均有显著的正向影响，劳动密集型行业产能利用率滞后二期有显著的正向影响，这说明产能利用率提升对所有行业的劳动收入份额均存在长期积极作用。上文回归分析也显示，劳动密集型行业产能利用率提升在短期就对劳动收入份额有着促进作用，因此该行业产能利用率提升对劳动收入份额的影响最为迅速，资本和技术密集型行业则相对迟缓。

产能利用率提升在长期能够促进劳动收入份额增长的可能原因有二：一是去产能不仅提高了产能利用率，还带来了产业结构调整。中国产能过剩问题主要集中在重工业领域，因此去产能降低了这些行业的占比，而这些行业的劳动收入份额往往较低。另外，劳动收入相对较高的服务业也在去产能过程中实现了快速扩张，因此劳动收入份额随产业结构调整得到了提升（陈宗胜等，2014）。二是资本偏向型技术进步占比不断降低。劳动密集型行业技术进步已由资本偏向型转为劳动偏向型，技术密集型行业技术进步则一直保持中性特征，虽然资本密集型行业技术进步的资本偏向仍十分明显，但该行业是中国去产能的重点所在，因此随着去产能步伐的加快，制造业对资本偏向型技术进步的依赖将逐渐降低，其对劳动收入份额的不利影响也将减弱。产能利用率提升在长期对所有行业劳动收入份额均有着促进作用，也对当前中国产能过剩的治理有着一定启示，即政府不应仅关注治理产能过剩的短期损失，还应考察其长期收益，进而制定更为合理的产业政策。

综合上述分析可知，产能利用率提升对劳动收入份额的影响存在行业异质性，其原因是制造业技术进步偏向存在行业异质性。首先，劳动密集型行业的技术进步在近些年呈现出明显的劳动偏向型特征，劳动生产率得到了提升，因此产能利用率提升带来的产出分配便得以向劳动要素倾斜；且劳动密集型行业中资本要素投入相对较少，劳动要素收入分配还存在着规模优势，因此劳动收入份额会随着产能利用率的提升而增长。其次，资本密集型行业的技术进步存在明显的资本偏向型特点，要素收入分配向资本倾斜，因此产能利用率提升带来的收益主要归资本所有，进而导致劳动收入份额下降。最后，技术密集型行业的技术进步虽然为中性，但产能利用率提升仍对劳动收入份额有着负向影响，这主要是因为技术密集型行业资本要素占比较大，资本收入份额会因资本规模优势而得到提升；另外劳动收入调整存在刚性也有着重要影响。通过在实证分析中纳入产能利用率滞后项，发现滞后三期的产能利用率已对技术密集型行业的劳动收入份额产生了促进作用，因此资本要素的规模优势与劳动收入调整存在刚性是技术密集型行业产能利用率提升对劳动收入份额产生负向影响的重要原因。

从长期来看，产能利用率提升对劳动收入份额有着显著的促进作用。不仅在劳动密集型和技术密集型行业，在资本偏向型技术进步特征明显的资本密集型行业，从长期来看其产能利用率提升对劳动收入份额增长也有着促进作用。主要有两方面原因：一是劳动者存在着向高收入行业流动的动力，这会迫使低收入行业不断提高劳动者的收入水平，以与其他行业看齐，即劳动收入在长期能够得到充分调整；二是先进的物质资本还需高端劳动力的配合才能发挥最大效益，因此资本偏向型技术进步最终也会促进劳动生产技术的进步，而随着高技能劳动力的快速积累，劳动收入份额终会获得增长。

五、基于中国工业企业数据的检验

（一）变量选取与数据来源

1.被解释变量

劳动收入份额（r），计算方法为：工资总额/(工资总额＋营业利润＋折旧＋利息＋间接税)，指标做对数化处理。数据来自中国工业企业数据库（1998—2008年）。

2.解释变量

去产能政策（ca），通过手工搜集各地区的政府公报/政报，统计出各省（区、市）去产能政策数量。一般而言，去产能政策数量越多，说明该地区去产能政策实施力度越大。

3.控制变量

从业人数（cyrs）、工业增加值（gyzjz）、财务费用（cwfy）、工业销售产值（gyxscz）、所有者权益合计（syzqyhj），均做对数化处理。数据来自中国工业企业数据库（1998—2008年）。

（二）整体数据的回归结果

表4.8报告了整体数据的回归结果，其中模型（1）未加入控制变量，此时，去产能政策与中国的劳动收入份额呈现显著的正相关关系，但模型（2）加入控制变量后，去产能政策显著降低了中国工业企业的劳动收入份额。

表 4-8 工业企业微观实证结果

变量	模型（1）	模型（2）
ca	0.202*** (0.025)	−0.437*** (0.147)
cyrs		1.738*** (0.012)

续表

变量	模型（1）	模型（2）
gyzjz		−0.593***（0.021）
bnzj		−0.778***（0.007）
cwfy		−0.352***（0.020）
C		−0.319***（0.009）
	20.051***(0.011)	28.114***（0.114）
OBS	656418	604559
R^2	0.0011	0.4916

注：*、** 和 *** 分别表示在 10%、5% 和 1% 的水平上显著，括号内的数值为聚类稳健标准误下对应的 t 值。

（三）分行业密集度的回归结果

前文分析显示，去产能政策对劳动收入份额的影响存在行业密集度差异，本部分将总体数据按行业密集类型分别进行回归分析，具体结果详见表 4-9。技术密集型和资本密集型行业产能过剩治理均对劳动收入份额存在负向影响，而劳动密集型行业产能过剩治理则对劳动收入份额存在正向影响，这一结果与宏观数据的检验结果基本一致。

表 4-9　工业企业分行业密集度回归结果

变量	劳动密集型	技术密集型	资本密集型
	模型（1）	模型（2）	模型（3）
ca	0.061（0.421）	−0.633**(0.306)	−0.466***（0.178）
cyrs	1.879***（0.025）	1.759***（0.024）	1.682***（0.016）

续表

变量	劳动密集型	技术密集型	资本密集型
	模型（1）	模型（2）	模型（3）
gyzjz	−0.538*** （0.048）	−0.591*** （0.035）	−0.592*** （0.027）
cwfy	−0.828*** （0.017）	−0.752*** （0.013）	−0.769*** （0.010）
gyxscz	−0.399*** （0.049）	−0.391*** （0.037）	−0.357*** （0.026）
syzqyhj	−0.420*** （0.020）	−0.308*** （0.017）	−0.291*** （0.012）
C	28.489*** (0.266)	28.229*** (0.212)	28.104*** (0.149)
OBS	235215	150152	206706
R^2	0.4966	0.4863	0.4979

注：*、** 和 *** 分别表示在 10%、5% 和 1% 的水平上显著，括号内的数值为聚类稳健标准误下对应的 t 值。

六、结论与启示

本部分基于需求侧与供给侧两个方面相结合的方法，测度了中国制造业 28 个行业 1999—2015 年的产能利用率，然后在理论假说的基础上实证分析了产能利用率提升对劳动收入份额的影响，并从技术进步偏向视角解释了其中可能的影响机制，得出的主要结论与启示有以下几点。

第一，技术效率损失导致中国制造业产能利用率持续下降，且呈行业普遍性特征。中国制造业各行业普遍存在着产能利用率不断下降的问题，且持续时间较长，产能过剩问题十分突出。通过对产能利用率的分解可知，需求侧产能利用率与设备效率基本处于稳定状态，技术效率持续下降态势明显。分行业来看，资本密集型行业的产能过剩问题最为突出，大部分行业的产能利用率长期处于低位；技术密集型行业产能利用率最高，仅个别行业存在产能利用率较低问题；劳动密集型行业产能利用率总体处于中间位置，但也有部分行业的产能利用率相对较低。总体来看，中国制造业产能过剩存在行业普遍性与时间持续性特征。

第二，资本效率提升与规模优势扩大，导致资本密集型行业的劳动收入份额随产能利用率提升而下降。对投资驱动型发展模式的依赖以及改革开放后大量外资的涌入，使得中国要素禀赋发生了显著变化，资本密集型产品逐渐成为比较优势产品，而在这一进程中，外来技术不断诱导制造业技术进步呈现资本偏向，资本偏向型技术进步获得了快速积累。资本偏向型技术进步一方面提升了资本生产效率，另一方面还诱使企业使用资本替代劳动，资本规模优势逐渐提升，因此资本生产效率与规模优势的不断提升导致了劳动收入份额的持续下降。另外，当前中国制造业的去产能政策在提升产能利用率的同时，其带来的失业问题进一步提升了资本的规模优势，因此也导致了劳动收入份额的下降。

第三，劳动生产效率提升与劳动力本就存在的规模优势，是劳动密集型行业劳动收入份额随产能利用率提升而增长的原因。劳动密集型行业技术进步存在着明显的劳动偏向型特征，不仅通过技术效率提升带来产能利用率增长，还通过劳动生产效率提高促进劳动收入份额增长。此外，劳动密集型行业劳动力要素投入相对较多，劳动收入份额多高于资本密集型行业，在产出分配偏向劳动要素的情况下，产能利用率提升带来的产出增长能够促进劳动收入份额的增长。与资本密集型行业不同，劳动密集型行业劳动收入份额的提升并不是靠劳动力规模优势的扩大，而是其本身就相对资本存在规模优势。

第四，劳动收入动态调整与"资本和劳动之间存在互补性"，使得产能利用率提升在长期能够促进所有行业的劳动收入份额增长。产能利用率提升在短期虽对资本密集型和技术密集型行业劳动收入份额有着负向影响，但从长期来看，由于劳动收入能够进行动态调整，其他行业的劳动收入增长也会逐渐溢出到所有行业，进而带动资本密集型和技术密集型行业劳动收入的提升。另外，导致劳动收入份额下降的资本偏向型技术进步，还会因"资本与劳动之间存在互补性"而带动劳动生产技术进步和高端劳动力增长，进而促进劳动收入份额提升。

上述研究结论对中国未来产业发展有着重要启示。首先，技术效率损失是中国制造业产能利用率下降的主要原因，因此基于技术进步视角寻求产能过剩的化解举措显得尤为重要。但通过技术效率提升治理产能过剩应考虑其对要素收入的影响，以避免要素收入分配失调，进而不利于中国"双倍增"目标的实现。其次，产能利用率提升在长期对劳动收入份额增长有促进作用，则说明去产能政策不应过分注重"一城一地"的得失，而应着眼于长远目标，以形成劳动收入与资本收入长期协同增长的局面。最后，通过产能过剩治理，优化产业结构并提升高端劳动力比例，是实现劳动收入份额持续增长的重要举措。

第二节 去产能对中国资本回报率影响的实证分析

产能过剩是困扰中国经济的顽疾之一，因此中央和地方频频出台各项政策加大产能过剩的治理力度。但当前产能过剩问题并未从根本上得到治理，且还出现了资本回报率不断下降的困境。那么去产能政策是否对中国资本回报率造成了重要影响？已有文献鲜有对该问题进行研究的，因此本部分的研究有助于合理制定去产能政策，以减少政策的负面影响。

一、相关文献梳理

国内外对资本回报率的研究文献相对较多，主要的研究视角有以下几类：一是从经济发展水平的角度阐述。卢峰（2007）研究发现，真实的资本回报率和实际的 GDP 波动之间具有显著的正向关系。黄先海等（2012a）也发现经济发展水平对资本回报率有着显著的促进作用。经济发展水平对资本回报率的影响机制主要在于，生产率的提升会拉动经济增长，经济增长会带来需求规模的扩大，从而间接提升资本回报率（孙文凯等，2010；陈培钦，2013）。二是从资本深化和技术进步的角度阐述资本回报率。白恩重等（2014）研究发现资本回报率具有惯性特征，且投资的大规模攀升是导致 2008 年以后中国资本回报率下降的重要因素。张军（2002）也发现导致资本利润下滑的原因是资本密集化之路降低了资本产出效率。黄先海等（2012a）研究发现资本深化在短期有提升资本回报率的作用，但在长期则有明显的抑制作用。但资本深化对资本回报率的抑制作用也遭到了部分学者的质疑，黄伟力（2007）认为资本过度深化必定导致资本回报率下降的假说难以成立。宋国青等（2007）基于产业层面的研究也发现资本深化并不一定带来资本回报率下降。三是从人力资本的角度阐述资本回报率的变动。20 世纪 80 年代以来，以 Romer（1986）和 Lucas（1988）为代表的经济学家创立和发展了内生经济增长理论，更多地强调人力资本在经济发展中的作用，他们多认为人力资本提升是资本回报率增长的重要动力。刘晓光等（2014），杨君等（2014）的研究都得出了类似的结论。

已有研究对本部分的研究有着重要的启示，但从产能利用率的角度对资本回报率进行研究的文献较为鲜见，因此本部分将从产能利用率的角度对资本回报率的影响机制展开研究。

二、政策背景与研究假设

（一）中国的去产能政策

21 世纪以来，中国制造业出现的新一轮产能过剩对经济健康发展造成了严重困扰，为此，中央和地方政府相继出台了一系列政策，以期实现产能过剩问题的化解和经济的稳定增长。为了准确统计去产能政策数量，本部分首先通过中央和地方人民政府门户网站下载各省（区、市）政府公报 / 政报，然后借助关键词搜索的方法整理出 2000—2016 年各地出台的去产能政策数量。各地政府公报 / 政报每月出版发行 1~3 期，详细记录了本级政府签发的各类政策文件，根据关键词对省级政府公报 / 政报进行查询便可整理出各地历年出台的去产能政策数量。其次，本书还利用中国知网的报刊查询工具，整理出各省级党报刊发的去产能方面的新闻报道数量。作为各地政府的喉舌，党报刊发的新闻报道代表了政府的政策主张和导向，因此该数据可从另一个角度衡量各地区去产能的力度。最后，本书还整理出人民日报、经济日报和光明日报三大中央党报刊发的去产能方面的新闻报道数量，以衡量国家层面的去产能政策数量。

2000—2017 年中央和地方去产能政策数量如图 4-3 所示。使用地方党报刊文均值、地方公报 / 政报刊文均值和中央党报刊文均值三类数据统计的去产能政策数量。从走势上看，基本保持一致；从时间上看，中央和地方政府出台的去产能政策数量呈递增态势，但存在着明显的周期性特征，这也与中国经济走势密切相关：当经济处于高涨期时，中央和地方会密集出台去产能政策；当经济处于下行期时，中央和地方的去产能力度便有所放松。

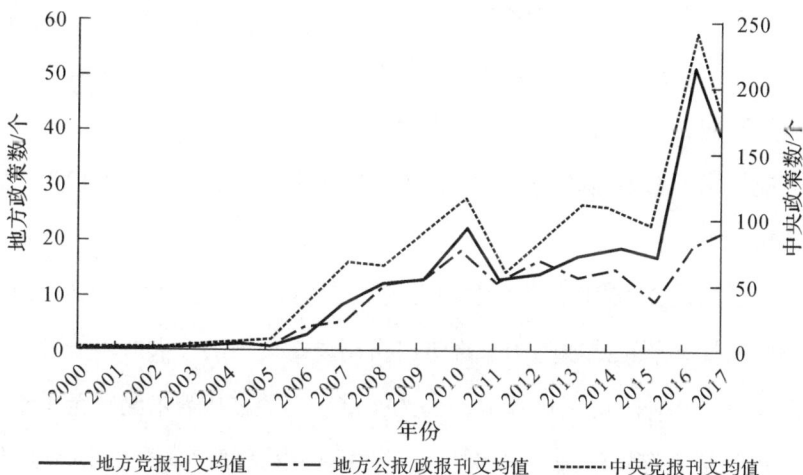

图 4-3　2000—2017 年中央和地方去产能政策数量

根据上述周期性变化特征以及各类去产能政策出台的时间节点，可将中国的去产能政策变化分为三个阶段。

第一个阶段是 2005—2010 年，去产能政策力度持续增强。2005 年，国家发改委颁布实施《钢铁产业发展政策》和《产业结构调整指导目录（2005年本）》，2006 年国务院发布的《政府工作报告》进一步明确地提出了去产能任务，这标志着中国进入新一轮去产能周期。为了响应国家政策的号召，各地政府纷纷出台去产能政策，并于 2010 年达到阶段性高峰。总量控制、上大压小是该时期去产能政策的显著特点，即通过淘汰落后项目和严格控制新上项目，以期调控行业投资增速，进而实现总量控制目标。针对能源、钢铁、电力等产能严重过剩的行业，还通过压缩低小散项目，上马大容量、高效率和低排放项目，以推进行业实现节能减排和产能过剩化解等目标。

第二阶段是 2011—2015 年，去产能政策力度相对宽松。2010 年，中国经济增长速度达到 10.64%，为 2008 年全球金融危机以来最高点，因此也是去产能政策的阶段性高点。但随着国家"一揽子"经济刺激计划的退出，经济增速也随之持续回落，到 2015 年降至 7.04%，该时期的经济政策重心也由"去产能"转为"稳增长"，因此去产能政策进入相对宽松期。从政策数量上看，去产能政策在 2011 年便出现了大幅度下滑，随后 4 年基本处在相对稳定状态。这是因为，在"稳增长"压力下，不仅原有的去产能政策执行力度大幅度减弱，新的去产能政策的出台频率也持续放缓，但在中央三令五申的去产能要求下，各地政府没有放弃去产能政策，而是保持一个较为稳定的去产能执行力度。

第三阶段是 2016 年之后，去产能政策进入调结构的新阶段。2015 年底，供给侧结构性改革正式成为国家推进经济高质量发展的重大战略方针，并形成"三去一降一补"的工作部署，去产能重心也随之从需求侧转至供给侧，从增量控制转为存量清理。国务院和发改委等中央部门均在 2016 年陆续出台了去产能政策，且政策出台密集度和政策执行力度之大远超以往各个时期，因此该年也成为中国去产能政策的重要转折点。该时期去产能政策的主要特征有二：一是"破"与"立"并重。以往去产能政策重心在于"破"，即加快淘汰落后产能，该时期则在"破"与"立"两端发力，重点推进技术创新和产业结构升级，即在去产能的同时实现优产能。二是鼓励企业兼并重组，提高产业集中度。大型主导企业缺乏导致产业集中度低和过度竞争，是产能过剩反复出现的重要原因。针对这一问题，该时期的产业政策通过鼓励企业兼并重组、培育主导企业等方式提高产业集中度，以纾解低端无序竞争导致的产能过剩问题，并加快推进供给侧结构性改革。

（二）研究假说

产能过剩的本质是供大于求，供大于求势必会带来行业竞争加剧与产品价格下降，甚至企业破产倒闭（林毅夫等，2010），因此产能过剩会给资本回报率的稳定增长造成严重困扰。由于当前产能过剩形成的主要原因在于低端供给结构难以满足人们日益提升的消费需求，因此去产能政策可通过以下效应促进资本回报率增长：首先，去产能政策存在结构升级效应。普通商品存在的"饱和需求陷阱"导致需求侧政策难以有效化解产能过剩（周密等，2017），供给侧去产能政策通过促进产业结构升级提升高端产品供给比例，这一方面有助于供需结构实现新的均衡，另一方面还有助于产品价格提高，而价格增量最终会转化为资本回报率的提升。其次，去产能政策存在资源配置效率提升效应。产能过剩导致大量产能闲置和库存高企，不仅造成企业存货成本上升，还使得大量资源被闲置浪费（席鹏辉等，2017）。去产能政策通过倒逼低小散和无效产能退出市场，可有效地降低资源配置的扭曲程度，进而提高全社会的生产效率（程俊杰，2015），因此有助于资本回报率提升。最后，去产能政策存在竞争弱化效应。去产能政策在运用行政手段强制关闭低端无效产能的同时，还鼓励企业通过市场手段兼并重组其他企业以提高产业集中度（丁志国等，2020），这有助于降低市场竞争程度进而带来资本回报率增长。据此，提出本部分第一个假说：

假说1：去产能政策有助于资本回报率的提升。

去产能政策也可能会对资本回报率产生不利影响。首先，去产能政策导致市场功能紊乱。行政化的去产能政策背离了市场经济规律，如"一刀切"的数量管控措施虽能在短期内控制产能，但由此导致的市场供给下降往往带来市场价格的报复性反弹，进而引发企业在调控政策放松后大量涌入，由此导致产能过剩治理陷入"越调越乱"的困境（徐朝阳等，2015）。中国近些年的产业发展历程也显示，去产能政策导致行业产能不足和产能过剩交替出现，由此引发的市场功能紊乱和企业投资行为异化（余东华等，2015），不利于企业形成最优经营决策，进而抑制了资本回报率增长。其次，去产能政策存在投资诱导效应。为了加快整治淘汰低小散产能，各地政府纷纷出台实施"上大压小"和提高准入门槛等政策，该类政策虽能淘汰一批低小散产能，但也存在明显的缺陷。"上大压小"政策导致众多在位企业不断购置新设备、上马新项目，以符合"上大"要求，由此导致行业投资规模进一步扩张。提高准入门槛的政策则导致新进企业的资产规模越来越大，产能也越来越高，进而背离了去产能政策的初衷。因此，上述去产能政策存在着严重的投资诱导效应，由此导致的资本存量增长不利于资本回报率提升。最后，去产能政策扭曲企业经营决策。去产能政策的数量管控措施一方面导致企业无法按照利润最大化目标进行生产决策，另一方面还导致生产设备难以满负荷运转，大量产能被闲置浪费，反而导致资本回报率下降。据此，提出本部分第二个假说：

假说2：去产能政策不利于资本回报率的提升。

去产能政策的首要任务是优化存量资本和控制增量资本，而资本存量又是影响资本回报率的重要因素（黄先海等，2012a），因此去产能政策可通过增加或降低资本存量影响资本回报率。去产能政策一方面通过淘汰低端落后产能而降低存量资本，另一方面还通过严控增量资本而降低资本存量的增长速度，降低存量与控制增量能够有效降低产能过剩行业的资本存量，因此有助于资本回报率增长。但是从我国对钢铁和家电等产能严重过剩行业的调控经验来看，政府调控产能的政策目标并不容易实现（徐朝阳等，2015），有时，产能调控政策导致的供给下降反而会刺激地方政府与民营企业的投资热情（江飞涛等，2007），进而导致产能过剩治理出现"越调越乱"困境和投资诱导效应，这不仅无法实现去产能目标，还导致产能过剩行业的资本存量不断增长，资本回报率也因此出现下降。据此，提出本部分第三个假说：

假说3：去产能政策通过资本存量变动影响资本回报率。

解决低端供给过剩而高端供给不足的主要措施是加大研发投入，以促进技术创新和产业结构升级，因此加大研发投入成了我国去产能的重要举措。去产能政策一方面通过提高技术标准倒逼企业加强研发投入力度，另一方面还通过专项奖补资金等引导企业加强研发投入力度，以期实现技术创新和高端供给比例提升。也就是说，去产能政策可通过倒逼和激励两大手段促进企业加强研发投入力度，而研发投入增长带来的技术创新又是资本回报率提升最为有效的动力（杨君等，2018），因此去产能政策可通过提升研发投入来促进资本回报率增长。但值得注意的是，去产能也会导致政策不确定性急剧提升，进而使得企业盈利风险持续增加（Gulen et al.，2016），而盈利风险增加则会降低企业研发投入意愿。另外，技术创新本来就是一项高风险和高投入的投资活动，众多企业的研发投入均存在外部融资约束，去产能政策还会通过融资限制等举措切断过剩行业的研发资金来源（王桂军，2019），进而对资本回报率提升产生抑制作用。据此，提出本部分第四个假说：

假说4：去产能政策通过研发投入变动影响资本回报率。

三、去产能政策对资本回报率影响的实证分析

（一）模型构建

本部分的研究目的是分析去产能政策是否会降低资本回报率，因此构建的实证分析模型为

$$r_{it} - \alpha_0 + \alpha_1 ca_{it} + \beta X_{it} + \varepsilon_{it} + \mu_i \qquad (4\text{-}7)$$

其中，r_{it} 表示资本回报率；ca_{it} 表示去产能政策数量；X_{it} 表示一系列控制变量；ε_{it} 表示残差项；μ_i 表示省份固定效应。

为了解决变量间的内生性问题，本部分选择系统 GMM 方法进行估计，选择解释变量的滞后项作为工具变量，并使用 AR(2) 和 Hansen 值判断工具变量的滞后阶数和模型设定的有效性。

（二）变量选取与数据来源

1.资本回报率（r）

借鉴 Bai 等（2006）的研究，使用国民经济核算数据，从宏观角度对各省（区、市）资本回报率进行核算。

2.去产能政策（ca）

通过手工搜集各省（区、市）政报，整理出历年政报中有关去产能的政策文件数量，以此衡量地方去产能政策的力度，去产能政策越多，说明该省（区、市）去产能力度越大。

3.资本存量（k）

杨君等（2018）核算了中国 30 个省（区、市）的资本存量，本部分在此基础上使用永续盘存法将数据更新到 2016 年。

4.经济发展水平（g）

使用人均 GDP 衡量各省（区、市）的经济发展水平。

5.外贸依存度（tr）

使用进出口总额与 GDP 的比值衡量各省（区、市）的外贸依存度，这一指标也反映了该地区的对外开放程度。

6.人力资本（h）

使用大专及以上人口数作为各省（区、市）人力资本的代理变量。

7.金融危机（T）

为了尽量消除 2008 年全球金融危机的影响，实证分析部分还纳入了金融危机虚拟变量，2008 年以前年份取值为 0，其余年份取值为 1。

8. 地区虚拟变量（E）

为了检验去产能政策效果的区域差异，实证分析部分还纳入了地区虚拟变量，东部地区取值为 1，中、西部地区取值为 0。

由于西藏数据缺失较为严重，因此实证分析所使用的数据为 30 个省（区、市）2001—2016 年的数据。为了消除通货膨胀的影响，涉及货币衡量的数据均换算成 2000 年不变价，并对所有数据取自然对数。

（三）全国数据的回归结果

表 4-8 报告了全国数据的回归结果。去产能政策显著降低了中国的资本回报率，这说明去产能政策存在一定的负向溢出效应。一方面，中国的去产能政策以关停和限制生产等手段为主，进而导致企业产出下降，资本回报率也因此下滑；另一方面，中国的去产能政策还以提高进入门槛为主，在淘汰关停低小散产能的同时，大幅提高新企业进入的产能门槛，导致在位企业不断购置新设备、上马新项目，以符合"上大"要求，从而使得去产能政策不仅没有实现去产能效果，反而加剧了产能过剩，从而对资本回报率产生负向影响。

纳入金融危机虚拟变量后，去产能政策对资本回报率的影响依旧显著，说明回归结果的稳健性较高。金融危机的回归结果显著为负，说明金融危机对中国资本回报率产生了负向影响。纳入地区虚拟变量与去产能的交叉项后，去产能的影响依旧显著为负，交叉项的回归结果显著为正，说明东部地区去产能政策对资本回报率的影响相对较弱，后面还将分地区进行回归，以检验去产能政策对资本回报率影响的区域差异。

表 4-8　全国数据的回归结果

变量	模型（1）	模型（2）	模型（3）	模型（4）
l.r	0.88*** (0.01)	0.88*** (0.01)	0.86*** (0.15)	0.49*** (0.03)
ca	−0.01*** (0.001)	−0.01*** (0.001)	−0.02*** (0.001)	−0.003*** (0.001)
T		−0.03** (0.01)		
ca×E			0.007*** (0.001)	
k				−0.21** (0.09)
g				0.003 (0.14)
tr				0.52*** (0.04)
h				−0.24*** (0.07)
C	0.32*** (0.04)	0.34*** (0.03)	0.36*** (0.04)	3.67*** (0.96)
OBS	333	333	333	333
AR(2)	0.10	0.10	0.10	0.15
Hansen	0.53	0.57	0.52	0.61

注：括号内为标准误，*、** 和 *** 分别表示结果在 10%、5% 和 1% 的水平上显著。

（四）分地区回归结果

前面分析显示，去产能政策对资本回报率的影响存在区域差异，为了进一步验证这一结论，本部分将数据分为东部地区样本和中、西部地区样本后，分别进行回归分析，具体结果详见表 4-9。东部地区去产能政策对资本回报率的影响不显著，中、西部地区去产能政策对资本回报率有着显著的负向影响。出现上述差异的可能原因在于，东部地区产业结构相对高端，去产能政策往往针对低端产业和低小散企业开展，因此对东部地区的影响相对有限。

而中、西部地区则承接了大量东部地区转移出来的低端产业，这类产业往往是去产能的重点所在，因此去产能对中、西部地区的影响较为明显。另外，从资本存量对资本回报率的影响来看，东部地区资本存量增长对资本回报率有着显著的促进作用，而中、西部地区则有着显著的抑制作用，这一结果也可以说明去产能政策存在区域异质性的原因：提高准入门槛的去产能政策往往使得行业产能进一步提升，对中、西部地区相对低端的产业来说，产能提升会加剧产能过剩问题，进而使得资本回报率不断下滑。当前，中国产能过剩问题主要集中在低端产业，部分高端产业反而存在供不应求的问题，对高端产业占比相对较高的东部地区来说，产能提升不一定会带来产能过剩问题，因此去产能政策也没有对资本回报率产生不利影响。

表 4-9　分地区数据回归结果

变量	东部（1）	东部（2）	东部（3）	中、西部（1）	中、西部（2）	中、西部（3）
$l.r$	1.06*** (0.07)	0.93*** (0.09)	0.64*** (0.18)	0.77*** (0.02)	0.74*** (0.03)	0.39*** (0.06)
ca	−0.01 (0.01)	0.004 (0.01)	0.007 (0.01)	−0.02*** (0.001)	−0.03*** (0.004)	−0.01** (0.004)
T		−0.24** (0.09)			−0.24*** (0.08)	
k			1.84** (0.75)			−0.72* (0.38)
g			−1.03 (0.65)			0.19 (0.44)
tr			1.23*** (0.33)			0.29* (0.15)
h			−1.22** (0.39)			0.32 (0.25)
C	−0.15 (0.19)	0.15 (0.24)	−12.14* (5.97)	0.55*** (0.04)	0.95*** (0.11)	5.09* (2.64)
OBS	121	121	121	212	212	212
AR(2)	0.38	0.47	0.71	0.12	0.10	0.11
Hansen	0.99	0.99	0.99	0.98	0.41	0.98

注：括号内为标准误，*、** 和 *** 分别表示结果在 10%、5% 和 1% 水平上显著。

（五）稳健性检验

1.替换去产能政策指标

前面使用各省（区、市）政报中去产能政策数量来衡量去产能政策，本部分则进一步通过手机整理了各地区党报关于去产能政策的新闻报道数量来衡量去产能政策，以检验前面结果的稳健性。更换去产能政策指标的回归结果详见表4-10。全国层面和中、西部地区的结果均显示去产能政策降低了资本回报率，东部地区的结果则不显著，与前面结果保持一致，说明回归结果是稳健的。

表4-10　更换去产能政策指标的稳健性检验

变量	全国（1）	全国（2）	东部（1）	东部（2）	中、西部（1）	中、西部（2）
l.r	0.92***	0.57***	0.93***	−0.11	0.77***	0.62***
	(0.01)	(0.04)	(0.07)	(0.26)	(0.03)	(0.07)
ca	−0.005***	−0.003***	−0.002	−0.002	−0.008***	−0.007***
	(0.0003)	(0.001)	(0.002)	(0.002)	(0.001)	(0.001)
k		−0.44***		1.77**		−0.54**
		(0.11)		(0.57)		(0.25)
g		−0.16		−1.47**		0.19
		(0.16)		(0.52)		(0.38)
tr		0.15***		1.29***		0.21*
		(0.04)		(0.31)		(0.11)
h		0.64***		−1.69***		0.51**
		(0.07)		(0.50)		(0.20)
C	0.15***	−0.06	0.11	−4.89	0.52***	1.52
	(0.03)	(1.07)	(0.21)	(3.65)	(0.08)	(3.48)
OBS	360	360	132	132	228	228
AR(2)	0.12	0.11	0.31	0.20	0.16	0.15
Hansen	0.10	0.92	0.66	0.12	0.96	0.99

注：括号内为标准误，*、** 和 *** 分别表示结果在10%、5% 和 1% 的水平上显著。

2. 内生性问题

去产能政策和资本回报率可能存在双向因果关系，前面使用系统 GMM 方法进行回归，并选择去产能政策的滞后项作为工具变量，可以较好地解决内生性问题。本部分则进一步使用三大中央党报刊发的去产能新闻报道数量作为地方去产能政策的工具变量。根据图 4-3，地方党报关于去产能报告的新闻数量变动趋势基本与三大中央党报保持一致，这在一定程度上说明了选择三大中央党报刊发的去产能新闻报道数量作为工具变量的合理性。当然，本部分在计量分析时还进一步检验了工具变量的合理性。同时，为了检验系统 GMM 方法的稳健性，本部分使用 2SLS 方法进行了回归分析，结果详见表 4-11。结果显示，全国层面和中、西部地区去产能政策降低了资本回报率，东部地区的影响不显著，再次验证了前文回归结果的稳健性。另外，LM、CD 和 Sargan 检验也说明了工具变量的合理性和回归模型的有效性。

表 4-11　内生性检验结果

变量	全国（1）	全国（2）	全国（3）	东部（1）	东部（2）	东部（3）	中、西部（1）	中、西部（2）	中、西部（3）
	rm	gm	jj	rm	gm	jj	rm	gm	jj
l.r	0.78^{***}	0.76^{***}	0.79^{***}	0.89^{***}	0.96^{***}	0.88^{***}	0.72^{***}	0.70^{***}	0.73^{***}
	(0.05)	(0.05)	(0.05)	(0.07)	(0.06)	(0.07)	(0.06)	(0.07)	(0.06)
ca	-0.05^{***}	-0.06^{***}	-0.05^{***}	-0.01	-0.01	-0.01	-0.06^{***}	-0.07^{***}	-0.05^{***}
	(0.01)	(0.01)	(0.01)	(0.01)	(0.01)	(0.01)	(0.02)	(0.07)	(0.01)
C	1.03^{***}	1.25^{***}	0.98^{***}	0.37^{*}	0.07	0.38^{*}	1.19^{***}	1.42^{***}	1.13^{***}
	(0.20)	(0.26)	(0.17)	(0.21)	(0.18)	(0.22)	(0.27)	(0.34)	(0.22)
OBS	333	333	333	121	121	121	212	212	212
R^2	0.45	0.33	0.47	0.66	0.71	0.67	0.43	0.33	0.45
LM	50.05	34.09	73.41	10.03	23.39	7.55	36.54	25.12	59.13
CD	58.38	37.65	93.32	10.48	14.02	7.71	43.52	28.09	80.84
Sargan	0.00	0.00	0.00	0.00	0.00	0.00	0.00	0.00	0.00

注：括号内为标准误，*、** 和 *** 分别表示结果在 10%、5% 和 1% 的水平上显著。由于篇幅所限，本表没有报告控制变量回归结果。

（六）影响机制分析

我国去产能政策的一个明显特征是提高企业准入门槛，即限制低小散企业进入，因此企业为了不在去产能进程中退出生产，会按照政策要求更换更高产能的设备，从而有可能使得本行业的投资增加，进而导致产能过剩问题加剧，不利于资本回报率的提升。中国去产能政策的一个重要目的是倒逼企业创新技术，如果企业能够在去产能过程中加强研发投入以实现技术创新，则会带来资本回报率的提升。因此去产能政策一方面通过推动行业投资降低资本回报率，另一方面通过倒逼技术创新提升资本回报率。为了验证上述机制是否成立，本部分将去产能政策与资本存量的交叉项、去产能政策与研发投入的交叉项分别纳入回归模型，结果详见表4-12。模型（1）至模型（3）报告了去产能政策是否通过扩大资本存量降低资本回报率，结果显示资本存量增长不利于全国和中、西部地区的资本回报率提升，去产能政策加剧了这一不利影响；东部地区资本存量增长能够促进资本回报率提升，但去产能政策与资本存量的交叉项影响不显著，进而使得去产能政策难以有效提升东部地区的资本回报率。模型（4）至模型（6）报告了去产能政策是否通过倒逼研发投入提升资本回报率，结果显示研发投入增长能够促进全国和中、西部地区的资本回报率，但对东部地区的影响不显著。研发投入和去产能政策的交叉项则显示，全国和中、西部地区的去产能政策降低了研发投入对资本回报率的促进作用，上述结果也解释了去产能政策对资本回报率的影响机制，特别是对中、西部地区而言，去产能政策助推了行业资本存量的增长，而资本存量增长又会导致资本回报率下降，因此去产能政策对资本回报率有着负向影响。另外，研发投入有助于中、西部地区资本回报率提升，但去产能政策又削弱了研发投入的积极影响。综合上述两个机制的作用可知，去产能政策通过扩大资本存量并减少研发投入而降低了资本回报率。

表 4-12　影响机制检验结果

变量	模型（1）	模型（2）	模型（3）	模型（4）	模型（5）	模型（6）
	全国	东部	中、西部	全国	东部	中、西部
l.r	0.75***	0.21	0.40***	0.96***	0.46***	0.52***
	(0.03)	(0.31)	(0.21)	(0.02)	(0.10)	(0.05)
k	−0.18***	1.39**	−0.38***			
	(0.03)	(0.44)	(0.25)			
ca×k	−0.001***	0.0001	−0.001***			
	(−0.0002)	(0.0004)	(0.0002)			
rd				0.02***	0.27	0.77***
				(0.01)	(0.41)	(0.11)
ca×rd				−0.001***	0.0005*	−0.002***
				(0.0001)	(0.0002)	(0.0002)
C	2.34***	−4.67	4.97***	−0.04	4.58	0.13
	(0.30)	(5.98)	(0.22)	(0.09)	(8.26)	(0.52)
OBS	333	121	212	333	121	212
AR(2)	0.10	0.41	0.10	0.11	0.24	0.10
Hansen	0.16	0.75	0.76	0.69	0.86	0.51

注：括号内为标准误，*、** 和 *** 分别表示结果在 10%、5% 和 1% 的水平上显著。

四、结论与启示

　　本部分手工搜集了各省（区、市）的政报，整理出各省（区、市）历年出台的去产能政策文件数量，以此衡量去产能政策的实施力度，并分析了去产能政策对资本回报率的影响及其机制。另外，还通过关键词查询的方法整理出地方党报关于去产能新闻的报道数量，以此作为去产能政策实施力度的另一个衡量指标，并使用该指标进行稳健性检验。研究发现，中国去产能政策有着明显的周期性特点，经济高涨期去产能政策不断加码，经济低迷期去产能政策持续放松。去产能政策显著降低了中国的资本回报率，分地区回归结果显示，该影响仅在中、西部地区显著。机制分析还发现，去产能政策对资本回报率产生负向影响的主要原因在于，去产能政策一方面加剧了资本存量对资本回报率的抑制作用，另一方面还减弱了研发投入对资本回报率的促进作用。

本部分研究结论有着重要的现实意义。首先，去产能政策应保持一定的连续性和稳定性，以确保去产能政策取得预期效果。其次，以提高准入门槛为主要内容的去产能政策有待进一步完善，以避免"越去越多"的窘境。最后，在去产能的同时，还要加大对技术创新的鼓励与扶持力度，合理引导产能过剩企业加大技术研发力度，以提升资本回报率。

四、基于中国工业企业数据的微观验证

（一）变量选取与数据来源

1. 被解释变量

本部分的被解释变量是资本回报率（r），用利润总额与固定资产合计之比表示。数据来源于中国工业企业数据库（1998—2013 年）。

2. 解释变量

本部分的解释变量是去产能政策（ca），该数据与前文保持一致。

3. 控制变量

本部分的控制变量包括：从业人数（cyrs）、工业增加值（gyzjz）、本年折旧（bnzj）、产品销售收入（cpxssr）、中间投入合计（zjtrhj）。数据来自中国工业企业数据库（1998—2013 年）。

（二）整体数据的回归结果

表 4-15 报告了整体数据的回归结果，其中模型（1）未加入控制变量，此时，去产能政策与中国的资本回报率成显著正相关关系，但模型（2）加入控制变量后，去产能政策对工业企业资本回报率的影响成显著负相关关系，这与前文宏观数据的实证结果保持一致。

表 4-15　工业企业微观实证结果

变量	模型（1）	模型（2）
ca	36.056*** (1.318)	−8.821* (4.719)
cyrs		−0.735*** (0.161)
gyzjz		0.027*** （0.006）
bnzj		−0.003 （0.011）
cpxssr		0.007** （0.003）
zjtrhj		−0.010*** （0.003）
C	1105.017*** (22.194)	247.193 （165.258）
OBS	1361624	461993
R²	0.0004	0.8222

注：*、** 和 *** 分别表示在 10%、5% 和 1% 的水平上显著，括号内的数值为聚类稳健标准误下对应的 t 值。

（三）分地区数据的回归结果

前文分析显示，去产能政策对资本回报率的影响存在区域异质性，为了进一步验证去产能政策影响的地区差异，本部分将总体数据分为东部地区和中、西部地区两组分别进行回归分析，具体的结果详见表 4-16。东部地区去产能政策对资本回报率的影响不显著，中、西部地区去产能政策对资本回报率的影响显著为负。

表 4-16　工业企业数据分地区数据回归结果

变量	东部	中、西部
	模型（1）	模型（2）
ca	3.895 (5.759)	−14.285** (5.997)
cyrs	−0.593*** (0.09)	−0.712*** （0.244）
gyzjz	0.019*** （0.006）	0.030*** （0.005）
bnzj	0.016 （0.013）	−0.016 （0.011）
cpxssr	0.003 （0.002）	0.010*** （0.004）
zjtrhj	−0.004** （0.002）	−0.016*** （0.003）
C	235.344 (136.355)	164.935 (209.321)
OBS	312432	149561
R^2	0.6628	0.9230

注：*、** 和 *** 分别表示在 10%、5% 和 1% 的水平上显著，括号内的数值为聚类稳健标准误下对应的 t 值。

（四）影响机制分析

由于中国工业企业微观数据库中的研发数据不全，本部分仅对资本存量机制进行检验，具体的估计结果详见表 4-17 所示。模型（1）和模型（3）显示，全国和中、西部地区资本存量的增长抑制了资本回报率提升，去产能政策与资本回报率的交叉项显著为负，则说明去产能政策加剧了资本存量的抑制作用。模型（2）显示，东部地区资本存量的增长能够促进资本回报率提升，但去产能政策与资本存量的交叉项不显著，这说明去产能政策没有通过资本存量影响到东部地区的资本回报率。

表 4-17　影响机制检验结果

变量	模型（1）	模型（2）	模型（3）
	整体	东部	中、西部
ca	329.487** (130.526)	−61.321 (130.919)	443.690*** (163.164)
ca*assets	−32.974** (13.007)	6.478 (13.340)	−44.076*** (16.056)
C	249.252 (164.869)	236.345 (136.061)	173.963 (207.604)
控制变量	是	是	是
OBS	461993	312432	149561
R^2	0.8224	0.6628	0.9232

注：*、** 和 *** 分别表示在 10%、5% 和 1% 的水平上显著，括号内的数值为聚类稳健标准误下对应的 t 值。

五、结论与启示

本部分通过手工搜集整理政府公报／政报统计出 2000—2016 年中国各省（区、市）出台的去产能政策数量，进而对各省（区、市）去产能政策在时间上的变动趋势和特征进行提炼总结，并借助上述指标实证分析了中国去产能政策对资本回报率的影响及其机制。在稳健性检验部分，本部分还通过关键词搜索的方法统计出中央三大党报和地方党报刊发的去产能方面的新闻报道数量，并以此作为去产能政策的另一个衡量指标再次进行实证分析。研究结果显示，中国去产能政策存在明显的周期性特征，在经济高涨期去产能政策不断加码，在经济低迷期去产能政策持续放松。去产能政策显著降低了中国的资本回报率，但上述影响仅在产业结构较为低端的中、西部地区显著，在产业结构相对高端的东部地区并不明显。机制分析发现，去产能政策通过强化资本存量的抑制作用和弱化研发投入的促进作用而降低中、西部地区的资本回报率，但这一机制在东部地区不显著。

上述结论有着重要启示：首先，制定去产能政策应保持一定的连续性和稳定性，以确保去产能政策取得预期效果。当前，中国去产能政策存在明显的周期性特征，不仅导致去产能效果不佳，还使得企业经营面临诸多政策不确定性，因此不利于资本回报率的稳定增长。其次，去产能政策应坚持因地制宜和长短期目标相结合。当前去产能政策仍存在"一刀切"、注重短期忽视长期等问题，不仅导致去产能政策的实施效果大打折扣，还对资本回报率造成了不利影响，因此未来应根据区域和产业发展特征制定差异化政策，并合理确定政策的长短期目标，不断优化提升政策实施效果。最后，应注重实施以技术创新为导向的去产能政策。加大对技术创新的支持与扶持力度，不断推动产业结构升级，进而在去产能的同时实现资本回报率的稳定增长，最终为经济持续发展提供动力支撑。

第三节　本章小结

近些年来，中国出现了严重的产能过剩问题，对经济的平稳运行造成了严重困扰。为此，中央和地方政府出台了一系列去产能政策，以期化解产能过剩问题。去产能政策的实施对经济原有运行规律造成了巨大冲击，进而也给劳动收入和资本回报率产生了重要影响。本章通过测度中国产能利用率的具体数据，在理论分析的基础上运用多种计量方法实证检验了去产能政策对中国劳动收入和资本回报率的影响，得出的主要结论有：

第一，中国制造业产能利用率持续下降且呈行业普遍性特征。中国制造业各行业普遍存在产能利用率不断下降问题，且持续时间较长，产能过剩问题十分突出。

第二，资本效率提升与规模优势扩大，导致资本密集型行业的劳动收入份额随产能利用率提升而下降。劳动生产效率提升与劳动力本就存在的规模优势，是劳动密集型行业劳动收入份额随产能利用率提升而提升的原因。劳动收入动态调整与"资本和劳动存在互补性",使得产能利用率提升在长期能够促进所有行业的劳动收入份额增长。

第三,中国去产能政策存在明显的周期性特征,在经济高涨期去产能政策不断加码,在经济低迷期去产能政策持续放松。去产能政策显著降低了中国的资本回报率,但上述影响仅在产业结构较为低端的中、西部地区显著,在产业结构相对高端的东部并不明显。机制分析发现,去产能政策通过强化资本存量的抑制作用和弱化研发投入的促进作用而降低中、西部地区的资本回报率,但这一机制在东部地区不显著。

第五章　中国劳动收入增长机制的实证分析：单一增长机制

第一节　中国劳动收入的增长机制分析：投资扩张视角

"十三五"时期是中国实现"双倍增"目标的重要时期，其中劳动收入倍增目标更是中国跨越"中等收入陷阱"的关键所在。虽然近年来中国劳动收入份额有了上涨趋势（Zhang et al.，2011），但长期逆资源禀赋的投资战略以及劳动力过剩与产业结构调整，造成了劳动收入份额一直处于低位徘徊。2008 年之前，中国劳动收入份额一直处于下降趋势，之后虽有回升，但直至2015 年仍处于 50% 以下的较低水平。劳动收入份额下降会导致居民消费水平下降，不利于消费拉动型经济增长格局构建，进而导致经济增长对投资与出口的依赖加重。另外，劳动收入份额下降也不利于要素收入分配优化，极易造成规模性收入分配不均（李稻葵等，2009）及社会冲突加剧等问题，给经济长期稳定发展埋下隐患。虽然众多学者都对中国劳动收入份额变动的影响因素做过较为深刻的解释，如产业结构变化（李稻葵等，2009；罗长远等，2009a；白重恩等，2009；刘亚琳等，2018）、偏向型技术进步（黄先海等，2009）、对外贸易和引进外资（蒋为等，2014）、所有制变迁（周明海等，2010）和性别比例失衡（魏下海等，2017）等。但由于中国经济发展的特殊性与劳动收入份额变动成因的复杂性，对劳动收入份额的影响因素及其变动机制的探索仍有着十分重要的现实意义。

与本书较为相似的文献主要集中在金融发展与投资扩张两个方面，在Acemoglu（2003）提出偏向型技术进步对要素报酬的影响后，国内很多学者都基于该视角进行过研究，多认为在投资过程中发生了劳动节约型技术进步（黄先海等，2009）或资本偏向型技术进步（陈宇峰等，2013），进而导致劳动收入份额下降。虽然是否发生或发生何种类型的技术进步仍存在争议，但投资驱动型的增长模式导致企业偏好使用资本代替劳动（陈宇峰等，

2013），却是中国经济发展中的显著特征。投资率过高引发的宏观需求结构失调等问题均有可能导致要素收入分配的变化（Bai et al.，2006），因此，在投资驱动特征明显的中国，分析投资对劳动收入份额影响的文献众多。由于 Acemoglu（2003）及后续相关研究的影响较为深远，因此学者在解释投资对劳动收入份额的影响机制方面多基于技术进步偏向的视角，忽视了另一个与投资较为相关的因素，即投资的来源。企业投资的来源有两类：一类是自有资金，另一类是外部融资，而中国长期存在的结构性与区域性资金短缺，使得部分地区的投资扩张严重依赖于金融部门借贷，极易因金融部门的"虹吸效应"而导致资源配置扭曲，进而陷入"脱实向虚"困境，不仅不利于劳动收入份额增长，也抑制了地区经济发展（李强等，2017）。因此分析投资对劳动收入份额的影响时，有必要考虑金融发展的影响。而根据我国金融发展水平[①]与劳动收入份额的变动趋势（见图 5-1），2008 年之前两者基本上都处于不断下降的态势，之后则呈现明显的上升趋势。因此，从直观上看，两者也存在着明显的相关性并呈现同步增减的特征，这也是本书基于金融发展视角，探索中国劳动收入份额变动的现实考量。

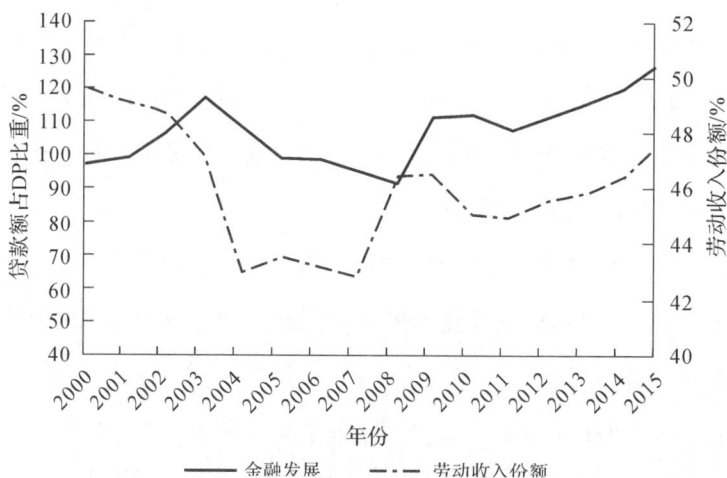

图 5-1　2000—2015 年中国金融发展水平与劳动收入份额

---

① 　此处金融发展数据使用贷款余额占 GDP 比重表示，数据来源将在下文进行说明。

部分学者研究了金融发展水平对劳动收入份额的影响，但多是基于金融规模和融资约束的视角进行分析，基于金融结构视角的研究相对较少，与之较为相关的文献也多分析金融结构对收入不平等、城乡收入差距等的影响（Johansson et al., 2014; 刘贯春，2017）。由于中国金融市场发展并不完善，大量效率较高的中小企业因信贷支持不足难以壮大规模，而大部分国有企业却因预算软约束而自力更生能力缺失（Allen et al., 2007），这说明制约中国金融发展的不仅是规模问题，更是结构问题，因此仅分析金融规模的影响无法较好地阐释中国金融市场中所存在的特殊现象。另外，现有研究多探讨金融发展对劳动收入份额影响的系数大小及其作用力方向，对深层次机制的研究相对较少，在机制探索方面仍存在较大的研究空间，以提升理论研究对现实问题的解释能力。且单纯分析金融发展指标无法客观反映企业负债情况和偿还能力，而超出企业偿还能力的负债往往是企业经营风险提升并导致要素收入分配机制发生变动的主要原因，因此探索金融发展对劳动收入份额的影响机制有着重要的现实意义。

有鉴于此，本部分重点分析了金融规模与金融结构对劳动收入份额的影响，并基于投资扩张的视角阐释了其中的影响机制。

第一，分析了金融发展影响劳动收入份额的理论机理。本部分通过文献梳理总结了金融发展对劳动收入份额的影响，然后通过构建理论模型分析了金融发展对劳动收入份额的影响机理。另外，本部分还通过放松金融约束假定分析了金融过度发展对劳动收入份额的影响。

第二，通过构建实证分析模型，揭示了金融规模扩张对劳动收入份额的影响。鉴于银行系统在我国金融市场的重要性，本部分使用银行贷款占GDP的比重作为金融规模的代理变量，然后利用差分GMM方法和系统GMM方法并辅以稳健性检验进行了实证分析。结果显示金融规模对劳动收入份额的影响存在区域异质性。多种方法的运用提高了研究的可靠性，且研究结论还为劳动收入提升的差异化政策制定提供了重要启示。

第三，估算各省（区、市）金融结构指标，并通过实证分析揭示了其对劳动收入份额的影响。非国有部门获得的贷款占全部贷款的比重可以作为金融结构的一个衡量指标，但非国有部门获得的贷款却无法直接获取，因此本部分借鉴李青原等（2013）的研究，使用面板固定效应模型对中国各省（区、市）的金融结构指标进行了估算。后续的实证分析显示金融结构与金融规模的影响存在较大差异：金融结构优化在东部地区的影响不显著，在中部有着促进作用，在西部则有着负向影响。基于金融结构提出了解释劳动收入份额变动的新视角，其结论也证实了仅使用金融规模进行研究存在不足之处，即中国金融市场的独特性使得金融规模无法准确衡量金融发展的影响，而结合金融结构的研究则能更好地解释当前中国劳动收入份额的变动原因。

第四，基于投资扩张系数的角度，分析了金融规模与金融结构出现区域异质性的原因。虽然投资驱动型发展模式在中国取得了巨大成就，但由此导致的金融规模过快增长也是中国各省（区、市）普遍面临"去杠杆"难题的根源所在。本部分通过测度各省（区、市）历年投资扩张系数（资本回报额与下一年投资额的比值），不仅可以在一定程度上判断是否存在借贷过度问题，还为解释金融发展影响劳动收入份额的机制提供了新视角。以投资扩张系数为依据划分本部分的研究样本，然后分别研究不同样本中金融发展对劳动收入份额的影响，其结果显示投资扩张系数差异能够合理地解释金融发展对劳动收入份额影响的区域异质性。

一、相关文献梳理

金融发展对劳动收入份额的影响主要有四条路径：一是减少金融抑制导致的收入分配扭曲。现阶段，中国金融发展市场化程度较低，金融抑制水平远高于多数发达国家，且以国有垄断为主的金融部门必然会对国民收入的分配产生深远影响（刘伟等，2017）。金融抑制使得资本价格长期扭曲，进一步激励企业使用资本替代劳动，即出现逆资源禀赋的投资战略，进而导致劳动收入份额持续下降（张建武等，2014）。融资约束还会导致企业增加利润留成以防止出现融资困境，从而减少支付劳动报酬（Song et al., 2011；汪伟等，2013），因此金融发展不足会导致居民补贴企业的财富分配机制出现（陈斌开等，2012）。二是减少失业并提高劳方谈判能力。在市场存在摩擦的情况下，金融发展不完善对失业有着重要且长期的影响（Dromel et al., 2010）。现阶段，中国金融市场制度不完善是影响失业的主要因素之一，劳动力失业时间的延长使劳方谈判能力下降，进而带来劳动收入份额的下降，因此金融发展水平低下不利于劳动收入份额的增长（罗长远等，2012）。三是优化产业结构，提高劳动收入份额较高的产业比重。如果地区金融发展水平较低，较强的融资约束易导致企业进入低资本投入的加工贸易行业，而该类行业劳动收入较低，过多发展会导致劳动收入份额下降。因此，通过金融发展促进产业结构优化是提升劳动收入份额的重要途径（陈磊，2011）。除了优化产业结构外，金融发展水平的提高还可以让企业通过获得更多的借贷资金发展壮大规模，进而增加对劳动的需求（Aterido et al., 2011），劳动收入份额也因此得到提升。四是增加对穷人的金融支持，提高低收入群体的劳动收入。金融机构存在门槛效应（Galor et al., 1993），金融市场的不完善会导致贫困人群无法获得信贷支持（Karlan et al., 2010），因此，通过促进金融发展可以让穷人获得更多的金融服务，进而有利于劳动收入份额的提升（Mookherjee et al., 2003）。Karlan 等（2010）的研究还发现金融发展可以促进个体重新选择职业，从而提升收入水平。因此提升金融发展水平对提升劳动收入份额有着积极作用（Kim et al., 2011）。

金融发展虽有着积极作用，但过度发展则容易因"虹吸效应"而产生"攫取性"金融体系（李强等，2017），导致初次收入分配扭曲，如果"二次分配"无法有效消除上述扭曲，则会对劳动收入份额产生消极影响。首先，过多地依赖外部资金进行投资扩张，会使企业背负沉重的利息负担，即金融过度发展会对实体经济产生严重的"侵蚀效应"。Hein 等（2012）运用后凯恩斯增长模型的研究发现，利息负担会导致收入在资本和劳动之间重新分配，从而挤压劳动收入份额。过度借贷时，企业绝大部分的收益被用于利息支出，进而导致研发创新投入不足，不利于产业转型升级到劳动收入占比较高的高新技术产业（刘伟等，2017）。其次，金融过度发展地区还会形成强大的利益集团，对政府部门进行游说，以维护自己的有利位置，进而导致产业结构调整困难重重，要素收入分配长期处于扭曲状态，不利于劳动收入份额的提升。李强等（2017）对中国欠发达地区的研究就显示出，金融过度发展抑制了该区域的经济增长，金融发展的"攫取性"特征十分明显。2015 年，中国金融行业的收益占据全部行业收益的 80% 以上[①]，进一步说明了该问题的严峻性。因此，经济金融化虽是国家经济增长的动力之一，但其带来的金融过度发展也造成了劳动收入份额的下降（Stockhammer，2013），因此金融过度发展造成的"攫取性"金融体系会降低劳动收入份额。

由于我国地区间经济与金融发展水平差距很大，企业获得外部资金的难度与其距金融中心的距离成正比（Agarwal et al.，2010），由此导致的地区间投资扩张模式出现巨大差异。首先，金融发展产生影响的前提是经济发展需要借入大量外部资金，如果企业自有资金充足或者投资回报率较高，则可以使用较多的自有资金进行下一期的投资扩张。此时，因企业对外部资金依赖较低，金融发展便无法发挥其应有的作用，因而也较难对劳动收入份额产生影响。当前，中国国有企业的"预算软约束"与中小企业"融资困境"共存的问题仍较为突出（李青原等，2013），说明不均衡发展仍是中国金融发展面临的重要挑战。在金融机构的贷款普遍偏向大型国企的情况下，大量中小企业却难以利用金融资金进行投资扩张，而该类企业往往吸纳了大量的劳动力，对劳动收入份额提升有着重要影响。因此在中小企业占比较高的地区，金融发展对劳动收入的影响不易发挥。在国有企业占比较高，或者投资

①　数据来源于麦肯锡 2016 年 6 月发布的研究报告：《中国的选择：抓住 5 万亿美元的生产力机遇》。

回报率较低的地区，企业投资扩张多依赖外部融资，因此金融发展会对经济产生重要影响。张彤进等（2016）研究发现，由于金融发展水平不同，区域间的融资渠道差异较大，与中、西部相比，东部企业通过内源融资方式获得资金，降低了金融发展对劳动收入份额的影响。其次，从资本流动的角度来看，地方政府对资本的竞争会降低劳动者的谈判地位，从而降低劳动收入份额（Harrison，2005），而这种影响在资本稀缺地区更为明显。分税制改革使得地方政府，特别是中、西部地区的地方政府，不断加大"招商引资"力度，而在GDP考核压力下，资本密集型产业更容易成为地方政府追逐的目标，从而提高了资方谈判能力，收入分配也因此不利于劳动者一方。Kongsamut等（2010）的研究也发现，不同产业间劳动收入份额存在着较大差异，而对资本密集型行业的追逐所导致的投资扩张会显著降低劳动收入份额。当然，中、西部地区在"三线建设"中大量承接重工业迁移，也对其金融发展带来了较大影响（陈斌开等，2012），由于中、西部地区自我造血能力较东部地区要弱，大举推进资本密集型产业发展加剧了金融过度扩张步伐，从而使得金融发展对中、西部地区的劳动收入份额产生了负向影响（张建武等，2014）。因此，投资扩张模式差异会导致金融发展对劳动收入份额的影响出现异质性。

二、理论机理

借鉴Song等（2011）和张勋等（2016）对金融发展的研究，本书构建了一个分析金融发展影响劳动收入份额的理论模型。首先，假设经济的产出函数为

$$Y_t = A_t K_t^{\alpha} L_t^{1-\alpha} \tag{5-1}$$

其中，Y_t、A_t、K_t 和 L_t 分别表示产出、技术水平、资本投入和劳动投入。假设企业本期的投资 K_t 包含了上期的剩余资金 K_{t-1} 和上期末的借贷资金 J_{t-1}，则有

$$K_t = K_{t-1} + J_{t-1} \qquad\qquad (5-2)$$

在金融市场发展不完善的情况下，企业无法完全借入其需要的资金数量，金融机构会根据企业自有资金数量给企业发放贷款，

假设企业上期借入资金的利息支出与企业本期资本回报额的比值小于系数 η_t，即

$$J_{t-1}R_t \leqslant \eta_t\rho_t(K_{t-1} + J_{t-1}) \qquad (0 \leqslant \eta_t < 1) \qquad (5-3)$$

式中，η_t 表示企业受到的融资约束情况；R_t 表示贷款利率；ρ_t 表示企业投资的总回报率。因此企业最多能借入的资金为

$$J_{t-1} = \frac{\eta\rho_t K_{t-1}}{R_t - \eta\rho_t} \qquad\qquad (5-4)$$

假定企业除支付单位劳动者的报酬 w_t 外，还按产出的固定比例（φ）支付企业家报酬，因此生产利润（π）可表示为

$$\pi = \underset{L_t}{\text{Max}}\left\{ A_t K_t^\alpha L_t^{1-\alpha} - \varphi A_t K_t^\alpha L_t^{1-\alpha} - w_t L_t \right\} \qquad (5-5)$$

借助利润最大化的一阶条件，可以推导出最优的劳动力投入，即

$$L_t = \left[\frac{(1-\alpha)(1-\varphi)A_t}{w_t} \right]^{\frac{1}{\alpha}} K_t \qquad\qquad (5-6)$$

此时，单位劳动者的报酬和利率应分别等于劳动的边际产出和资本的边际产出，即

$$R_t = \alpha A_t \left(\frac{K_t}{L_t} \right)^{\alpha-1} \qquad\qquad (5-7)$$

$$w_t = (1-\alpha)(1-\varphi)A_t \left(\frac{K_t}{L_t} \right)^{\alpha} \qquad\qquad (5-8)$$

进而可推导出利润最大时的利润，即

$$\pi_t = (1-\varphi)R_t K_t \qquad\qquad (5-9)$$

此时的利润扣除借贷的利息支出便是净资本回报，因此可求出净资本回报率，即

$$r_t = \frac{\pi_t - R_t J_{t-1}}{K_t}$$ （5-10）

将式（5-4）和式（5-7）代入式（5-10），可得

$$r_t = \alpha(1-\varphi)(1-\eta_t)A_t K_t^{\alpha-1} L_t^{1-\alpha}$$ （5-11）

由式（5-11）可知资本收入份额，即

$$KS_t = \frac{K_t r_t}{Y_t} = \alpha(1-\varphi)(1-\eta_t)$$ （5-12）

$$\frac{\partial KS_t}{\partial \eta_t} = -\alpha(1-\varphi) < 0$$ （5-13）

由于劳动收入份额与资本收入份额之间呈反向变动关系，因此金融发展对劳动收入份额（LS_t）变动的影响可表示为

$$\partial LS_t / \partial \eta_t = \alpha(1-\varphi) > 0$$ （5-14）

根据式（5-14）可知，金融发展对劳动收入份额有着促进作用。

另外，考虑企业不存在借贷约束的情况，此时企业借贷不再受影响，式（5-3）的约束条件也不复存在。如果企业借贷过多，则可能会导致投资收益小于借贷的利息支出，即

$$B_{t-1}R_t \geqslant \rho_t(K_{t-1} + B_{t-1})$$ （5-15）

此时企业可能会减少下期投资规模或增加举债规模，但债务最终会到期，企业必须偿还所借债务及其利息，因此从长期来看，企业自有资金必然会减少，企业生产的资本密集度也会随之下降，进而导致生产函数中的 α 值下降。根据式（5-14）可知，劳动收入份额会因 α 值的下降而下降。因此金融发展过度会因过多的收益被用于利息支出而"侵蚀"劳动收入，最终降低劳动收入份额。

据此，笔者认为，金融发展程度提升能够促进劳动收入份额提高，但金融过度发展则会导致劳动收入份额下降。结合文献综述部分，可以得出一个推论：由于中国地区间投资扩张模式存在差异，金融发展对劳动收入份额的影响存在区域异质性。

三、实证分析

（一）模型构建

根据前文分析，本书构建如下实证分析模型

$$w_{it} = \alpha_0 w_{it-1} + \alpha_1 \mathrm{fin}_{it} + \beta X_{it} + \varepsilon_{it} + \mu_i \qquad （5-16）$$

其中，w 表示劳动收入份额；fin 表示金融发展；X 为控制变量；ε 为残差项；μ 为省份效应。

对式（5-16）进行差分可以消除省份效应，则实证模型可改写为

$$
\begin{aligned}
w_{it} - w_{it-1} = {} & \alpha_0(w_{it-1} - w_{it-2}) + \alpha_1(\mathrm{fin}_{it} - \mathrm{fin}_{it-1}) \\
& + \beta(X_{it} - X_{it-1}) + \varepsilon_{it} - \varepsilon_{it-1}
\end{aligned}
\qquad （5-17）
$$

对于式（5-17），可以选择差分 GMM 方法进行估计。由于所选变量较多，变量之间可能存在着内生性，特别是通过对已有文献的梳理，显示金融发展对劳动收入份额有着重要影响，另外，劳动收入份额变动也可能会通过影响消费和投资等影响到金融发展，两者存在内生性问题的可能性较大，因此较适宜使用 GMM 方法进行回归。本书使用变量的滞后项作为工具变量，并根据 Hansen 检验和 AR(2) 检验确定滞后项并检验模型的有效性。为了检验回归结果的稳健性，本书选择依次交叉纳入控制变量的方法进行多次估计，同时在使用差分 GMM 方法估计的同时，还使用系统 GMM 方法进行估计，并同时报告两种估计方法的回归结果。为避免伪回归问题，本书还对各变量的单位根和变量间的协整关系进行了检验，结果显示各变量均是平稳的且变量间存在协整关系。

（二）数据来源

本书数据的时间段为 2000—2015 年，其中金融相关指标来自 Wind 统计数据库，其他指标主要来源于历年的《中国统计年鉴》和 30 个省（区、市）的统计年鉴。[①] 为了使各数据之间具有可比性，统一以 2000 年为基期进行了数据换算，并取自然对数处理以消除数据的剧烈波动，处理后各变量的描述性统计见表 5-1。

表 5-1 变量的描述性统计

变量	观察值	均值	标准差	最小值	最大值
w	480	3.84	0.13	3.45	4.19
fin1	480	0.06	0.30	−0.62	0.95
fin2	450	−0.71	0.26	−1.67	−0.12
gov	480	2.58	0.41	1.63	3.91
tfp	480	−0.02	0.07	−0.25	1.04
tr	480	7.66	0.80	5.00	9.13
un	480	1.26	0.24	−0.22	1.87
k	480	1.90	0.80	0.13	3.78
gdp	480	0.47	0.70	−1.29	2.13

具体的指标选取如下。

1.劳动收入份额（w）

劳动收入份额是被解释变量，可以使用 GDP 中劳动报酬所占比重作为劳动收入份额的代理变量，同时也可以使用劳动报酬/（劳动报酬＋固定资本折旧＋营业盈余）来衡量。本书使用第一种方法计算的劳动收入份额进行回归分析，并使用第二种方法计算的劳动收入份额进行稳健性检验。

2.金融规模（fin1）

金融规模扩张可能会导致资本深化程度加剧，降低资本边际产出，因此

---

① 因西藏自治区的数据不全，本部分没有采纳该地区的数据。

不利于产出中资本份额的增长，但会提高劳动收入份额。另外，如果金融扩张是资本偏向型技术进步引致的，则有可能会导致产出分配偏向资本，进而导致劳动收入份额下降。金融规模扩张一方面增加了企业可利用的资金数量，从而扩大生产规模、提高经营效益；另一方面也可能带来企业债务负担的增加，不利于效益增长。且金融发展还能够通过资本配置影响经济发展（Beck et al.，2006），进而影响要素收入分配。因此，总的来看，金融规模扩张对劳动收入份额的影响存在着不确定性。以往研究多使用全部信贷与GDP的比值来衡量金融发展，但Aziz等（2002）认为该指标高估了金融发展。虽然企业获得金融资金的渠道主要包括银行贷款、股票融资和企业债券等，但考虑到现阶段中国银行贷款占企业融资的比重仍较大，因此本书使用贷款余额与GDP的比值作为金融规模的代理变量。

3.金融结构（fin2）

政策干预与金融机构偏向大型国有企业，导致大量信贷流向了效率低下的部门（Allen et al.，2007），不利于金融资源优化配置功能的发挥，因此金融规模的扩张并不意味着金融结构的优化。为了深入研究金融发展的作用，本书借助回归模型估算了非国有企业获得的贷款占全部贷款的比值，并以此作为金融结构的代理变量（李青原等，2013）。由于该指标估算涉及的部分省（区、市）和年份数据有所缺失，因此该数据的时间段为2000—2014年。[①]

4.政府干预（gov）

政府不仅可以通过财政支出、税收和转移支付等手段对要素收入分配进行干预，还可以通过干预金融部门的贷款流向影响资源配置，进而导致要素收入分配的变化。现阶段，地方政府对经济的干预还较为普遍，因此本书将其作为控制变量纳入回归模型。本书使用扣除教科文卫支出后的政府支出占GDP的比重来衡量政府干预的程度。

---

① 受篇幅所限，本书没有报告具体的估算数据，备索。

5. 技术进步（tfp）

虽然多数学者都认为技术进步对劳动报酬占比有着重要影响（黄先海等，2009），但影响的具体方向、区域差异等还存在争议。本书利用 1999—2015 年的数据并借助 DEA-Malmquist 指数法估算了各省（区、市）的全要素生产率，以此作为技术进步的代理变量。

6. 外贸依存度（tr）

外贸依存度对劳动收入份额的影响存在不确定性，如果外贸带来的是技术偏向型技术进步，则会降低劳动收入份额（Acemoglu，2003），但对以劳动密集型产品出口为主的发展中国家而言，则会促进劳动收入份额提升（Guscina，2006）。中国的外贸环境十分复杂，因此外贸的影响方向还需进一步检验。本书使用进出口总额占 GDP 的比重作为外贸依存度的代理变量。

7. 失业率（un）

一方面，失业率的提升会减少劳动力的就业数量，进而导致劳动收入总量的下降；另一方面，劳动力就业数量的下降也有可能会提高单位劳动力收入的提升。如果失业率的提升主要是低技术劳动力失业增多造成的，劳动收入占比有可能会提升，而高技术劳动力失业增多则可能会降低劳动收入份额。本书使用城镇登记失业率数据来衡量各省（区、市）失业情况。[1]

8. 资本深化（k）

资本深化可能会降低资本的边际产出，同时劳动数量的相对下降则会带来劳动边际产出的增长，因此资本深化对劳动收入份额可能有着积极的促进作用。但资本深化也可能是资本偏向型技术进步引致的，此时的资本深化则不利于劳动收入份额的提升。杨君等（2015）曾对中国各省（区、市）1992—2012 年的资本存量进行了核算，本书在此基础上，使用永续盘存法对 2013—2015 年的资本存量数据进行了核算，并使用资本存量与劳动力数量的

---

[1] 为了解决城镇登记失业率数据可能存在的问题，本书还分别使用 GDP 增长率和就业人员增长率替代失业率变量，反向验证失业率对劳动收入份额的影响，篇幅所限，结果备索。

比值来衡量资本深化指标。

9.经济发展水平（gdp）

改革开放以来，中国劳动收入份额曾出现过持续下降的阶段，近些年来则略有回升，因此经济发展水平与劳动收入份额之间可能存在"U"形关系。本书使用人均GDP作为各省（区、市）经济发展水平的代理变量，以验证该"U"形关系是否存在。

（三）金融规模对劳动收入份额的影响

表5-2报告了全国数据的回归结果。

表5-2　全国数据的回归结果

变量	差分（1）	差分（2）	差分（3）	差分（4）	系统（1）	系统（2）
l.w	0.336*** (0.015)	0.246*** (0.023)	0.198* (0.111)	0.365*** (0.051)	0.531*** (0.036)	0.866*** (0.066)
fin1	0.064*** (0.012)	0.119*** (0.019)	0.063* (0.035)	0.021 (0.019)	0.035* (0.019)	0.064*** (0.023)
gov			0.036** (0.014)	0.056* (0.029)		0.037* (0.021)
tfp			−0.136* (0.077)	−0.113* (0.059)		−0.075 (0.076)
tr			−0.044** (0.018)	−0.033** (0.015)		−0.032*** (0.009)
un				−0.041* (0.024)		
k		0.015*** (0.002)		0.031*** (0.009)	0.019*** (0.005)	
gdp		−0.022*** (0.005)				
C					1.755*** (0.141)	0.653** (0.291)
OBS	420	420	420	420	450	450
AR(1)	0.000	0.000	0.000	0.000	0.000	0.000
AR(2)	0.275	0.188	0.103	0.186	0.447	0.404
Hansen	0.997	0.995	0.373	0.220	0.964	0.298

注："*"、"**"和"***"分别表示在10%、5%和1%的水平上显著。

第一，金融规模扩张对劳动收入份额有显著的促进作用。差分1至差分4均显示金融规模的回归系数为正，且有三个结果是显著的，另外系统 GMM 回归结果也多显示金融规模的系数显著为正①，因此可以认为金融规模扩张对劳动收入份额有着显著的促进作用。根据古典经济理论关于边际报酬递减规律的分析，一方面，金融规模的快速扩张使得企业更容易获得外部资本，但劳均资本的提升会导致资本边际产出下降，资本收入份额有可能因此出现下降，进而带来劳动收入份额的上升；另一方面，企业资本数量增长会使得劳动力相对数量下降，劳动边际报酬因此出现增长，进而提升劳动收入份额。Kalina 等（2016）的研究还发现融资约束会导致企业偏向从事低附加值的加工贸易，这类贸易的劳动报酬占比往往比一般贸易要低，而金融规模的扩张可以改善企业面临的融资约束，鼓励企业从事一般贸易，进而提升劳动收入份额。

第二，政府干预对劳动收入份额有着显著的正向影响。在中国市场化改革进程中，劳动收入份额曾出现过持续下降，不利于包容性社会构建，因此政府通过转移支付和完善各种保障制度来提高劳动收入（汪前元等，2016）。近些年来，"收入倍增"更是列入中央和地方政府的发展计划之中，提高劳动者收入已成为政府干预的重要目标之一，因此政府干预对劳动收入份额提升产生了积极影响。

第三，技术进步导致劳动收入份额下降。如果技术进步为劳动力增强型的，则可能会促进劳动收入份额的提升，但技术进步多为资本偏向型的（Rousseau，2010），该类技术进步能够促进资本回报率的提升，但不利于劳动收入份额的提高。杨振兵等（2015）对中国的实证研究也显示2001年之后中国技术进步的资本偏向特征十分明显，这说明中国的技术进步主要是依赖投入先进的生产设备，而不是人力资本的提升，因此，当前技术进步不利于中国劳动收入份额的提升。

---

① 为确保系统 GMM 回归结果的稳健性，本书使用依次交叉添加控制变量的方法进行了5次以上回归，由于篇幅所限，本书仅报告了2个回归结果，下同。

第四，外贸依存度不利于劳动收入份额的增长。已有研究认为在以资本密集型产品出口为主的国家，对外贸易能够促进资本偏向型技术进步并降低劳动收入份额；在以劳动密集型产品出口为主的国家，对外贸易则会提升劳动收入份额。由于中国资本密集型产品的出口增长速度大于劳动密集型产品的出口增长速度（张相伟等，2014），因此外贸依存度的提升对劳动收入份额产生了负向影响。

第五，资本深化对劳动收入份额有着显著的促进作用。该结果也在一定程度上印证了金融规模扩张对劳动收入份额的积极影响，即资本扩张会导致资本边际报酬的下降和劳动边际报酬的增长，进而促进劳动收入份额提升。

第六，经济发展水平提升对劳动收入份额有着负向影响。这一结论与李稻葵等（2009）的研究结论较为一致，虽然劳动收入份额与经济发展水平之间呈"U"形关系[1]，但中国现阶段仍处于下行区，因此经济发展水平提升对劳动收入份额的影响仍为负向。为了验证"U"形关系是否存在，笔者根据区域经济发展水平，从东、中、西部三个区域分别进行了回归分析。[2]

表5-3报告了东部地区数据的回归结果。与全国数据回归结果一致，东部地区金融规模扩张对劳动收入份额也有着显著的促进作用。控制变量方面，除经济发展水平、政府干预和失业率外，其他变量的回归结果与全国数据回归结果基本保持一致。东部地区经济发展水平对劳动收入份额存在显著的正向影响，这主要是因为东部地区经济发展水平在全国遥遥领先，可能已处于"U"形关系的上升区。政府干预在东部地区的影响不显著，这可能是因为在市场化程度较高的东部地区，政府干预程度相对较轻，劳动力收入与劳动生产率的匹配程度较高（樊纲等，2011），因此政府干预的作用较难发挥。

---

[1] 本书将人均GDP的平方项纳入全国数据的回归方程之中，结果显示平方项的系数显著为正，这也验证了劳动收入份额与经济发展水平之间存在"U"形关系。

[2] 除分东、中、西部地区进行分析外，本书还考虑了不同所有制企业集聚可能带来的影响，并分别对外资企业集聚地区、民营企业集聚地区和国有企业集聚地区的样本进行了回归分析，所得结论也部分印证了分地区回归结果，实证结果备索。

东部地区失业率提升反而促进了劳动收入份额的提升，其中可能的解释是，东部地区的低端产业正逐步向中、西部地区转移，在产业转移进程中，可能出现了低技术劳动力失业率提升等问题，但产业转移却改善了东部地区的产业结构并提升了中高端劳动力比重，该类劳动力的收入水平远远高于低端劳动力，因此劳动收入份额得以提升。

表 5-3　东部地区数据的回归结果

变量	差分（1）	差分（2）	差分（3）	差分（4）	系统（1）	系统（2）
l.w	0.545*** (0.081)	0.494*** (0.070)	0.183 (0.257)	0.358 (0.280)	0.0572*** (0.111)	0.548*** (0.149)
fin1	0.103** (0.049)	0.088*** (0.028)	0.194 (0.147)	0.112 (0.186)	0.106** (0.053)	0.092* (0.052)
gov		−0.034 (0.045)	−0.002 (0.048)	−0.044 (0.055)		−0.026 (0.057)
tfp				−1.541*** (0.378)		
tr				−0.313** (0.159)		
un			0.639*** (0.0.159)	0.114* (0.062)		
k	0.033** (0.013)		0.004 (0.029)		0.029** (0.014)	
gdp			0.158*** (0.038)	0.246*** (0.093)		
C					1.571*** (0.413)	1.765*** (0.611)
OBS	154	154	154	154	165	165
AR(1)	0.012	0.015	0.017	0.003	0.012	0.020
AR(2)	0.849	0.671	0.785	0.619	0.895	0.755
Hansen	0.500	0.994	0.426	0.997	0.582	0.999

注："*"、"**"和"***"分别表示在 10%、5% 和 1% 的水平上显著。

表 5-4 和表 5-5 分别报告了中部地区和西部地区数据的回归结果。与东部地区不同的是,中部地区金融规模扩张对劳动收入份额的影响并不显著,西部地区金融规模扩张则对劳动收入份额有着显著的负向影响。出现这一结果的可能原因是,相较东部地区,中、西部地区企业所面临的金融约束较高,容易导致企业流向资本投入较低的加工贸易等低端产业,因此劳动收入份额提升困难重重。与中部地区相比,西部地区资本缺乏问题更为严重,对借贷资金的依赖较大,因此金融规模扩张极易导致企业背负沉重的债务负担。此时,企业投资收益多被用于利息支出,进而导致用于技术研发与结构改善的支出不足,产业陷入"低端发展"困境,而且投资收益过多地流向金融部门,必然导致劳动者分配到的收益减少,从而出现劳动收入份额持续下降问题。为了验证中、西部地区是否存在金融规模过度扩张等问题,下面将对各地区投资扩张系数进行测算,以进一步揭示金融发展对劳动收入份额产生区域异质性影响的原因。

在控制变量方面,中部地区经济发展水平对劳动收入份额的影响不显著,西部地区则有着显著的负向影响,结合东部地区经济发展水平对劳动收入的正向影响结果,可以认为劳动收入份额与经济发展水平之间的"U"形关系是成立的。西部地区是中国经济发展水平最低的区域,因此劳动收入份额会随着经济发展水平提升而下降,当经济发展到一定程度时(如东部地区),该影响便可能发生逆转,即劳动收入份额会随着经济发展水平的提升而提升。中部地区经济发展水平则处于转折时期,因此劳动收入份额与经济发展水平之间的关系并不显著。其他各控制变量的结果与全国数据基本一致。

表 5-4 中部地区数据的回归结果

变量	差分(1)	差分(2)	差分(3)	差分(4)	系统(1)	系统(2)
l.w	0.833** (0.310)	1.139*** (0.325)	0.513*** (0.174)	−0.818 (1.152)	1.042*** (0.349)	0.881*** (0.213)
fin1	−0.079 (0.219)	−0.191 (0.170)	0.182 (0.123)	0.943 (0.804)	−0.356 (0.291)	0.002 (0.085)

续表

变量	差分（1）	差分（2）	差分（3）	差分（4）	系统（1）	系统（2）
gov		0.203* (0.123)				0.174 (0.113)
tfp			−0.789* (0.437)			
tr			−0.047* (0.028)			
un				−2.234*** (0.822)	−0.849*** (0.238)	
k		0.081 (0.078)		0.341** (0.158)		
gdp				0.219 (0.138)		0.029 (0.026)
C					0.899 (1.110)	−0.007 (1.088)
OBS	112	112	112	112	120	120
AR(1)	0.018	0.017	0.060	0.000	0.068	0.023
AR(2)	0.273	0.118	0.159	0.223	0.154	0.154
Hansen	0.856	0.937	0.999	0.990	0.876	0.851

注："*"、"**"和"***"分别表示在10%、5%和1%的水平上显著。

表 5.5　西部数据的回归结果

变量	差分（1）	差分（2）	差分（3）	差分（4）	系统（1）	系统（2）
l.w	0.741*** (0.078)	0.188** (0.078)	0.607*** (0.095)	0.434 (0.278)	0.884*** (0.154)	0.547*** (0.068)
fin1	−0.058*** (0.013)	−0.117* (0.071)	−0.269*** (0.065)	−0.168* (0.105)	−0.446*** (0.131)	−0109*** (0.031)
gov			0.045** (0.019)	0.067 (0.096)	0.127* (0.068)	
tfp				−0.005 (0.074)		

续表

变量	差分（1）	差分（2）	差分（3）	差分（4）	系统（1）	系统（2）
tr				-0.047 (0.033)		-0.043^{***} (0.013)
un		-0.315^{***} (0.056)		-0.371^{**} (0.179)		-0.276^{***} (0.091)
k	0.129^{***} (0.025)			0.169^{*} (0.090)	0.200^{*} (0.109)	
gdp		-0.038^{**} (0.017)	-1.351^{***} (0.273)		-1.875^{***} (0603)	
C					-0.176 (0.662)	2.449^{***} (0.344)
OBS	154	154	154	154	165	165
AR(1)	0.010	0.067	0.060	0.033	0.018	0.042
AR(2)	0.958	0.575	0.961	0.943	0.141	0.933
Hansen	0.745	0.994	0.537	0.228	0.988	0.481

注："*"、"**"和"***"分别表示在10%、5%和1%的水平上显著。

（四）金融结构对劳动收入份额的影响

为了更加全面地分析金融发展对劳动收入份额的影响，本部分使用金融结构数据再次进行回归分析，为了确保回归结果的稳健性，本部分同时报告差分与系统GMM方法的回归结果，表5-6和表5-7分别报告了全国以及东部、中部、西部地区数据的回归结果。由于篇幅所限，每种方法仅报告了两个回归结果。

东部地区回归结果显示，金融结构优化对劳动收入份额的影响，没有通过显著性检验。一种可能的解释是，长期以来的金融错配严重制约了金融发展对生产效率的促进作用，因而结构优化还无法充分发挥其对劳动收入的积极影响。但表5-3显示金融规模扩张对劳动收入份额有着显著的正向影响，即东部地区劳动收入份额仍靠金融规模的促进，而不是结构的改善。中部地区回归结果显示，金融规模与金融结构对劳动收入份额的影响均不显著，即金融发展对中部地区劳动收入份额的影响"失效"了。而西部地区的回归结果却显示，金融规模扩张与结构优化均对劳动收入份额有着显著的负向影响，即西部地区有可能陷入了"金融扩张陷阱"。因此，金融发展对劳动收入份额的影响存在着明显的区域异质性，那么造成这一现象的原因是什么呢？

与金融发展密切相关的是企业投资来源，如果企业全部使用自有资金进行扩张，则会导致金融发展的影响"失效"，而适度利用外部资金进行扩张，则有可能促进企业更快增长，进而实现金融发展的积极作用。但如果企业过度借贷，则极易背负沉重的债务负担，陷入"低端发展"困境。因此，地区发展对外部资金的依赖程度不同，可能是金融发展出现区域异质性影响的重要原因。为了验证这一猜测，下面将从投资扩张模式的角度进行分析，以揭示金融发展对劳动收入份额影响的可能机制。

表 5-6　全国和东部地区数据的回归结果

变量	全国				东部地区			
	差分（1）	差分（2）	系统（1）	系统（2）	差分（1）	差分（2）	系统（1）	系统（2）
l.w	0.455*** （0.055）)	0.529*** (0.036)	0.649*** (0.022)	0.512*** (0.052)	0.401*** (0.116)	0.369* (0.188)	0.852*** (0.042)	0.439*** (0.123)
fin2	−0.038** (0.018)	−0.074** (0.024)	−0.019** (0.007)	−0.072*** (0.016)	−0.055 (0.033)	0.096 (0.108)	−0.007 (0.023)	0.018 (0.137)
gov	0.271*** (0.041)	0.116*** (0.024)			−0.094 (0.157)	−0.124 (0.239)		0.299 (0.367)
tfp		−0.458*** (0.091)		−1.284*** (0.129)	−1.836** (0.663)	−2.299** (0.822)		−1.100*** (0.368)
tr		−0.066*** (0.015)		−0.054*** (0.016)		−0.384** (0.141)		−0.062 (0.117)
un		−0.127*** (0.031)		−0.199*** (0.026)		0.156* (0.079)		0.075 (0.076)
k		0.017*** (0.003)	0.011*** (0.003)				0.031** (0.012)	0.038*** (0.012)

续表

变量	全国				东部地区			
	差分（1）	差分（2）	系统（1）	系统（2）	差分（1）	差分（2）	系统（1）	系统（2）
gdp	−0.070*** (0.015)			−0.002 (0.016)		0.323** (0.130)		
C			1.304*** (0.081)	2.461*** (0.159)			0.516*** (0.162)	1.784** (0.565)
OBS	390	390	420	420	143	143	154	154
AR(1)	0.000	0.000	0.000	0.000	0.047	0.037	0.025	0.012
AR(2)	0.402	0.104	0.376	0.203	0.508	0.457	0.875	0.774
Hansen	0.230	0.663	0.231	0.790	0.989	0.997	0.997	0.995

注：“*”、“**”和“***”分别表示在10%、5%和1%水平上显著。

表5-7　中、西部数据回归结果

变量	中部				西部			
	差分（1）	差分（2）	系统（1）	系统（2）	差分（1）	差分（2）	系统（1）	系统（2）
l.w	0.845*** (0.111)	0.889*** (0.161)	0.917*** (0.164)	0.853** (0.419)	0.499*** (0.067)	−0.421*** (0.151)	0.612*** (0.036)	0.511 (0.713)
fin2	−0.049 (0.047)	−0.008 (0.111)	−0.092 (0.083)	0.985 (0.557)	−0.214*** (0.052)	−0.113 (0.081)	−0.070* (0.038)	−0.249* (0.163)
gov	0.105* (0.061)		0.121 (0.082)		0.051* (0.027)	0.124 (0.078)		0.061 (0.334)
tfp		−1.064* (0.554)		−14.939** (7.258)		−0.288 (0.513)		
tr				−0.507 (0.383)				
un				1.200 (1.451)				−0.708*** (0.162)
k	0.008 (0.025)		0.012 (0.029)			0.029*** (0.006)	0.022*** (0.004)	
gdp		0.022 (0.037)		0.022 (0.200)		−0.033 (0.037)		−0.073 (0.173)

续表

变量	中部				西部			
	差分（1）	差分（2）	系统（1）	系统（2）	差分（1）	差分（2）	系统（1）	系统（2）
C			−0.087 (0.861)	3.171** (1.491)			1.400*** (0.163)	4.296** (1.909)
OBS	104	104	112	112	143	143	154	154
AR(1)	0.012	0.015	0.020	0.000	0.059	0.058	0.038	0.026
AR(2)	0.169	0.383	0.152	0.644	0.941	0.293	0.659	0.477
Hansen	0.620	0.904	0.815	0.990	0.628	0.973	0.997	0.644

注："*"、"**"和"***"分别表示在10%、5%和1%的水平上显著。

四、进一步分析：金融发展、投资扩张与劳动收入份额

（一）基于投资扩张系数的解释

金融发展水平提升可以缓解企业的融资约束，但如果企业过度使用外部资金，则容易背负沉重的债务负担，不利于持续健康发展。因此不同地区的投资扩张对金融资金依赖的程度，可能是金融发展对劳动收入份额产生异质性影响的原因。为了衡量各地区对外部资金的依赖程度，本书计算了东、中和西部地区2000—2015年的投资扩张系数，即上一年的投资回报额与当年投资额的比值。该值越大，说明地区发展对外部资金的依赖性越小；该值越小，说明地区发展对外部资金的依赖性越大。一般地，如果该值大于1，则认为该地区是内源发展型，即本年投资来源于上一年的投资回报；如果该值小于1，则认为该地区是外源发展型，即本年投资需依赖外部融资；如果该值等于1，则认为该地区是中性发展模式。关于投资扩张系数的计算，首先需核算出资本回报率与资本存量数据，本书根据杨君等（2015）的计算方法，对全国30个省（区、市）2000—2015年的资本存量与资本回报率进行了测度，然后使用资本存量与资本回报率数据计算出各地区总的投资回报额，进而计算出投资扩张系数，具体结果如图5-2所示。

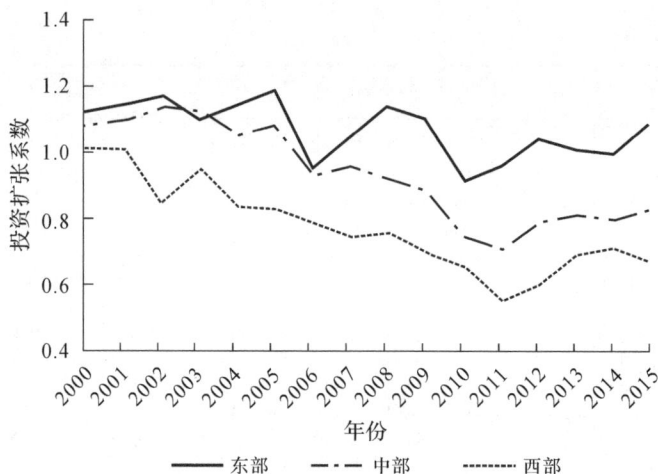

图 5-2　中国三大区域投资扩张系数

根据图 5-2 可知，东部和中部地区在 2005 年之前，内源发展特征明显。2005 年之后，东部地区投资扩张系数略有下降，但基本在 1 附近波动，即东部地区发展对金融资金依赖较轻，可能存在着金融发展不足问题。中部地区投资扩张系数则在 2005 年之后出现了明显下降，2011 年之后则稳定在 0.8 附近，即中部地区已由内源发展模式转向了外源发展模式。西部地区则在整个阶段都属于外源发展模式，且投资扩张系数远低于中部地区，这说明西部地区对外部资金依赖程度较高，可能存在着金融过度发展问题，形成"攫取性"金融体系的概率较大。[①]

因此，结合上面金融发展对劳动收入份额的影响结果来看，各地区投资扩张模式差异对金融作用的发挥有着重要影响：

在投资扩张系数较高的东部地区，金融深化不足导致金融结构无法发挥其对劳动收入份额的影响。东部地区有着较高的资本回报率，区域投资不需要借入过多的外部资金，仅利用投资回报额便可以进行适度的规模扩张，从而形成"内生发展偏好"。该偏好导致金融深化程度提升困难，无法发挥其

---

① 本书使用投资扩张系数衡量金融发展程度，该方法主要衡量地区本期投资回报额与下一期投资额之间的关系，即根据投资盈利能力判断经济对金融资本的依赖程度。因此识别某地区是否存在金融过度发展的结论，与依据金融发展规模的判断可能存在差别。

对要素收入的优化配置作用。实证结果也显示，东部地区仅通过金融规模扩张便可促进劳动收入份额提升，因此东部地区可进一步扩大金融发展的规模，以充分发挥其积极作用。另外，东部地区大量中小企业与民营企业仍存在严重的融资约束，一方面企业有着较强的借贷意愿却无法借入足够资金，另一方面却是大量信贷资金流向效率低下的国有企业，金融结构优化困难重重，加上东部地区本已存在的金融深化不足问题，严重制约了金融结构优化对劳动收入份额的积极作用。但从时间趋势上看，2005 年之后东部地区投资扩张系数已出现了一定幅度下降，即金融结构优化的作用可能会逐步增强，后面将通过分样本分时段回归方法检验金融结构优化的动态影响。

在投资扩张系数较低的西部地区，金融过度深化导致金融发展对劳动收入份额产生了"攫取效应"。西部地区外源发展特征最为明显，金融规模扩张和结构优化均对劳动收入份额产生了显著的负向影响。西部地区发展面临着严重的资金约束，企业可能更加偏向从事加工贸易等低附加值产业，即产业陷入"低端发展"困境，而该类产业劳动报酬往往较低，因此大量发展会导致劳动收入份额下降。另外，过低的投资扩张系数也说明西部地区对外部资金依赖较高，极易背负沉重的债务负担，如果投资收益大量用于借贷利息的支付，则会严重挤压劳动收入。现阶段，西部地区金融过度深化已导致金融发展出现了严重的"攫取性"特征，这与李强等（2017）关于金融发展会抑制经济欠发达地区经济增长的结论相吻合。企业自有资金不足与债务负担过重，又导致产业转型发展的动力缺失，劳动收入份额相对较高的高新技术产业迟迟无法在西部地区得到充分发展，从而使得劳动收入份额提升困难重重。

中部地区的投资扩张模式已从内源发展转向外源发展，这可能导致了金融发展影响的不确定性。中部地区投资扩张系数处在东部地区和西部地区之间，对外部资金的依赖较西部要低，因此可能还未出现金融发展的"攫取效应"。金融发展对劳动收入份额影响不显著的主要原因应是投资扩张模式发生了重大转变，所以需要分时段研究金融发展对劳动收入份额的影响。2005

年之前，中部地区属内源发展模式，存在着金融深化不足问题，因此金融发展的作用无法充分发挥。2005 年之后，中部地区已转变为外源发展模式，近些年的投资扩张系数也基本保持在 0.8 左右。这说明中部地区金融发展水平得到了较大提升，但"杠杆"程度远低于西部地区，因此金融结构优化在 2005 年之后可能会对劳动收入份额产生积极影响。

（二）基于分时段数据的回归分析

由于东部和中部地区的投资扩张系数均出现了转变，为了进一步分析金融发展在不同投资扩张模式下可能存在的不同影响，本书根据投资扩张系数对东部地区与中部地区的数据进行分段后再次回归。该部分计量分析仍使用 GMM 方法，且对内生性问题的处理也与前面保持一致。其中，2000—2005 年东部地区投资扩张系数均大于 1，属内源发展模式，对外部资金依赖较低；2006—2014 年的投资扩张系数有所下降，显现外源发展特征，对外部资金的依赖有所加强。中部地区也以 2005 年为分界点，之前属于内源发展模式，之后外源发展特征明显。因此，东部和中部地区的投资扩张系数在 2000—2005 年均显著高于 1，所以选择东部地区 2000—2005 年和中部地区 2000—2005 年两个时段进行回归，以检验投资扩张系数高于 1 时金融结构的影响。2006—2014 年，东部地区的投资扩张系数在 1 附近波动，中部地区的投资扩张系数则低于 1，但仍远大于西部地区，所以选择这两个时间段进行回归分析，可以检验投资扩张系数居中时金融结构的影响。另外，西部地区的投资扩张系数在 2000—2005 年的取值和东、中部地区在 2006—2014 年的取值较为接近，均处于中间水平，2006—2014 年西部地区的投资扩张系数较低，可能处于金融过度发展状态，因此对西部地区数据也进行分时间段回归。金融结构优化对劳动收入份额的分时段回归结果详见表 5-8。

根据回归结果可知，在投资扩张系数较低的时期，金融结构优化对劳动收入份额的影响并不显著。随着扩张系数的下降，当投资扩张转变为外源发展模式时，金融结构优化对劳动收入份额的影响也转变为显著正向。因此，适度的金融深化是金融发展产生积极作用的前提，但金融过度深化则会导致金融发展的影响发生逆转，如在西部地区，金融过度深化已导致金融规模与金融结构均对劳动收入份额造成了显著负向影响。

表 5-8　分时段回归结果

变量	东部 2000—2005 年		东部 2006—2014 年		中部 2000—2005 年		中部 2006—2014 年		西部 2000—2005 年		西部 2006—2014 年	
	差分	系统	差分	系统	差分	系统	差分	系统	差分	系统	差分	系统
l.w	0.541* (0.299)	0.635*** (0.120)	0.645*** (0.019)	0.605*** (0.066)	1.609** (0.303)	1.242*** (0.126)	0.444*** (0.088)	0.408** (0.143)	0.842*** (0.075)	1.021*** (0.105)	0.213*** (0.041)	0.421*** (0.069)
fin2	−0.166 (0.096)	−0.195 (0.135)	0.023*** (0.006)	0.056** (0.024)	−0.639 (0.348)	−0.141 (0.113)	0.071*** (0.015)	0.108*** (0.015)	0.075** (0.034)	0.096*** (0.031)	−0.087*** (0.019)	−0.069*** (0.020)
C		2.153 (2.156)		1.535*** (0.269)		−1.078* (0.565)		2.316*** (0.553)		−0.033 (0.409)		2.200*** (0.264)
OBS	44	55	99	99	32	40	72	72	44	55	99	99
AR(1)	0.052	0.067	0.054	0.059	0.025	0.080	0.021	0.048	0.016	0.024	0.090	0.091
AR(2)	0.784	0.100	0.537	0.450	0.430	0.468	0.095	0.091	0.132	0.148	0.790	0.963
Hansen	0.408	0.647	0.877	0.613	0.180	0.458	0.424	0.960	0.637	0.398	0.853	0.885

注："*"、"**"和"***"分别表示在 10%、5% 和 1% 的水平上显著；由于篇幅所限，本表没有报告控制变量回归结果。

另外，为了进一步验证投资扩张系数的影响，本书还将投资扩张系数与金融规模的交叉项纳入回归方程。在投资扩张系数较低的西部地区，金融发展的系数显著为负，因此从理论上看，投资扩张系数的提升会降低金融发展的负向作用，此时交叉项系数应显著为正。对于东部地区和中部地区（2006—2015 年）来说，这两个地区的投资扩张对外部资金依赖相对较弱，因此投资扩张系数的提升会导致金融发展的作用弱化，此时交叉项系数应显著为负。根据上述思路，本书将投资扩张系数与金融规模的交叉项纳入回归方程再次进行计量分析[①]，其结果与理论预期相符，再次证明了投资扩张系数是金融发展出现异质性影响的重要因素。

---

① 由于篇幅所限，本书没有报告具体的计量结果，备索。

因此可以认为投资扩张模式差异是金融发展存在地区异质性影响的原因，特别是金融发展在东、西部地区之间存在的巨大差异。东部地区投资扩张系数在多数年份均大于1，这说明东部地区的投资回报额能够满足下一年度的投资需求，即相对企业盈利能力来看，其投资扩张对金融资金的使用偏低。由于金融系统发挥影响力需要一定的规模作为基础，因此金融规模提升促进金融系统对资源的配置作用，进而有利于提升劳动收入份额。正是由于金融发展不足，进而使得金融结构优化的作用无法发挥。西部地区投资扩张系数处在全国最低水平，这说明西部地区自有资金缺乏，即相对企业盈利能力来看，其投资扩张借入了太多外部资金，进而导致"杠杆过度"以及"攫取性金融发展"等问题，这不仅会挤压劳动收入份额，还会导致企业发展难以为继。

（三）稳健性检验

1. 基于2SLS的面板数据工具变量法

对于GMM方法回归，还可以使用基于2SLS的面板数据工具变量法进行稳健性检验。与前面回归保持一致，本部分选择解释变量的一阶滞后项作为工具变量进行2SLS回归，该方法回归结果与GMM方法回归结果基本保持一致（见表5-9），进一步说明了本书回归结果是稳健的。

表5-9　面板工具变量法回归分析结果

变量	全国		东部		中部		西部	
l.w	0971***	1.025***	1.022***	0.663***	0.896***	0.750***	0.661***	0.951***
	(0.018)	(0.031)	(0.013)	(0.064)	(0.048)	(0.064)	(0.060)	(0.152)
fin1	0.013**		0.021***		−0.029		−0.083**	
	(0.006)		(0.004)		(0.032)		(0.039)	
fin2		−0.019*		0.059		0.007		−0.173**
		(0.011)		(0.045)		(0.068)		(0.094)
C	0.105	−0.121	−0.084*	1.315***	0.388**	0.952***	1.323***	−0.429
	(0.071)	(0.125)	(0.049)	(0.247)	(0.183)	(0.271)	(0.234)	(0.762)
OBS	450	420	165	154	120	112	165	154
R^2	0.764	0.706	0.794	0.751	0.744	0.745	0.626	0.453

注："*"、"**"和"***"分别表示在10%、5%和1%的水平上显著；由于篇幅所限，本表没有报告控制变量回归结果。

2.更换劳动收入份额的计算方法

为了确保回归结果的稳健性，本书同时使用差分与系统 GMM 方法进行了回归分析。另外，还可以通过更换被解释变量的计算方法进行稳健性检验。本部分使用劳动报酬 /（劳动报酬 + 固定资本折旧 + 营业盈余）对劳动收入份额进行了重新计算，并使用差分 GMM 方法进行了稳健性检验。结果（见表 5–10）显示，金融规模和金融结构的回归系数在方向与显著性上都与前面一致，因此可以认为本书的回归结果是稳健的。

表 5–10　更换变量计算方法的回归结果

变量	全国		东部		中部		西部	
l.w	0.268*** (0.012)	0.632*** (0.015)	0.661*** (0.099)	0.744*** (0.043)	0.788** (0.295)	0.736*** (0.051)	0.594*** (0.181)	0.597*** (0.048)
fin1	0.108*** (0.010)		0.063** (0.027)		−0.052 (0.186)		−0.218*** (0.062)	
fin2		−0.027*** (0.058)		0.020 (0.018)		−0.062 (0.045)		−0.099*** (0.030)
OBS	420	390	154	143	112	104	154	143
AR(1)	0.001	0.000	0.015	0.015	0.026	0.020	0.001	0.039
AR(2)	0.305	0.575	0.910	0.676	0.227	0.203	0.617	0.851
Hansen	0.309	0.275	0.574	0.992	0.828	0.875	0.859	0.542

注：“*”、“**”和“***”分别表示在 10%、5% 和 1% 的水平上显著。

3.更换金融结构的计算方法

上面分析显示，金融结构的影响因投资扩张系数不同而存在较大差异，为了检验金融结构回归结果的稳健性，本书借鉴杨子荣等（2018）的研究，使用地区股票市场总市值与金融机构贷款余额的比值作为金融结构的代理变量，再次使用差分 GMM 方法进行回归分析，数据来源于历年的《中国金融年鉴》。由于部分省（区、市）2007 年之前的股票市场总市值数据缺失，本书仅分地区对 2007—2014 年的数据进行回归。结果（见表 5–11）显示，

2007—2014 年是东部地区和中部地区投资扩张系数居中的时期，金融结构对劳动收入份额有着促进作用；2007—2014 年是西部地区投资扩张系数较低的时期，金融结构则有着负向作用，该结果与上面的分时期回归结果保持一致。

表 5-11　更换金融结构数据的回归结果

变量	东部（2007—2014 年）	中部（2007—2014 年）	西部（2007—2014 年）
l.w	0.551*** (0.023)	0.511*** (0.089)	0.536*** (0.068)
fin2	0.016** (0.005)	0.004** (0.002)	−0.008* (0.004)
OBS	88	64	88
AR(1)	0.045	0.031	0.072
AR(2)	0.368	0.104	0.779
Hansen	0.714	0.951	0.994

注：“*”、“**”和“***”分别表示在 10%、5% 和 1% 的水平上显著。

五、结论与启示

本书利用中国省级面板数据，从金融规模扩张与结构优化两个角度分析了金融发展对劳动收入份额的影响，并基于投资扩张的视角解释了金融发展对劳动收入份额产生异质性影响的原因，主要的结论与启示有：

第一，“内生发展偏好”与“融资约束”共存导致东部地区金融发展不足，进而限制了金融发展对劳动收入份额的促进作用。一方面，东部地区资本回报率较高，依靠自有资金发展的能力较强，对金融系统依赖性较低，内生发展能力较强；另一方面，东部地区大量中小企业存在着融资约束难题，无法向金融部门借到足够资金。“内生发展偏好”与“融资约束”共同导致了东部地区金融发展不足，这也使得金融结构优化缺乏金融规模支撑，无法促进劳动收入份额提升。未来东部地区仍应进一步扩大金融规模，适度提升“杠杆率”，以充分发挥金融系统对资源的优化配置作用。

第二，西部地区存在着金融过度发展问题，进而导致金融发展出现"攫取效应"。西部地区外源发展特征最为明显，金融规模扩张和结构优化均对劳动收入份额产生了显著负向影响。金融过度发展一方面导致产业陷入"低端发展"困境，另一方面导致收入大量流向金融部门，严重扭曲收入分配，从而使得"攫取效应"不断显现。因此，西部地区发展面临着因资金缺乏所导致的"攫取性"金融问题，未来应改变过度依赖外部资金发展的模式，并探索如何实现金融发展由"攫取性"向"共容性"转变。

第三，随着中部地区投资扩张模式的转变，金融发展的积极作用显现，这说明金融适度发展是金融发挥积极效应的基础。中部地区在早期属内源发展模式，存在金融发展不足问题，因此金融发展无法对劳动收入份额产生积极影响。2005年之后，中部地区虽已转为外源发展模式，但投资扩张系数远高于西部地区，金融发展并未出现"攫取效应"。分样本与分时间段的实证分析也显示，在金融适度发展的区域与阶段，金融发展均对劳动收入份额提升有着积极影响。

第四，政府干预在市场化水平不高的中、西部地区有着积极作用，失业率增长在不同地区有着差异化影响。由于东部地区市场化水平较高，劳动收入更多地反映了劳动者的生产效率，政府干预的影响较弱。而在市场化水平相对较低中、西部地区，政府对收入分配的调节有着更为重要的作用。失业率增长不利于中、西部地区劳动收入份额提升，但在东部地区却有着积极影响，出现这一情况的原因是，在东部地区低端产业向中、西部地区转移的过程中，低端产业工人失业加剧，却提高了高技术劳动者就业的比例，因此有利于劳动收入份额的提升。

其他控制变量方面，由于技术进步的资本偏向特征以及资本密集型产品出口增长速度大于劳动密集型产品出口增长速度，使得技术进步与外贸依存度的提升不利于劳动收入份额增长。资本深化对劳动收入份额有着显著的促进作用。经济发展水平与劳动收入份额之间呈"U"形关系，西部位于"U"形曲线的下降位置，东部位于上升位置，中部位于转折点。

第二节 中国劳动收入的增长机制分析：全球价值链嵌入视角

随着经济全球化的发展，参与全球价值链分工生产在世界各国得到了越来越大的重视，大大改变了各国的贸易方式和规模。20世纪90年代以来，中国通过大量承接劳动密集型生产环节参与全球价值链，大大提升了产业外向发展能力。但参与全球价值链也可能会对原有的收入分配机制产生冲击。在中国广泛参与全球价值链的同时，劳动收入份额却出现了持续下降态势，2008年之后虽有上升趋势，但每年仍低于50%的水平。由此便产生了一个问题：中国广泛参与全球价值链是否导致了劳动收入份额的下降？对上述问题的回答，有助于更好地理解中国收入分配格局的变化趋势，进而为中国如何通过参与全球价值链生产体系优化收入分配提供科学指导。

一、相关文献梳理

全球价值链（GVC）概念的产生及发展经历了一个相对较长的阶段，其测度方法也经历了较大变化。Hummels等（2001）首先提出垂直专业化衡量指标，利用投入产出表和进出口统计数据来计算出口中包含了多少进口投入品。Koopman等（2010）在此基础上又提出了全球价值链参与率指标，Wang等（2013）则进一步研究了全球价值链参与率问题。刘琳（2015）基于中国数据研究了制造业全球价值链嵌入程度。中国制造业参与全球价值链的一个显著特点是前向参与率相对后向参与率较低，这说明中国制造业在全球价值链中上游的参与程度存在明显劣势。因此，未来应寻求中国产业发展新动力，实现从全球价值链向全球创新链的转变。

关于全球价值链嵌入对劳动收入份额的影响，付文林等（2014b）认为，中国嵌入低端价值链的发展模式极易受国内外经济环境的影响，而地区间为吸引外资而开展的激烈竞争又使得劳动力要素在国民收入分配中的地位越来越弱势，劳动收入份额也因此下降，张少军（2015）的研究也得出了类似结论。出现这一结果的可能原因是，中国出口结构正在向资本相对密集的产品转移，肖文等（2010b）利用世界银行企业调查数据的研究也支持这一结论。在影响劳动收入份额的其他因素方面，李稻葵等（2009）认为国企改革使得劳动者在收入分配问题上的谈判地位下降，因此国有企业比重下降会导致劳动收入份额下降，白重恩等（2010）的研究结论也与之相似。而罗长远（2008）则从国有企业改革后，支付的劳动力价格与"市场出清"的关系解释了劳动收入份额下降问题。伴随中国改革开放的不断深入还有外资的快速进入，Decreuse 等（2007）认为随着外资企业数量的增多，外资企业对本国工人的竞争不断提升，进而会促进本国的劳动收入份额上升。但邵敏等（2010）研究却发现，外资进入中国后反而限制了劳动力的流动，进而对劳动收入份额提升产生了不利影响。除此之外，李稻葵等（2009）还提出了劳动收入份额与经济发展阶段之间存在"U"形关系，白重恩等（2010）则认为产业结构的变动对总体收入份额变动的影响较大，特别是产业结构由劳动密集型向资本密集型转变是中国劳动收入份额下降的重要原因。

随着中国融入全球化程度的逐渐加深，许多文献也就全球价值链嵌入对劳动收入份额的影响展开了广泛讨论，但现有研究仍存在可拓展之处：首先，参与全球价值链可分为前向参与和后向参与，两种参与类型对劳动收入份额的影响可能存在差异，相关文献基于嵌入环节异质性的研究相对偏少；其次，多数文献是基于跨国数据的对比研究，基于国内分行业的研究仍有深入下去的必要。有鉴于此，本书对中国制造业分行业的全球价值链前向参与率和后向参与率进行了测算，并实证分析了其对劳动收入份额的影响，以为中国更好地参与全球价值链和完善收入分配方面的政策制定提供启示借鉴。

二、模型建立与数据处理

本部分主要分析全球价值链嵌入对劳动收入份额的影响，而不同要素密度的产业嵌入全球价值链可能对劳动收入份额有着差异化影响。对于劳动要素比较丰裕的国家，其嵌入全球价值链多以劳动密集型行业为主，因而能够提高国内劳动者的就业水平，进而带来劳动收入份额的增长。而对于资本要素较为丰裕的国家，则可能会出现资本密集型行业的过快发展，从而导致劳动收入份额下降。当前，中国嵌入全球价值链仍以劳动密集型行业为主，因此可能会出现劳动收入份额增长的现象，但由于资本密集型行业增长速度较快，劳动收入份额也可能因此出现下降。另外，由于不同产业嵌入全球价值链环节存在较大差异，因此其对劳动收入份额的影响也可能存在异质性。当前，中国制造业技术水平较发达国家还存在一定差距，中国制造业多嵌入全球价值链低端生产环节，如加工和组装等环节，这些环节贸易附加值较低，工人工资也相对低廉，且资本为了实现利润最大化目标，只能不断压低本就微薄的工人工资，因此过多从事全球价值链低端生产环节不利于劳动收入份额的增长。

为了检验全球价值链嵌入对中国制造业劳动收入份额的影响，本书根据上述理论分析建立实证模型，即

$$\mathrm{LS}_{it} = \alpha_0 \mathrm{LS}_{it\text{-}1} + \alpha_1 \mathrm{GVC}_{it} + \beta X_{it} + \varepsilon_{it} + \mu_i \qquad （5\text{--}18）$$

其中，被解释变量 LS 为劳动收入份额；主要解释变量 GVC 为全球价值链指数，又分为前向参与率指数 iv 和后向参与率指数 fv，该指数的取值范围为 0~1，数值越大表示嵌入全球价值链程度越深；X 为控制变量，主要包括国有企业比重（state）、人均产出（py）、外商直接投资比重（fdi）、出口比重 (exp) 等；i 表示行业；t 表示年份；ε 为残差项；μ 为行业效应，使用差分方法进行实证分析可以消除该行业效应。变量的具体定义和数据来源详见表 5–12。

关于全球价值链前向参与率和后向参与率的计算，本书主要利用 WIOD 发布投入产出数据，并借鉴 Koopman 等（2010）和刘琳（2015）的研究方法对中国制造业分行业的全球价值链参与率进行测度，具体来说就是借助 2000—2014 年的投入产出表记录的中间品和最终品流向构建最终的附加值矩阵，然后使用国外产品生产中使用本国中间品的价值占出口产品的比例来衡

量本国的前向参与率，使用本国出口产品中使用国外中间品的价值比例来衡量后向参与率。

表 5-12　变量定义和数据来源

变量	变量定义	数据来源
LS	劳动收入份额，指劳动报酬占制造业增加值比重	2000—2014 年投入产出表
iv	前向参与率指数，即外国产品使用本国中间品的程度	2000—2014 年投入产出表、联合国贸发会议数据库、历年《中国统计年鉴》
fv	后向参与率指数，即本国产品使用外国中间品的程度	2000—2014 年投入产出表、联合国贸发会议数据库、历年《中国统计年鉴》
state	国有企业比重 = 国有行业的增加值 / 工业增加值	《中国工业交通能源 50 年统计资料汇编（1949—1999）》、历年《中国统计年鉴》
py	人均产出 = 工业生产总值 / 就业人数	《中国工业交通能源 50 年统计资料汇编（1949—1999）》、历年《中国统计年鉴》
fdi	外商直接投资比重 = 外商直接投资 / 工业总产值	各省份统计公报、历年《中国工业经济统计年鉴》
exp	出口比重 = 出口交货值 / 工业总产值	历年《中国统计年鉴》

WIOD 于 2016 年发布的投入产出表采用 ISIC REV4.0 行业划分标准，而中国行业划分标准是 GB/T 4754—2000/2003/2011，其中制造业包含 13—43 大类。本书按照各行业划分标准及其子目录对两者进行了匹配。最后匹配出 17 个细分行业，详见表 5-13。

表 5-13　制造业行业的匹配结果

细分行业	ISICREV4.0 行业分类标准	中国行业分类标准（2011 年版）
食品饮料与烟草	C05	13、14、15、16
纺织服装与皮革	C06	17、18、19
木材软木草编制品（除家具）	C07	20
纸和纸制品	C08	22
记录媒介物	C09	23
焦炭与精炼石油产品	C010	25

续表

细分行业	ISICREV4.0 行业分类标准	中国行业分类标准（2011年版）
化学品及化学制品	C011	26、28
药品、药用化学品及植物药材	C012	27
橡胶与塑料制品业	C013	29
非金属矿物制品业	C014	30
基本金属	C015	31、32
金属制品	C016	33
计算机电子与光学产品	C017	39
电力设备制造业	C018	38
机械与设备制造	C019	34、35、40
家具与其他制造	C022	21、24、41
交通运输设备	C020、C21	36、37

三、实证分析

（一）整体数据的回归结果

基于上文建立的实证模型，由于本书使用2000—2014年的制造业行业宏观数据进行分析。由于变量之间可能存在内生性问题，本书使用变量的滞后项作为工具变量，然后根据 AR(2) 值与 Hansen 值判断工具变量的滞后项设定。为了消除行业效应，可以使用差分 GMM 方法进行回归，但为了确保回归结果的稳健性，本书采取依次交替加入解释变量的方法，将 GVC 分为前向参与率和后向参与率分别对整体行业、劳动密集型行业、资本与技术密集型行业进行逐步回归，并同时报告了差分 GMM 和系统 GMM 的回归结果。

表 5-14 报告了中国制造业整体数据的回归结果。

表 5-14　中国制造业整体数据的回归结果

变量	系统	系统	差分	差分	系统	系统	差分	差分
L.lS	0.836*** (0.006)	1.036*** (0.010)	0.835*** (0.009)	0.886*** (0.008)	0.975*** (0.009)	1.060*** (0.006)	0.886*** (0.009)	0.857*** (0.005)
iv	−0.032*** (0.002)	−0.085** (0.002)	−0.007*** (0.001)	−0.076** (0.028)				
fv					−0.013 (0.011)	−0.018** (0.009)	−0.089*** (0.001)	−0.112*** (0.008)
state			0.095*** (0.006)	0.056*** (0.015)				0.038*** (0.008)
py		0.001*** (0.0001)		−0.001 (0.0001)		0.001*** (0.0001)		
fdi	−0.014*** (0.001)	−0.030*** (0.004)	−0.151*** (0.006)	−0.103*** (0.004)	−0.052*** (0.004)	−0.033*** (0.005)	−0.069*** (0.003)	−0.097*** (0.003)
exp	−0.063*** (0.003)		−0.058*** (0.004)	−0.022*** (0.004)			−0.042*** (0.005)	−0.023*** (0.004)
C	0.038*** (0.001)	0.010* (0.003)			0.024*** (0.003)	−0.003 (0.004)		
OBS	392	392	364	364	392	392	364	364
AR(2)	0.10	0.12	0.64	0.29	0.16	0.11	0.19	0.27
Hansen	0.99	0.81	0.81	0.98	0.99	0.99	0.99	0.99

注：*、** 和 *** 分别表示回归结果在 10%、5% 和 1% 的水平上显著。

第一，制造业的前向参与率和后向参与率的回归系数几乎都显著为负，这说明当前中国制造业参与全球价值链不利于劳动收入份额的提升，这也部分解释了中国劳动收入份额出现下降态势的原因。虽然现阶段中国仍主要参与全球价值链的劳动密集型生产环节，但随着中国制造业资本投入的快速提升，中国参与资本密集型生产环节的增长速度已超过了劳动密集型生产环节的增长速度，而参与资本密集型生产环节则会对劳动收入份额增长产生负向影响，因此当前我国制造业参与全球价值链对劳动收入份额增长出现了不利影响。相比而言，制造业后向参与率对劳动收入份额的负向影响更为显著，这主要是因为现阶段中国嵌入全球价值链仍严重依赖国外先进中间品的进口，即仍以后向参与全球价值链为主。而中国出口的中间品与国外先进产品有着较大差距，竞争力较弱，前向参与率较低，因此对劳动收入份额的影响也相对较小。

第二，国有企业比重的回归结果显著为正，这主要是因为国有企业承担了更多的社会责任，为了保障一定的就业水平，雇用了更多的劳动力。另外，国有企业的平均劳动收入份额多高于非国有企业，因此其比重的提升会对劳动收入份额产生正向影响。

第三，人均产出的回归系数显著为正，这说明人均产出的提升增加了劳动收入份额。这主要是因为中国已进入相对较高的经济发展阶段，处于"U"形曲线的上行区间，因此劳动收入份额会随人均产出的增长而增长。

第四，外商直接投资的回归系数显著为负。出现这一结果的可能原因是，地方政府在吸引外资时存在着激烈竞争，弱化了劳动者的谈判地位，进而不利于劳动收入份额增长。另外，外资企业拥有的先进技术水平也有助于其掌握较大的劳动定价权，企业在利润最大化约束下会尽可能地压低劳动者的收入，因此外商直接投资对中国的劳动收入份额增长产生了负面效应。

第五，出口比重对劳动收入份额也有着显著的负向影响，这也在一定程度上印证了参与全球价值链的负向影响。一方面，中国制造业出口多依附于发达国家跨国公司的外包订单，出口产品价格多掌握在发达国家手中，极易产生发达国家对中国制造业的"纵向压榨"和"俘获效应"，而在中国劳动供给大于劳动需求的背景下，出口企业则会把上述不利效应传递给劳动者，进而导致劳动收入份额不断下降。另一方面，中国出口结构不断向资本密集型产业转移也是出现上述结果的重要原因。

（二）劳动密集型产业的回归结果

为了区分制造业参与全球价值链对劳动收入份额影响的行业异质性，本书将上述行业进行了分类，将 C05、C06、C07、C08、C09 和 C22 作为劳动密集型行业，其余作为技术密集型行业[①]，并分别进行了回归。

---

① 该处所指的技术密集型行业包含了中低技术行业和高技术行业。

表 5-15 报告了劳动密集型产业参与全球价值链对劳动收入份额的影响结果。

表 5-15　劳动密集型产业的回归结果

变量	系统	系统	差分	差分	系统	系统	差分	差分
l.LS	0.880*** (0.134)	1.168** (0.280)	0.700*** (0.055)	0.880*** (0.081)	1.211** (0.286)	0.773** (0.317)	0.873*** (0.089)	0.874** (0.172)
iv	0.164 (0.104)	0.338** (0.158)	0.334** (0.1725)	0.307** (0.137)				
fv					0.745 (0.939)	−0.083 (0.158)	−0.012 (0.071)	0.126* (0.027)
state	0.124* (0.064)	0.116 (0.076)	0.159* (0.111)			0.074* (0.061)	0.091** (0.044)	0.109* (0.096)
py	0.001 (0.001)		0.0002 (0.000)			0.002** (0.001)	0.001* (0.001)	
fdi		−0.096 (0.105)		0.083*** (0.013)	0.108* (0.145)	0.028* (0.102)		
exp				−0.120** (0.042)	−0.420 (0.415)			−0.161** (0.042)
C	−0.045** (0.012)	−0.049 (0.026)			−0.065 (0.100)	−0.008 (0.030)		
OBS	112	112	104	104	112	112	104	104
AR(2)	0.15	0.17	0.16	0.10	0.18	0.13	0.13	0.18
Hansen	0.95	0.97	0.99	0.98	0.99	0.92	0.99	0.98

注：“*”、“**”和“***”分别表示在 10%、5% 和 1% 的水平上显著。

与整体数据的回归结果相比，劳动密集型产业的前向参与率对劳动收入份额有着显著的促进作用，后向参与率的作用不显著。后向参与率的回归结果不显著，说明中国通过进口国外中间品参与劳动密集型生产环节已无法促进劳动收入份额的提升。国内企业后向参与全球价值链多从事简单的加工和组装环节，即全球价值链低端环节，此时绝大部分的产品利润都被国外上游企业获取，国内企业仅能获取微薄的代工费用，利润空间不足也极大地限制了劳动者的收入水平。且低端环节所需劳动力的技术水平相对不高，劳动收入多低于其他类型企业，因此该类企业增多会降低劳动收入份额。前向参与全球价值链对劳动收入份额有着促进作用，则印证了中国劳动密集型产业积极向价值链高端环节嵌入的必要性。前向参与全球价值链多以先进中间品的生产、技术研发与产品设计等环节为主，需要大量高端劳动力参与到企业生产中来，此类劳动者的收入也处于较高水平，因此前向参与率提升有助于劳动收入份额增长。

（三）技术密集型产业的回归结果

表5-16报告了技术密集型产业的回归结果。

表 5-16　技术密集型产业的回归结果

变量	系统	系统	差分	差分	系统	系统	差分	差分
l.LS	0.969*** (0.008)	0.844*** (0.032)	0.701*** (0.011)	0.719*** (0.013)	0.990*** (0.007)	0.971*** (0.011)	0.731*** (0.013)	0.770*** (0.004)
iv	−0.047** (0.017)	−0.064** (0.030)	−0.012*** (0.002)	−0.023*** (0.003)				
fv					−0.066*** (0.0105)	−0.058** (0.017)	−0.107*** (0.014)	−0.067** (0.022)
state		−0.009 (0.011)	0.171*** (0.012)	0.082*** (0.011)		−0.012 (0.039)	0.135*** (0.018)	0.106*** (0.013)
py	0.001*** (0.000)	0.001*** (0.001)	0.002*** (0.001)	0.001 (0.001)	0.001*** (0.001)	0.002*** (0.000)	0.001*** (0.002)	
fdi	−0.025*** (0.002)	−0.039*** (0.005)	−0.071*** (0.004)	−0.045*** (0.005)	−0.021*** (0.004)	−0.013** (0.004)	−0.130*** (0.009)	−0.111*** (0.005)
exp	−0.015** (0.004)	0.001 (0.013)		−0.214*** (0.017)		0.008 (0.012)		−0.066*** (0.012)
C	0.012*** (0.002)	0.036*** (0.007)			0.006 (0.004)	0.001 (0.003)		
OBS	280	280	260	260	280	280	260	260
AR(2)	0.13	0.16	0.28	0.15	0.12	0.10	0.60	0.52
Hansen	0.99	0.95	0.98	0.95	0.98	0.96	0.97	0.99

注："*"、"**"和"***"分别表示在10%、5%和1%的水平上显著。

与劳动密集型数据回归结果存在较大差异的是，技术密集型行业前向参与率和后向参与率的提升均对劳动收入份额有显著负向影响。出现这一结果的主要原因是，中国技术密集型产业嵌入全球价值链的地位指数仍相对较低，主要从事加工、组装等低端生产环节，即多基于后向环节参与全球价值链，极易导致产业陷入"低端锁定"陷阱，不利于技术密集型行业技术水平积累与提升，进而导致利润水平与劳动收入长期处于低位，因此技术密集型产业后向参与率的提升对劳动收入份额增长产生了不利影响。另外，技术密集型产业前向参与率提升也对劳动收入份额有着显著的负向作用，出现这一结果的主要原因是，基于前向环节嵌入全球价值链不仅对产业的技术水平要求较高，还极易遭遇发达国家的围追阻截，现阶段我国技术密集型产业的国际竞争力仍处于较低水平，在全球价值链高端环节仍无法与发达国家进行竞争，因此短期内仍较难实现其对劳动收入份额的促进作用。当前，中国技术密集型行业原创性技术的缺失，还导致了产业发展对国外先进技术，特别是先进资本设备的依赖，即技术密集型行业嵌入全球价值链体现了十分明显的资本引进和积累特征，因此劳动收入份额会随着其全球价值链参与率的提升而下降。

（四）稳健性检验

上文使用两种 GMM 方法进行分析，确保了实证结果的稳健性。另外，本书还使用工具面板法（2SLS 方法）再次进行了实证分析，结果显示全球价值链嵌入的回归系数及其显著性与上文结果保持一致[1]，因此可以认为本书的回归结果是稳健的。

四、结论与启示

本书基于嵌入环节异质性与制造业分行业数据，实证分析了全球价值链嵌入对劳动收入份额的影响，得出的主要结论有以下几点。

---

[1] 由于篇幅所限，该回归结果没有报告，备索。

第一，中国制造业嵌入全球价值链对劳动收入份额提升有负向影响。中国制造业全球价值链前向和后向参与率均对劳动收入份额有着显著的负向影响，一个可能的原因便是制造业嵌入资本密集型生产环节的增长速度大于嵌入劳动密集型生产环节的增长速度。相对而言，由于中国制造业对后向参与的依赖，后向嵌入全球价值链对劳动收入份额的负向影响更为显著。

第二，劳动密集型行业前向参与率的提升是促进劳动收入份额增长的重要动力。随着劳动密集型产业深度嵌入全球价值链，其后向参与率提升已无法带来劳动收入份额的增长。现阶段，劳动密集型行业应加快技术创新，主动嵌入全球价值链高端环节，通过前向参与率提升推进劳动收入份额增长。

第三，技术密集型行业嵌入全球价值链对劳动收入份额增长有着不利影响。中国技术密集型行业的总体技术水平仍较低，主要依赖进口先进的中间品进行加工和组装，因此在全球价值链生产过程中多嵌入低端环节，极易被发达国家"锁定"而陷入"低端锁定"陷阱，因此国内产业获取的收益明显低于国外上游企业。另外，低端生产环节多需要低技术劳动者，抑制了对高收入的技能型劳动者的需求，进而导致劳动收入份额下降。

第四，在其他影响因素方面，国有企业比重和人均产出对劳动收入份额均有促进作用，出口比重有着负向影响，外商直接投资比重的影响则存在行业异质性。

第三节　中国劳动收入的增长机制分析：供给侧结构性改革视角

在市场经济条件下，供需之间存在着信息不对称，经济主体多元化及利益关系相互博弈则增加了市场结构的非均衡特征，供需之间的失衡成为一种常态。2015年11月，习近平总书记主持召开中央财经领导小组第十一次会议，研究经济结构性改革和城市工作，会议提出要在适当扩大总需求的同时加强供给侧结构性改革，提高供给体系的效率和质量，增强经济的持续增长动力。供给侧结构性改革是"十三五"及以后时期引领和推进经济新常态的重要战略，对中国经济发展影响深远。相对于需求侧而言，供给侧结构性改革从提高供给质量出发，用改革的方式调整结构，解决要素配置扭曲问题，即供给侧结构性改革需在改革过程中重塑生产要素配置，进而对劳动要素生产效率产生影响。另外，在"去产能、去杠杆、去库存、降成本、补短板"的改革要求下，以往粗放型劳动力投入模式势必发生改变，劳动力数量和质量均会发生重大变化。那么，供给侧结构性改革是否会因此对劳动收入产生影响？其影响机制如何？

本章以供给侧结构性改革政策为准自然试验，借助中国上市公司数据和DID方法分析其对劳动收入的影响，不仅有助于回答上述问题，对中国劳动收入提升政策的完善也有一定的借鉴意义。

一、相关文献梳理

供给侧结构性改革是一项系统性工程，影响社会发展的方方面面。当前，对供给侧结构性改革影响的研究具有广泛性和复杂性。李平等（2016）通过量化潜在经济增长率，研究发现供给侧结构性改革可优化资源配置（郭学能等，2018），缓解要素扭曲程度（叶初升等，2019），使要素产出弹性提升（郭晗等，2014），提升了我国以中高速度维持较长时期增长的潜力（文建东等，2018）。陈素梅等（2020）认为创新驱动对高耗能行业、制造业、交通运输业等影响更为显著，创新推动的产业结构的有效调整又将促进消费升级（孙早等，2018）。韩海燕等（2017）认为供给侧结构性改革将推动构建合理有序的劳动力要素分配格局，短期内受产业结构变动等影响会出现结构性失业（王朝明等，2019；唐聪聪等，2020）和工人力量削弱（李帮喜等，2020），进而导致劳动关系紧张（刘社建，2016）。但随着供给侧结构性改革的深入，生产率的有效增长将创造更多就业岗位（张杰等，2016a），劳动力要素流动性增强（周卫民，2016），劳动力在不同行业间转移，就业结构更趋优化（刘社建，2016）。除此之外，部分学者还研究了供给侧结构性改革对全要素生产率（谢圣远等，2019）、社会建设（盖逸馨，2016）等的影响。

劳动收入份额是初次国民收入分配中最根本的问题之一（王晓霞等，2014），具有重要意义，国内学者对此展开了诸多研究。李稻葵等（2009）从理论上探讨了经济发展与劳动收入份额之间的内在联系，强调产业结构调整对劳动收入份额的影响（罗长远等，2009a）。随着经济的发展，第一产业、第二产业以及第三产业的劳动收入占比分别呈现出减少、不变和增加的态势（罗长远，2008）。陈宇峰等（2013）认为技术偏向性是决定劳动收入份额长期水平的关键因素，中国劳动收入份额长期低位运行主要是因为在技术选择上的"逆资源禀赋"倾向（周其仁，1997）。产品垄断和要素市场扭曲也是劳动收入份额的影响因素，产品垄断通过垄断租金作用于劳动收入份额，要素市场扭曲则是通过劳动者的谈判能力作用于劳动收入份额（白重恩等，2008）。此外，其他因素如全球化（王永进等，2010）、财政分权（邵敏等，2010）、税收（白重恩等，2010）等，也会通过市场扭曲作用于劳动收入份额。已有文献对劳动收入占比影响因素的考察，有助于加强对供给侧结构性改革中收入分配结构性问题的理解。国民收入分配是供给侧结构性改革的重要内容，关于供给侧结构性改革对劳动收入影响的考察，能丰富供给侧结构性改革收入分配层面的理论，推动构建趋向公平稳定的收入分配体制，使得供给侧结构性改革成果更多地惠及人民。

已有文献多从理论角度分析供给侧结构性改革对就业、劳动关系的影响，实证分析劳动收入在供给侧结构性改革政策实施下有何变化的研究较少，本部分利用2000—2020年企业财务数据和供给侧结构性改革虚拟变量实证研究供给侧结构性改革对劳动收入的影响，并且从制造非制造业以及行业竞争程度两方面进行异质性分析，进一步从生产效率和结构优化视角探索其作用机制，深入、全面地认识供给侧结构性改革对劳动收入的影响。

二、理论分析

本部分内容同第三章第二节第五部分，此处不再赘述。

三、研究设计

（一）模型设定

本部分以供给侧结构性改革政策出发进行实证研究，双重差分法（DID）能够避免政策作为解释变量所存在的内生性问题，即有效控制了被解释变量和解释变量之间的相互影响效应。本部分样本数据为面板数据，面板数据使用双重差分模型不仅可以利用解释变量的外生性，而且可以控制不可观测的个体异质性对被解释变量的影响。使用此方法既能控制样本之间不可观测的个体异质性，又能控制随时间变化的不可观测总体因素的影响，因而能得到对政策效果的无偏估计。Imbens 等（2007）的 DID 模型能较好地控制处理组和控制组之间的系统性差异，可借鉴该模型来研究供给侧结构性改革政策实施前后对劳动收入的影响。

本部分采用的基本模型设定为：

$$y_{it} = \beta_0 + \beta_1 \text{treat} \times \text{time} + \beta_2 x_{it} + \mu_i + \gamma_t + \varepsilon_{it} \quad （5-20）$$

其中，y_{it} 为被解释变量劳动收入；treat×times 为解释变量供给侧结构性改革；x_{it} 为控制变量企业年龄、企业规模、杠杆率、公司职工总数和企业产权性质；μ_i 为行业固定效应；γ_t 为时间固定效应；ε_{it} 为随机干扰项。

（二）变量说明与数据来源

1.劳动收入（w）

以支付给职工以及为职工支付的现金为衡量标准，取自然对数处理。

2.供给侧结构性改革（retorm）

供给侧结构性改革于 2016 年初提出，故以 2016 年为改革的起始年份，

2016 年及以后年份设置时间虚拟变量（time）为 1，之前则设置为 0；借鉴韩国高等（2012）、国务院发展研究中心（2015）和杨振兵（2016）的研究，将有色金属矿采选业、黑色金属矿采选业、黑色金属冶炼和压延加工业、非金属矿物制品业、石油和天然气开采业、燃气生产和供应业、石化炼焦、化学原料和化学制品制造业、化学纤维制造业、电力、热力生产和供应业、水的生产和供应业、煤炭开采和洗选业列入产能过剩行业，上述行业也是去产能政策影响较大的行业，取上述存在产能过剩的行业（treat）为 1，其他行业取值为 0。用去产能虚拟变量与改革时间虚拟变量的交互项（treat×time）作为供给侧结构性改革的代理虚拟变量。

3. 特征变量

本部分在研究供给侧结构性改革影响劳动收入过程中的异质性和机制分析中还涉及以下变量：制造业和非制造业（manufacture），把样本分为制造业和非制造业，行业代码为 C，则定义 manufacture=1，其余则为 0；行业竞争指数（HHI），使用赫芬达尔–赫希曼指数衡量行业竞争程度，具体为企业营业收入占行业市场份额的平方和，HHI 指数越低，行业竞争程度越高，以样本 HHI 平均值二等分为高的行业竞争程度和低的行业竞争程度；生产效率（production），以营业收入与上市公司总人数的比率衡量；结构优化（invention 和 d&u），从两个指标考虑，一是实质性创新，以已授权发明专利的对数作为衡量指标，第二是策略性创新，以实用新型和外观专利的对数作为衡量指标。

4. 控制变量

企业年龄（age），指观测年份与企业成立年份的差额；企业规模（size），使用企业总资产进行衡量，单位为百万元；杠杆率（lev），以企业总负债与总资产的比值进行分析；公司职工总数（nstaff），使用上市公司职工总数进行衡量，单位为万人；企业股权性质（SOE），若为国有企业，则赋值为 1，若为非国有企业，赋值为 0。

本部分以 2000—2020 年中国 A 股上市公司为研究样本，公司财务数据来自 CSMAR 数据库。考虑到数据的完整性以及数据质量，笔者对数据做了以下处理：①剔除在观测期内被 ST、*ST 等特殊处理的上市公司；②删除金融行业公司；③剔除重要财务数据缺失严重的上市公司。最后得到 3897 家企业共 39102 个观测值。

（三）变量的描述性统计特征

表 5-17 为主要变量的描述性统计。样本中劳动收入的自然对数平均值为 18.83，最小值为 10.57，最大值为 25.77，标准差为 1.51，表明不同公司劳动收入差异较大。供给侧结构性改革的平均值只有 0.05，即样本企业中实施改革的仅占 5%，覆盖面较小。企业产权性质平均值为 0.43，表明 43% 的样本企业为国有企业。

表 5-17　主要变量的描述性统计

变量	样本量	均值	标准差	最小值	最大值
w	39102	18.83	1.51	10.57	25.77
reform	39102	0.05	0.22	0	1
age	39102	15.20	6.08	0	61
size	39102	48655	673002	0.05	3.01e
lev	39102	0.53	4.71	−0.19	877.26
nstaff	39102	13.67	1.04	−0.43	20.61
SOE	39102	0.43	0.50	0	1
production	39041	13.67	1.04	−0.43	20.61
invention	5380	1.31	1.32	0	7.93
d&u	5380	1.03	1.44	0	7
manufacture	39102	0.63	0.48	0	1
HHI	39102	0.14	0.16	0.02	1

四、实证分析

（一）基准回归

表 5-18 报告了供给侧结构性改革对劳动收入的影响。模型（1）是没有控制变量的结果，模型（2）—模型（4）分别是加入控制变量固定时间、固定行业、固定时间和行业的结果。结果表明，供给侧结构性改革抑制了劳动收入份额增长。原因可能有两点，第一，供给侧结构性改革使得低效落后产能萎缩和退出，由此导致工人失业，劳动报酬下降，工人失业还使得就业市场供给大于需求，降低均衡时劳动力工资，即没有失业的劳动力收入下降；第二，供给侧结构性改革还使得产业结构进入快速调整期，产业链匹配效率下降，产业与劳动者匹配效率下降，因此均有可能导致产出下降，使得劳动收入下降。

表 5-18　供给侧结构性改革与劳动收入

变量	模型（1）	模型（2）	模型（3）	模型（4）
reform	−0.1783*** （−3.00）	−0.2522*** （−9.98）	0.4830*** （16.54）	−0.1136*** （−3.79）
age		−0.0064*** （−5.19）	0.0528*** （50.74）	−0.0033*** （−2.71）
size		−2.01e*** （−5.33）	−5.18e*** （−15.57）	−4.82e*** （−15.29）
lev		−0.0063* （−1.90）	−0.0096* （−1.87）	−0.0064* （−1.83）
nstaff		0.3087*** （19.43）	0.3498*** （27.88）	0.3247*** （24.74）
SOE		0.8938*** （63.39）	0.4947*** （36.48）	0.8146*** （60.54）
constant	18.834*** （912.45）	18.381*** （975.04）	17.608*** （1000.3）	18.365*** （992.01）
year	是	是	否	是
industry	是	否	是	是
OBS	39102	39102	39102	39102
R^2	0.3089	0.4193	0.4063	0.5017

注：*、** 和 *** 分别表示在 10%、5% 和 1% 的水平上显著，括号内的数值为聚类稳健标准误下对应的 t 值。

（二）稳健性检验

为了验证前文实证的稳健性，本部分采用安慰剂检验、更换计量方法和替换被解释变量进行验证，结果详见表5-19。

1.安慰剂检验

为了检验政策干预时点之后处理组和对照组趋势的变化是否受到了其他政策或者随机性因素的影响，可进行安慰剂检验。安慰剂检验的核心思想是虚构处理组或者虚构政策时间进行估计，若在不同虚构方式下的估计量的回归结果依然显著，那么就说明原来的估计结果很有可能出现了偏误，被解释变量的变动很有可能是受到了其他政策变革或者随机性因素的影响，本部分虚构供给侧结构性改革时间为2014年，进行上述处理回归，表5-19列（1）显示结果不显著，表明前文DID结果稳健。

2.更换计量方法

为了证明前文结果的稳健性，本部分更换计量回归方法，前文使用计量方法为DID，表5-19列（2）和列（3）为使用面板随机效应和OLS双固定进行检验，结果显著为负，说明前文结论是稳健的。

3.更换被解释变量

前文被解释变量使用支付给职工以及为职工支付的现金的对数，是绝对指标，本部分以支付给职工现金占公司总资产比率替换为劳动收入指标进行前文回归，列（4）显示结果显著为负，表明上述结果是稳健的。

表5-19 稳健性检验

变量	安慰剂检验	面板OLS	面板固定效应	更换变量
reform	0.0062 （0.12）	−0.1274*** （−3.81）	−0.1136*** （−3.79）	−0.0818*** （−4.20）
age	−0.0033 （−2.74）	0.1402*** （56.21）	−0.0033*** （−2.71）	−0.0030*** （−3.87）
size	−4.82e*** （−15.27）	−1.77e*** （−5.15）	4.82e （−15.29）	−1.03e*** （−14.09）

续表

变量	安慰剂检验	面板 OLS	面板固定效应	更换变量
lev	−0.0064*	−0.0040**	−0.0064*	−0.0097***
	(−1.83)	(−2.08)	(−1.83)	(−14.09)
nstaff	0.3247***	0.3233***	0.3247***	0.0424***
	(27.47)	(5.58)	(27.47)	(17.78)
SOE	0.8154***	0.2262***	0.8146***	0.1727***
	(60.61)	(4.30)	(19.96)	(21.10)
constant	18.359***	16.110***	16.229***	−3.1498***
	(993.74)	(55.78)	(209.40)	(−271.12)
year	YES	YES	YES	YES
industry	YES	YES	YES	YES
OBS	39102	39102	39102	39102
R^2	0.5015	0.6125	0.5017	0.3715

注:*、** 和 *** 分别表示在 10%、5% 和 1% 的水平上显著,括号内的数值为聚类稳健标准误下对应的 t 值。

(三)异质性分析

1.制造业和非制造业

制造业直接体现了一个国家的生产力水平,制造业发展是中国就业岗位增加的重要因素,就业也是中国发展的重要一环(胡鞍钢,2016),制造业和非制造业的劳动力需求有很大区别,所以本部分把总样本按照是否为制造业进行分样本处理。表 5-20 列(1)和列(2)报告了相应的结果,表明供给侧结构性改革对劳动收入的负向影响主要体现在非制造业中,对制造业的影响不显著。

2.行业竞争程度

行业竞争程度的高低会影响企业的经营活动和创新选择(余明桂等,2016),所以本部分把样本分为高竞争行业和低竞争行业进行异质性分析,表 5-20 列(3)和列(4)分别是行业竞争程度高和行业竞争程度低的样本的报告结果,表明供给侧结构性改革对劳动收入的负向影响主要体现在高竞争行业，对低竞争行业没有显著影响。

表 5-20 异质性检验结果

变量	制造业 （1）	非制造业 （2）	高行业竞争 （3）	低行业竞争 （4）
reform	−0.0382 （−1.26）	−0.2499*** （−3.65）	−0.1325*** （−3.91）	−0.0291 （−0.56）
age	0.0029** （2.18）	−0.0222*** （−10.11）	−0.0029* （−1.67）	−0.0087*** （−5.13）
size	4.12e** （2.38）	−2.61e*** （−12.42）	7.72e*** （6.38）	−3.46e*** （−14.25）
lev	−0.0044** （−2.48）	−0.0324*** （−5.69）	−0.0742*** （−4.53）	−0.0052** （−1.97）
nstaff	0.6089*** （1443）	0.2208*** （27.13）	0.8675*** （11.64）	0.2596*** （28.45）
SOE	0.6856*** （40.64）	0.8445*** （35.53）	0.6732*** （37.06）	0.8498*** （43.63）
constant	18.169*** （991.02）	18.720*** （504.00）	18.075*** （806.95）	18.590*** （692.05）
year	YES	YES	YES	YES
industry	YES	YES	YES	YES
OBS	24494	14608	19231	19869
R^2	0.5180	0.5651	0.5558	0.5390

注 :*、** 和 *** 分别表示在 10%、5% 和 1% 水平上显著，括号内的数值为聚类稳健标准误下对应的 t 值。

五、影响机制分析

供给侧结构性改革影响宽泛且深远。与需求侧"三驾马车"不同，供给侧结构性改革主要从劳动力、土地、资本等生产要素出发，因此本部分重点分析供给侧结构性改革对劳动收入的影响。企业创新与就业关系密切（刘汶荣，2021），供给侧结构性改革的一个重要举措就是优化产品供给结构，而产品供给结构优化主要是依靠技术创新，因此本部分使用企业技术创新衡量产品供给结构。由于生产要素使用效率也是劳动收入份额最重要的影响因素（谷卓越等，2015），且供给侧结构性改革的举措还包括提高生产效率，所以本部分基于生产效率提升和产品供给结构优化的视角来分析供给侧结构性改革对劳动收入的影响机制。

为了检验供给侧结构性改革能否通过生产效率和产品供给结构优化影响劳动收入，构建如下模型

$$M_{i,t} = \beta_0 + \beta_1 \text{treat} \times \text{time} + \beta_2 x_{i,t} + \mu_i + \gamma_t + \varepsilon_{i,t} \qquad （5-23）$$

$$y_{i,t} = \beta_0 + \beta_1 M_{i,t} + \beta_2 x_{i,t} + \mu_i + \gamma_t + \varepsilon_{i,t} \qquad （5-24）$$

$$y_{i,t} = \beta_0 + \beta_1 \text{treat} \times \text{time} + \beta_2 M_{i,t} + \beta_3 x_{i,t} + \mu_i + \gamma_t + \varepsilon_{i,t} \qquad （5-25）$$

其中，$M_{i,t}$ 为中介变量，包括生产效率和产品供给结构优化。生产效率（production）以营业收入与上市公司总人数的比率衡量；产品供给结构优化分为实质性创新（invention，以已授权专利数的自然对数衡量）和策略性创新（d&u，以实用新型和外观专利数量的自然对数衡量）。$x_{i,t}$ 为控制变量。

（一）生产效率机制检验

表5-21报告了生产效率机制的检验结果。列（1）是供给侧结构性改革对劳动收入的影响结果，列（2）是供给侧结构性改革对生产效率的影响结果，列（3）是供给侧结构性改革和生产效率对劳动收入的影响结果。根据中介机制检验的步骤，第一步首先检验 X 对 Y 的影响，如果显著，则进行第二步，检验 X 对中介变量 M 的影响，如果继续显著，则进行第三步，即检验 X 和 M 对 Y 的综合影响。列（1）表明供给侧结构性改革对劳动收入抑制作用显著，列（2）结果显示供给侧结构性促进了生产效率的提高，列（3）结果显示生产效率提升不利于劳动收入增长，这也与理论分析结论一致。列（4）显示，加入中介变量后，供给侧结构性改革的影响变小，说明劳动生产效率是影响机制。出现上述结果的可能原因是：在需求饱和式产能过剩下，提高生产效率式的供给侧结构性改革不仅无法有效实现去产能，还会对劳动收入产生负

续表

向影响。一方面，供给侧结构性改革使得大量低端落后企业破产倒闭，由此释放出的劳动力资源提升了就业难度，劳动力议价能力下降；另一方面，劳动生产效率的提升也往往意味着企业可使用更少的劳动力实现更多的产出，即随着劳动效率的提高，企业对劳动力需求下降（李帮喜等，2020），且在劳动力议价能力不断下降的情况下，产出分配便会向资本一方倾斜，最终导致劳动收入下降。

表 5-21　影响机制分析：生产效率

变量	w	production	w	w
	（1）	（2）	（3）	（4）
reform	−0.1136***	0.1915***		−0.0628***
	(−3.79)	(7.98）		(21.23）
production			−0.1618***	−0.1438***
			(−21.10)	(−4.87)
age	−0.0033***	−0.0016*	−0.0020*	−0.0020*
	(−2.71)	(−1.73)	(−1.72)	(−1.68)
size	−4.82e***	2.90e***	−4.85e	−4.85e
	(−15.29)	(4.45)	(−15.21)	(−15.24)
lev	−0.0064*	−0.0030	−0.0043**	−0.0043**
	(−1.83)	(−1.21)	(−2.45)	(−2.45)
nstaff	0.3247***	−0.0129***	0.3261***	0.3261***
	(24.74)	(−5.09)	(27.21)	(27.22)
SOE	0.8146***	0.2043***	0.7753***	0.7741***
	(60.54)	(17.98)	(58.83)	(58.73)
constant	18.365***	13.599***	16.151***	16.145***
	(992.01)	(964.36)	(152.78)	(152.79)
year	YES	YES	YES	YES
industry	YES	YES	YES	YES
OBS	39102	39041	39041	39041
R^2	0.5017	0.2549	0.5136	0.5139

注：*、** 和 *** 分别表示在 10%、5% 和 1% 的水平上显著，括号内的数值为聚类稳健标准误下对应的 t 值。

（二）结构优化机制

表5-22报告了结构优化机制的检验结果。前文结果已证明了供给侧结构性改革对劳动收入的影响显著为负，表5-22列（1）和列（4）是供给侧结构性改革对实质性创新和策略性创新的影响结果，列（3）和列（6）是分别将实质性创新、策略性创新纳入解释变量后的回归结果。列（1）reform系数为正，表明供给侧结构性改革促进了企业的实质性创新。列（2）中的invention系数为正，表明实质性创新可以促进劳动收入的增加。列（3）结果显示，加入中介变量后，供给侧结构性改革的影响变得不显著，这说明供给侧结构性改革通过促进产品供给结构优化可促进劳动收入增加。列（4）reform系数为正，表明供给侧结构性改革促进了企业的策略性创新，即实用新型和外观专利授权数量的增加。列（5）d&u系数不显著，表明企业的策略性创新对劳动收入的影响不显著，说明供给侧结构性改革难以通过策略性创新对劳动收入产生影响，这是因为策略性创新难以优化产品的供给结构。上述结果说明，供给侧结构性改革主要通过实质性创新这一途径影响劳动收入，即供给侧结构性改革通过促进产品供给结构优化带来劳动收入增长。

综合生产效率机制和结构优化机制的分析结果可知，供给侧结构性改革一方面通过提升劳动生产效率而使劳动收入降低，另一方面又通过促进结构优化而使劳动收入增长。但供给侧结构性改革对劳动收入的总效应却为负，这说明劳动生产效率机制的影响更为显著。上述结果也说明，在需求饱和式产能过剩下，供给侧结构性改革的发力点应瞄向产品供给结构优化，而不是生产效率提升。

表5-22　影响机制分析：结构优化

变量	invention	w	w	d&u	w	w
	（1）	（2）	（3）	(4)	（5）	(6)
reform	0.2136** (2.52)		−0.0036 (−0.05)	0.2418 (0.69)		−0.0352 (−0.53)

续表

变量	invention	w	w	d&u	w	w
	（1）	（2）	（3）	(4)	（5）	(6)
invention		0.1400*** (14.07)	0.1472*** (14.27)			
d&u					0.0007 （0.08）	0.0009 (0.10)
age	−0.0061* (−1.66)	0.0130*** (5.63)	0.0143*** (5.73)	−0.0181*** (−4.41)	0.0134*** (5.17)	0.0134*** (5.18)
size	−1.93e*** (−3.77)	−2.79e (−3.78)	−2.79e (−3.78)	7.28e*** (2.68)	−3.07e (−3.83)	−3.07e*** (−3.83)
lev	0.4658*** (4.89)	2.0000** (16.28)	1.9041** (16.31)	0.2745** (2.51)	1.9718** (16.28)	1.9725** (16.33)
nstaff	0.1044*** (6.21)	0.2130*** (16.06)	0.2130*** (16.05)	−0.0488*** (−7.72)	0.2284*** (16.37)	0.2284*** (16.37)
SOE	0.1681*** (3.89)	0.5900*** (18.61)	0.5818*** (18.69)	−0.3812*** (−8.23)	0.6069*** (18.61)	0.6068*** (18.61)
constant	1.0981*** (17.21)	17.700*** (355.00)	17.691*** (350.43)	1.3577*** (19.47)	17.849*** (339.51)	17.851*** (336.16)
year	YES	YES	YES	YES	YES	YES
industry	YES	YES	YES	YES	YES	YES
OBS	5380	5380	5380	5380	5380	5380
R^2	0.1122	0.6411	0.6411	0.0970	0.6233	0.6233

注：*、** 和 *** 分别表示在 10%、5% 和 1% 的水平上显著，括号内的数值为聚类稳健标准误下对应的 t 值。

六、结论与启示

本部分以 2000—2020 年中国 A 股上市公司为样本，以供给侧结构改革政策的颁布实施为准自然试验，通过 DID 方法实证分析供给侧结构性改革对劳动收入的影响。研究发现，供给侧结构性改革抑制了劳动收入提升；异质性分析显示,供给侧结构性改革仅抑制了非制造业的劳动收入,上述抑制效应在高竞争行业中表现得更为明显;从劳动生产效率和产品供给结构优化两个角度对影响机制进行的实证检验发现,供给侧结构性改革通过提高生产效率降低劳动收入,又通过促进产品供给结构优化促进劳动收入增长。

上述结果对我国相关政策的制定有着重要启示:当前我国产能过剩更多地表现为需求饱和式过剩,因此供给侧结构性改革的重点应该是促进产品供给结构优化,而不应一味地提高要素生产效率,否则会适得其反。由于供给侧结构性改革对劳动收入的影响存在行业异质性,因此未来的政策构建思路应该从"一刀切"转为"因业制宜",进而提高政策实施效果。

第四节　本章小结

本章从投资扩张、房价上涨、全球价值链嵌入和供给侧结构性改革四个视角分析了中国劳动收入增长的机制,并得出如下结论:

第一,投资扩张模式差异使得中国各地区劳动收入份额的变动机制存在较大差异。首先,"内生发展偏好"与"融资约束"共同导致东部地区金融发展不足,这也使得金融结构优化缺乏金融规模支撑,因此无法促进劳动收入份额提升。未来东部地区应进一步扩大金融规模,适度提升"杠杆率",以充分发挥金融系统对资源的优化配置作用。其次,随着中部地区投资扩张模式的转变,金融发展的积极作用显现,这说明金融适度发展是金融发挥积极效应的基础。最后,西部地区存在着金融过度发展问题,进而导致金融发展出现"攫取效应"。西部地区外源发展特征最为明显,金融规模扩张和结构优化均对劳动收入份额产生了负向影响。

第二,房价上涨对中国城市制造业劳动收入有明显的促进作用,但房价上涨对中国制造业劳动收入的影响存在区域与城市规模异质性。分地区回归结果显示,房价上涨对所有地区制造业劳动收入都有显著正向影响,且东部城市和一线、新一线城市影响作用要大于中、西部地区和其他城市。房价上涨冲击了制造业与房地产业的劳动力投入结构，由此产生的挤出效应造成制造业劳动收入增加。当房价上涨时，以金融业和房地产业为代表的虚拟经济部门扩张，劳动力流向虚拟经济部门，导致制造业企业只能被迫增加工资来吸引劳动力流入。进一步研究还发现，房价上涨导致的资源配置扭曲是制造业劳动收入提升的重要原因。

第三，中国制造业嵌入全球价值链嵌入导致了劳动收入份额下降。中国制造业全球价值链前向参与率和后向参与率均对劳动收入份额有着显著的负向影响，相对而言，由于中国制造业对后向参与的依赖，后向嵌入全球价值链对劳动收入份额的负向影响更为显著。劳动密集型行业前向参与率的提升是促进劳动收入份额增长的重要动力。技术密集型行业嵌入全球价值链对劳动收入份额增长有着不利影响。

第四，供给侧结构性改革抑制了劳动收入提升。异质性分析显示，供给侧结构性改革仅抑制了非制造业的劳动收入提升，上述抑制效应在高竞争行业中表现得更为明显。从劳动生产效率和产品供给结构优化两个角度对影响机制进行的实证检验发现，供给侧结构性改革通过提高生产效率导致劳动收入降低，通过促进产品供给结构优化促进劳动收入增长。

第六章　中国资本回报率增长机制的实证分析：单一增长机制

第一节 中国资本回报率的增长机制分析：投资扩张视角

中国经济 40 多年的高速增长离不开资本要素的大量投入，投资驱动型增长特征十分明显。进入新常态后，中国逐步向集约型发展模式转变，但资本作为经济增长不可或缺的要素，仍发挥着巨大的作用。2020 年，中国的资本形成率为 42.9%，连续 18 年超过 40%，远高于世界 25% 以下的平均水平。[①]投资的快速增长会导致资本边际产出的下降，但如果资本投入能够带来技术进步，则会提高资本的生产效率，进而抵消资本边际产出的下降。在长期保持高投资率的情况下，中国的资本回报率发生了怎样的变动？鉴于中国仍处于投资驱动型增长模式之下，因此对资本回报率变动的准确识别，可为中国经济发展趋势的判断提供有力参考。

与高投资率密切相关的是投资来源问题，投资来源一般可分为自有资金和外部资金，当自有资金不足时，企业便通过外部融资扩大投资规模，因此金融发展在一定程度上决定了企业的融资成本和规模，进而对企业投资决策产生重要影响。1995 年，中国的资本形成总额为 44787 亿元，2020 年已增至 439550 亿元，增长了 8.8 倍[②]。那么中国是否有着足够高的资本回报率以满足投资规模的高速增长？如果没有，中国快速增长的投资就需要大规模融资，金融发展则有可能影响资本回报率的变动。但中国的金融发展并不完善，大量中小企业与民营企业仍存在严重的融资难问题，导致金融结构不尽合理，且政府对金融系统的干预也十分普遍，金融调节资源流向的作用因此大打折扣。因此从金融发展的视角研究中国资本回报率问题，有助于更好地理解金融发展在投资中的作用，进而为相关政策的制定提供依据。

---

① 中国数据来源于国家统计局，世界数据来源于世界银行数据库。

② 数据来源于国家统计局。

一、相关文献梳理

对中国资本回报率的研究在世界银行发布多份研究报告之后开始大量出现，随后不少学者从微观（卢锋，2007；邵挺，2010；刘晓光等，2014）和宏观（Bai et al.，2006；方文全，2012；白重恩等，2014；张勋等，2014）两个层面探讨中国的资本回报率，其研究结论在国内外学术界引起过很大的争论。近几年，学者的测度结果虽有所不同，但大多认为中国有着较高的资本回报率（孙文凯等，2010）。之所以学者的估算结果出现较大差异，主要是因为选择的估算方法和估算样本不同，以及参数设定存在差异，其实对中国资本回报率的估算，最为重要的不是其数值的精确度，而是其变动趋势。2008年之后，中国资本回报率出现了较大幅度的下降（贾润崧等，2014），从而引发了学者对中国经济能否持续增长的担忧。因此，越来越多的学者开始对资本回报率变动的影响因素进行研究，以期探寻中国资本回报率提升和经济转型发展的关键所在。

企业投资除使用自有资金外，还可能会进行外部融资，因此金融发展对投资有着重要的影响。金融发展水平越高，企业越容易获得外部资金，同时金融发展水平的提升还可以提高资金的配置效率，除了降低融资成本外，Sharma（2007）研究发现，在私人信贷占比高的国家，企业更倾向于进行研发活动，有利于生产效率的提升，因此金融发展可以促进资本回报率的提升。但过度依赖外部资金，也会带来较大的财务风险，资本回报率会随着金融规模的扩大而下降（张勋等，2016）。投资主体使用外部资金进行投资的比例——投资模式的差异，在一定程度上决定了其受金融发展影响的程度：利用外部资金越多，则越有可能受到金融发展水平的影响，利用较少的外部资金或仅使用自有资金进行投资，其受到金融发展水平影响的可能性就相对较小。另外，金融发展的作用还需在良好的制度环境下才可以充分发挥（Loayza et al.，2006），但中国金融发展过程中存在着大量的政府干预，不利于金融作用的发挥。政策导向型信贷长期大比重占据国有银行信贷，带来了严重的不良资产等问题（Allen et al.，2007），进而限制了金融发展对资金的优化配置作用。因此，国有银行规模的扩张往往带来政府干预的加深，遏制了市场竞争，不利于中小企业生产效率的提升（Beck et al.，2006）。如果消除金融错配，私营部门将获得更多的资源，中国的资本回报率和经济增长将会显著提升（邵挺，2010）。因此，对中国投资问题的分析，考虑金融发展和政府干预在不同投资模式下的影响有着重要的现实意义。

除了金融发展外，还有较多的因素影响到资本回报率的变动，学者的研究也各有侧重。本书重点阐述金融发展与投资模式的影响，因此主要从投资以及与投资有着较大关联的人力和技术方面进行综述。在投资方面，古典理论认为，物质资本存量的增长会导致资本边际产出下降，因此投资的提升对资本回报率有着负向影响（白重恩等，2014）。资本存量的变动还会导致资本劳动比率的变动，进而提高或降低资本的回报率（孙文凯等，2010；Song et al.，2011）。但资本的增长也会带来技术的进步，进而减轻资本边际产出的下降，另外，企业在投资过程中发生的学习行为可以提高生产效率（Olivier et al.，2006），因此从长期来看，资本深化对资本回报率的影响并不必然为负（Gordon，2000）。吕品等（2016b）的研究就显示资本深化对中国资本回报率的影响呈倒"U"形，而且中国能够长期保持较高的投资率，也在一定程度上印证了资本深化的这种复杂作用。资本深化影响的复杂性，究其原因，主要是看投资本身是否带来了技术进步，以及人力资本是否缓解了资本深化的影响，因此本部分便从这两个因素着手，进一步探寻资本回报率变动的机制。

由于二元经济的特征，在中国投资快速增长的同时，大量劳动力开始从农村转向城市（刘晓光等，2014），改革开放带来的竞争压力，则使得大量低效率的国有企业的工人流向高效率的私营部门（Song et al.，2011），大量工人的转移一方面降低了资本深化程度，另一方面因其工资水平远低于边际产出，所以资本回报率得以保持长期稳定增长。劳动力还可以通过"干中学"提高技术水平和生产效率，进而提高人力资本的供给。区域人力资本的差异还可以通过吸引先进资本和技术的流动并产生溢出效应，进而影响资本回报率的变动（姚先国等，2008）。在技术进步方面，Krugman（1994）关于东亚无技术进步的论断曾引起很大争论，宋冬林等（2011）的研究也显示技术进步对中国经济增长的贡献在不断下降。但黄德春等（2006）的研究却显示技术创新是推动中国资本回报率提升最有效的方式之一。随后，白重恩等（2006）、方文全（2012）、张勋等（2016）的研究都显示了全要素生产率提升对中国资本回报率有着明显的促进作用。中国快速进行的资本深化没有导致资本回报率的大幅下降，其中一个重要原因就是技术进步带来的产出效率提升（黄先海等，2011）。

已有文献为本书的研究提供了坚实的基础，但对资本回报率影响因素的研究中，涉及金融发展的文献不多，同时考虑金融规模与金融结构的研究更是少见。本书通过构建理论模型，分析了金融发展对资本回报率的影响机理，并使用国内省际数据进行了实证检验，随后计算了各地的投资扩张系数，进而从投资扩张模式的角度解释了上述影响机理存在区域差异的原因。

二、金融发展对资本回报率影响的理论分析

本部分内容同第三章第二节第二部分，此处不再赘述。

三、中国各地区资本回报率的核算

本书借鉴白重恩等（2006）的方法对中国各地区的资本回报率进行了核算，具体的核算模型为

$$r_t = \frac{\chi_t P_{Y_t} Y_t}{P_{K_t} K_t} + P_{K_t}' - \delta_t - P_{Y_t}' \tag{6-1}$$

其中，P_{Y_t} 和 P_{Y_t}' 分别表示产出品价格及其变化率；P_{K_t} 和 P_{K_t}' 分别表示资本的价格及其变化率；χ_t 为资本份额；δ_t 为折旧率。各指标的数据来源，本书将在实证分析部分进行报告。图 6-1 报告了 1995—2014 年中国东部、中部和

西部地区的资本回报率。[①]

从区域上来看，东部地区资本回报率最高，中部地区次之，西部地区最低。改革开放之后，东部地区接受了大量的国内外投资，产业发展和技术水平提升较为迅速，而中、西部地区在产业投资方面的吸引力较弱，经济发展也较为缓慢。随着经济的发展，东部地区更加注重产业结构升级，中、西部地区则大量接收东部地区转移的产业，而这些产业多属于落后的边缘产业，盈利水平较低。另外，由于偏远的区位条件和落后的基础设施，西部地区的资本回报率不仅远远落后于东部地区，与中部地区的差距也较为明显。

从时间上看，中国的资本回报率在前期较为平稳，后期则出现了较大降幅。2008 年之前，东部和中部地区的资本回报率多在 15% 以上，之后则降到 10% 上下，这也与张勋等（2016）的研究具有一定的相似性。2008 之后资本回报率出现大幅下降，应与经济危机的爆发以及中国的政策导向有关。经济危机的蔓延，导致了产品需求的下降，企业经营遭遇严重困难，利润大幅下跌。另外，中国政府推出的"4 万亿"刺激计划，造成大量产业出现过剩产能，进而导致资本回报率大幅下降。与东部和中部地区相比，西部地区的资本回报率在 2000 年之后便出现了持续的下滑，其中可能的原因是，2000 年政府实施积极的财政政策推动西部大开发，大量资金被投入公路、通信等基础设施，这些投资短期盈利较为困难，因此造成了资本回报率的下降。但随后的年份，西部地区的资本回报率并没有出现回升，而是持续下滑，这也说明靠外部刺激推动西部发展的效果不佳，西部地区经济的持续发展仍需寻求内生驱动力，即增强自我造血功能。

从变动趋势上看，地区间资本回报率趋同趋势较为明显。东部和中部地区的资本回报率在部分年份较为接近，趋同势头最为明显。虽然西部地区资本回报率较低，但在变动趋势上却与东部和中部地区较为同步，这也说明中

---

① 东部地区包括北京、天津、河北、辽宁、上海、江苏、浙江、广东、山东、福建和海南；中部地区包括吉林、黑龙江、安徽、江西、河南、湖北、湖南和山西；西部地区包括广西、内蒙古、重庆、四川、贵州、云南、西藏、陕西、甘肃、青海、宁夏和新疆。

国区域间的资本配置效率在提升。

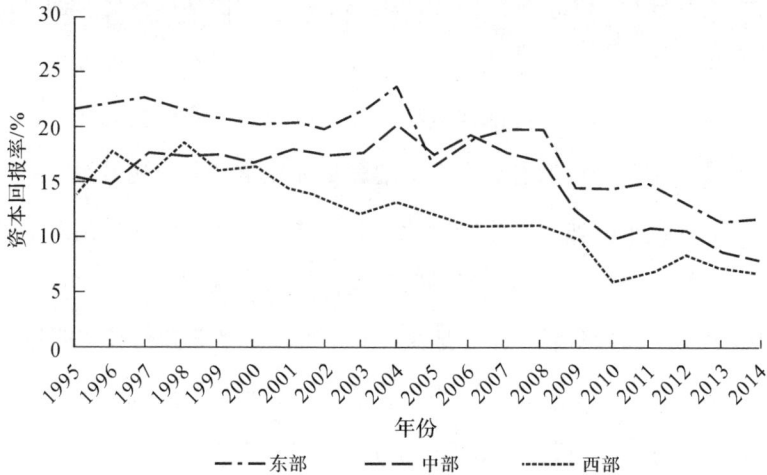

图 6-1　1995—2014 年中国各地区的资本回报率

资料来源：笔者根据相关数据的计算。

四、实证分析

（一）模型的建立

基于理论分析结论，本书使用动态面板分析方法进行计量分析，具体的模型为

$$r_{i,t} = \alpha r_{i,t-1} + \beta X_{i,t} + \lambda_i + \varepsilon_{i,t} \qquad （6-2）$$

其中，$r_{i,t}$ 为被解释变量，即资本回报率；$X_{i,t}$ 为金融发展、要素投入、交互项等解释变量；λ_i 为省份效应；$\varepsilon_{i,t}$ 为残差项。

为了消除省份效应的影响，可以根据 Arellano 等（1995）的研究，使用 GMM 方法对式（6-2）进行差分，得到

$$r_{i,t} - r_{i,t-1} = \alpha(r_{i,t-1} - r_{i,t-2}) + \beta(X_{i,t} - X_{i,t-1}) + \varepsilon_{i,t} - \varepsilon_{i,t-1} \qquad （6-3）$$

由于本书使用 1995—2014 年的省际宏观数据进行分析，变量之间可能存在内生性问题，而为每个变量选择合适的工具变量存在着较大困难，因此本书使用变量的滞后项作为工具变量，并根据 AR(2) 检验和 Sargan 检验结果

调整滞后阶数，以确保模型和工具变量的有效性。为了确保回归结果的稳健性，本书采取依次交替加入解释变量的方法进行逐步回归，并同时报告了差分 GMM 和系统 GMM 的回归结果。

（二）数据来源

上面已介绍了资本回报率的计算方法，这部分主要介绍涉及资本回报率核算的各个变量以及回归分析中各解释变量的来源及数据处理方法。

1. 金融发展（fin1 和 fin2）

学界对金融发展指标的选取有着较多的讨论，但中国企业的融资仍主要依赖银行机构的贷款，如 2013 年中国社会融资中银行贷款融资与债券及股票融资的比值大约为 7 ∶ 1（徐浩等，2015），因此使用信贷指标就成了较多学者的选择，如使用全国信贷与 GDP 的比重来衡量金融发展，但中国存在着较为严重的信贷干预，因此该指标存在高估金融发展的问题。考虑到 20 世纪 90 年代以来中国银行业的改革和"加入世界贸易组织"的影响，刘文革等（2014）认为使用贷款余额与 GDP 的比值来衡量金融发展也是一个合适的选择。银行贷款仍是中国企业外部资金的主要来源，而本书的理论分析以及对投资扩张系数的计算，更加偏向金融规模扩张对资本回报率的影响，因此本书选择银行贷款年末余额与 GDP 的比值作为衡量中国金融规模发展的指标（fin1）。另外，为了衡量金融结构的变化，本书借鉴李青原等（2013）的研究，使用全部信贷中贷给非国有企业的比重作为金融结构优化的指标（fin2），金融结构的数据采取 1998—2014 年的数据，西藏地区数据缺失。各省（区、市）贷款年末余额数据来源于 Wind 数据库。

2. 政府干预（gov）

通过政府支出的方向和数量，政府可以对实体经济运行进行一定的干预，具体受政府支付能力的影响。借鉴徐浩等（2015）的研究，本部分使用扣除科教文卫支出后的政府支出与 GDP 的比值作为政府干预的代理变量。同时，政府还通过对信贷的控制来干预实体经济，本书使用政府干预与金融发展的交互项，以分析金融发展中政府干预的影响。

3. 资本存量（k）

单豪杰（2008）曾使用永续盘存法对中国各省（区、市）1952—2006年的资本存量进行核算，具体核算方法为：$K_t=K_{t-1}+I_t-\delta_t$，其中K为资本存量，I为新增投资，δ为资本存量的折旧额。本书在此基础上对各省（区、市）2007—2014年的数据进行了核算。

4. 人力资本（l）

以往学者多使用劳动力数量作为人力投入指标，但劳动力数量增长可能忽视了质量的变化，因此使用人力资本数据更为合适。本书使用中大专及以上学历人口作为各省（区、市）人力资本的代理变量。

5. 技术进步（tfp）

本书使用全要素生产率作为技术进步的代理变量，测算全要素生产率较为常用的方法是参数估计方法，但不同的参数设定会导致结果的巨大差异，因此本书使用基于非参数估算的DEA-Malmquist指数法对各省（区、市）的全要素生产率进行测算。

6. 其他数据

在计算资本存量、资本回报率和技术进步时涉及的GDP、劳动报酬、劳动力、资本形成、固定资产投资价格指数等数据均来源国家统计局数据库及各省（区、市）历年统计年鉴。

为使数据具有可比性，本书根据价格指数将以金额表示的变量统一换算成以2000年价格表示的不变价。为了消除数据的剧烈波动，对资本存量和劳动力数据取对数处理。为了避免伪回归问题，在回归之前还对各变量进行了平稳性检验，检验结果显示原数据存在着单位根，一阶差分后均为平稳的，表6-1报告了各变量一阶差分后的平稳性检验结果。

表 6-1　变量的平稳性检验结果

地区	Δr	$\Delta \mathrm{fin}1$	$\Delta \mathrm{fin}2$	$\Delta \mathrm{gov}$	Δk	$\Delta \mathrm{tfp}$	Δl
全国	−11.69***	−9.94***	−13.28***	−10.33***	−3.60***	−19.11***	−9.87***
东部	−9.43***	−7.89***	−9.46***	−5.34***	−1.59*	−6.29***	−12.39***
中部	−4.34***	−5.21***	−4.95***	−7.01***	−1.97**	−5.02***	−10.99***
西部	−6.38***	−1.50***	−8.05***	−5.95***	−2.87***	−5.73***	−9.71***

注：*、** 和 *** 分别表示在 1%、5% 和 10% 的水平上显著。

（三）金融规模发展对资本回报率影响的实证分析

本部分使用金融规模发展作为金融发展的代理变量进行实证分析。先使用全国总体数据进行计量分析，但由于数据样本包含 31 个省（区、市），而中国区域发展差异巨大，因此进一步对东部、中部和西部地区的数据进行分析，以研究资本回报率影响因素的区域差异。

1. 全国数据的回归结果

第一，表 6-2 报告了全国数据的回归结果，差分 1 至差分 5 为使用差分 GMM 方法的回归结果，为确保回归结果的稳健性，本书还报告了系统 GMM 的回归结果（系统 1 至系统 3）。

表 6-2　全国数据的回归结果

变量	差分 1	差分 2	差分 3	差分 4	差分 5	系统 1	系统 2	系统 3
$1.r$	0.39*** (20.67)	0.48*** (33.94)	0.14*** (7.02)	0.16*** (4.35)	0.17*** (7.16)	0.61*** (55.14)	0.66*** (42.63)	0.54*** (26.32)
fin	−4.18*** (−10.86)	−5.61*** (−7.24)	−3.64*** (−4.41)	−4.22*** (−5.22)	−4.12*** (−6.13)	−2.78*** (−15.95)	−0.54 (−0.81)	−3.54*** (−9.32)
gov	−0.27*** (−10.03)		0.02 (0.51)	0.02 (0.43)	0.07 (1.34)	−0.13*** (−13.11)		−0.08*** (−4.40)
fin × gov		−0.06*** (−5.56)					−0.09*** (−8.47)	
k			−4.74*** (−15.74)		−5.39*** (−4.47)			−1.58*** (−9.07)
L			3.46*** (5.32)	3.58*** (4.15)				1.91*** (10.78)

续表

变量	差分1	差分2	差分3	差分4	差分5	系统1	系统2	系统3
tfp			25.39*** (5.70)	63.59*** (12.19)	25.29*** (6.51)			32.47*** (6.70)
$k \times \mathrm{tfp}$				−4.62*** (−7.83)				
$k \times l$					0.21** (2.27)			
常数项						10.03*** (27.30)	6.47*** (13.17)	−20.14*** (−4.24)
OBS	558	558	558	558	558	589	589	589
AR(2)	0.10	0.08	0.17	0.16	0.14	0.08	0.08	0.10
Sargan	0.87	0.87	0.83	0.83	0.81	0.99	0.99	0.99

注：*、** 和 *** 分别表示在 1%、5% 和 10% 的水平上显著，括号内数字表示 t 统计量。

金融规模发展的回归系数显著为负，这与理论分析结论相符。近年来，中国的投资扩张系数不断下降，投资中的外来资金比重不断提升，需要支付更多的利息，因此不利于资本回报率的提升。虽然金融规模发展能够提高资本的配置效率，但在中国却存在各种障碍，如贷款大多流入效率不高的国有企业，金融的资源配置功能没有得到充分发挥，因而无法带来资本回报率的有效提升。政府干预与金融规模发展交互项也显著为负，这说明政府干预加剧了金融发展对资本回报率的负面影响。市场中普遍存在着政府主导的信贷、银行不良资产以及政府干预中的寻租行为等，金融财政化趋势明显，加剧了资源错配，进而导致资本回报率的进一步下降。政府干预虽然对资本回报率带来了不利影响，但进一步的回归显示，加入其他变量后政府干预的影响变得不显著。这说明政府直接利用财政支出干预金融发展对中国资本回报率的影响较小。随着中国市场化程度的不断深入，政府对经济的直接干预及干预效果已越来越小，间接的隐性干预得将更为普遍，财政体制的完善对中国发展的影响也在向好的一面转变。

第二，资本存量的回归结果为负。中国的资本形成率长期保持在 40% 以上，2009 年以后更是接近 50% 的高位，长期的高投资已造成了资本深化程度的不断加剧，因而对资本回报率产生了严重的负向影响。根据前面分析可知，如果资本积累的同时能够带来技术进步，则有利于生产效率的提升，但资本存量与技术进步交互项的回归结果却显著为负，说明中国的资本积累可能并没有促进技术进步。徐浩等（2015）的研究也显示，1979—2013 年中国资本配置效率均值为 0.113，且长期在此水平上下徘徊，比 0.429 的国际平均水平相去甚远。因此，规模扩张型的投资增长无法带来技术的进步与资本回报率的提升，更不利于增长质量的提高。

第三，人力资本对资本回报率有着明显的促进作用。这可能是因为中国劳动力的质量有了明显提高，带来了先进技术、管理经验等劳动增强型技术进步，促进了整个社会生产效率的提升。另外，大量农村劳动力源源不断地流向城市，他们的工资水平远低于其边际产出，因此带来了资本回报率的提升。另外，大量低效率的国有企业在市场竞争中被高生产效率的民营企业挤出市场，大量工人由此进入高效率部门，这一转移过程一直存在于中国的改革开放之中，促进了中国资本回报率的提升。人力资本与资本存量交互项的回归结果为正，则进一步说明了中国人力资本的提升能够提高资本的利用效率，减缓资本深化导致的资本边际产出下降。

第四，技术进步是中国资本回报率提升的重要动力。四个回归方程均显示技术进步有着显著的正向影响，且从回归系数上看，技术进步的系数远大于人力资本的系数，这说明技术进步对中国资本回报率的促进作用更为明显。刘晓光等（2014）的研究也发现，劳动力转移与技术溢出的组合效应是中国维持较高资本回报率的重要因素，这与本书对中国总体数据的回归结果也较为类似。上期的资本回报率对本期的资本回报率有着显著的正向影响，这也与白重恩等（2009）的研究结论相同，即中国的资本回报率有着较大的惯性。

2. 东部地区的回归结果

表 6.3 报告了东部地区的回归结果。与全国数据的回归结果存在较大差

异是，金融规模发展与政府干预对资本回报率的影响均不显著。造成这一结果的可能原因是，东部地区经济市场化程度较高，外资和民营企业在经济中的比重较大，因此政府干预的效果并不明显。政府干预与金融规模发展交互项的回归结果也不显著，这说明政府干预难以通过金融机构发挥作用。为什么东部地区政府无法通过金融机构进行有效干预呢？除了东部地区市场化水平较高外，另一个可能的原因是，东部地区的资本回报率高于中、西部地区，也高于全国平均水平，因此东部地区的投资回报额较高，能在一定程度上满足其下一年的投资扩张需求，对外部资金的需求可能较全国平均水平要低，因此受金融规模发展的影响不大，政府也较难通过金融机构干预企业投资。为了验证这一猜测，后面还将对各地区的投资扩张系数进行分析。其他变量的回归结果与全国数据的回归结果在符号和显著性方面基本保持一致。

表 6-3　东部地区的回归结果

变量	差分1	差分2	差分3	差分4	差分5	系统1	系统2	系统3
$1.r$	0.59^{***} (6.97)	0.51^{***} (6.02)	0.35^{**} (2.86)	0.29 (1.26)	0.40^{***} (6.25)	0.61^{***} (5.84)	0.72^{***} (9.66)	0.84^{***} (19.26)
fin	−0.85 (−0.34)	1.12 (0.19)	−1.65 (−0.53)	−4.05 (−1.39)	−2.12 (−1.56)	−1.99 (−0.53)	3.42 (0.60)	
gov	−0.82 (−1.51)		−0.02 (−0.04)	−0.07 (−0.14)	0.27 (1.64)	−0.40 (−1.13)		
fin×gov		−0.47 (−1.33)					−0.27 (−0.90)	
k			-6.69^{***} (−3.98)		-8.99^{***} (−4.07)			-1.39^{*} (−1.74)
L			6.18^{**} (2.93)	6.59^{**} (2.81)				1.69^{*} (1.81)
tfp			22.30^{*} (1.80)	70.49^{*} (2.14)	24.18^{***} (3.41)			19.28^{***} (2.66)
k×tfp				-5.98^{**} (−2.34)				

续表

变量	差分1	差分2	差分3	差分4	差分5	系统1	系统2	系统3
$k×l$					0.45^{***} (3.13)			
常数项								-16.77^{*} (-1.95)
OBS	198	198	198	198	198	209	209	209
AR(2)	0.80	0.93	0.79	0.60	0.67	0.99	0.94	0.99
Sargan	0.57	0.43	0.16	0.34	0.33	0.69	0.73	0.68

注：*、** 和 *** 分别表示在1%、5%和10%的水平上显著，括号内数字表示 t 统计量。

3.中部和西部地区的回归结果

表6-4、表6-5分别报告了中部与西部地区的回归结果。与东部地区不同，中、西部地区金融规模发展的回归结果均显著为负，即金融规模发展不利于资本回报率的提升。这一结果在一定程度上验证了上面对金融规模发展回归结果的解释，即投资扩张模式的差异会导致金融发展水平对资本回报率产生不同的影响，中、西部地区资本回报率较低，对外部资金的依赖较大，因此更容易受到金融规模发展的制约。另外，中、西部地区政府干预与金融规模发展的交互项的回归结果均为负，这也说明了政府干预加剧了金融规模发展的不利影响。这可能是因为中、西部地区市场化程度落后于东部地区，地方政府为了推动GDP增长，对经济干预的动机较东部地区更为强烈，对严重依赖外部资金的企业而言，政府能够通过金融机构实施更为有效的干预。但负的回归结果却说明中、西部地区的政府干预已产生了不利影响，这是因为政府干预多违背市场原则，不利于资金的有效配置。另外，与全国数据回归结果较为类似的是，在加入其他变量后，政府干预的结果均变得不显著，这说明随着中国经济发展和市场化进程的推进，中、西部地区政府干预的效果也在不断下降，其他因素的影响变得更为重要。

在其他变量中，西部地区人力资本、人力资本与资本存量交互项的回归结果与其他地区不一致。人力资本在东部和中部地区均有着显著的促进作用，在西部地区则存在着显著的负向作用。一方面，西部地区基础设施较为落后，对先进资本和人才的吸引力不强，因此产业结构也较为低端。在这种情况下，人力资本的增长多体现为数量增长，质量提升较慢，因此劳动力体现型的技术进步较小。另一方面，在低端产业中，人力资本的"干中学"积累较慢，因此无法有效促进生产效率的提升，而且人力资本的不断增长，还会导致人力资本边际产出下降，进而导致资本回报率下滑。人力资本与资本存量交互项的回归结果为负，则进一步说明在低端产业中，人力资本的投入无法缓解资本增长带来资本边际产出下降。而技术进步却有着显著的促进作用，因此西部地区缺乏的不是资本和劳动力要素的投入，而是内含先进技术的生产要素投入。

表 6-4　中部地区的回归结果

变量	差分 1	差分 2	差分 3	差分 4	差分 5	系统 1	系统 2	系统 3
$1.r$	0.57*** （7.03）	0.28* (2.12)	0.40*** (5.29)	0.42*** (5.50)	0.43*** (5.73)	0.07 (0.18)	0.09 (0.24)	0.69*** (9.53)
fin	−1.42 (−0.60)	7.06 (0.41)	−6.15** (−2.46)	−5.89** (−2.34)	−6.12** (−2.37)	−13.72* (−1.88)	3.85 (0.37)	−2.09 (−1.09)
gov	−0.59*** (−4.17)		−0.003 (−0.01)	−0.04 (−0.13)	0.06 (0.23)	−1.38** (−2.09)		
fin×gov		−0.48 (−0.36)					−1.47* (−2.05)	
k			−4.84*** (−3.71)		−8.77*** (−3.39)			−2.18** (−2.25)
L			5.46*** (3.40)	5.32*** (3.26)				2.10 (1.47)
tfp			38.45*** (2.98)	81.53*** (4.86)	37.58*** (2.89)			35.85** (2.41)
k×tfp				−4.74*** (−3.48)				

续表

变量	差分1	差分2	差分3	差分4	差分5	系统1	系统2	系统3
$k×l$					0.53*** (2.84)			−24.41 (−1.35)
OBS	144	144	144	144	144	152	152	152
AR(2)	0.18	0.26	0.52	0.49	0.46	0.67	0.54	0.26
Sargan	0.95	0.89	0.94	0.95	0.93	0.91	0.91	0.99

注：*、** 和 *** 分别表示在 1%、5% 和 10% 的水平上显著，括号内数字表示 t 统计量。

表 6-5　西部地区的回归结果

变量	差分1	差分2	差分3	差分4	差分5	系统1	系统2	系统3
$1.r$	0.23*** (2.57)	0.29*** (5.29)	−0.18 (−1.09)	−0.21 (−1.21)	−0.01 (−0.10)	0.38 (1.63)	0.38*** (5.63)	0.54* (1.67)
fin	−3.05*** (−3.50)	−1.21 (−0.40)	−2.98** (−2.84)	−2.52** (−2.33)	−2.18 (−1.45)	−4.04** (−2.33)	−0.18 (−0.09)	−5.64** (−2.46)
gov	−0.13*** (−3.37)		0.02 (0.31)	0.01 (0.16)	0.04 (0.56)	−0.19** (−3.00)		
fin×gov		−0.08* (−2.15)					−0.12*** (−3.95)	
k			−4.15*** (−3.27)	−1.63 (−0.95)				−4.19*** (−2.91)
L			−1.86* (−1.83)					2.90 (1.45)
tfp					67.89** (2.94)			21.67 (0.90)
$k×tfp$					−5.36*** (−4.87)			
$k×l$					−0.32** (−2.43)			
常数项							9.13*** (3.68)	
OBS	216	216	216	216	216	228	228	228
AR(2)	0.09	0.09	0.65	0.71	0.22	0.06	0.06	0.09
Sargan	0.98	0.99	0.55	0.54	0.52	0.99	0.99	0.98

注：*、** 和 *** 分别表示在 1%、5% 和 10% 的水平上显著，括号内数字表示 t 统计量。

4.稳健性检验

第一，更换计量方法。对于 GMM 回归结果的稳健性，可以使用工具面板回归方法进行检验。本书使用该方法，对主要解释变量的回归结果进行了检验，结果详见表 6-6。金融规模发展、政府干预以及要素投入的回归结果与 GMM 回归结果基本一致，因此可以认为回归结果是稳健的。

表 6-6　工具面板回归结果

变量	全国			东部			中部			西部		
$1.r$	0.55*** (17.12)	0.38*** (10.05)	0.54*** (17.10)	0.67*** (12.79)	0.71*** (13.69)	0.76*** (18.05)	0.44*** (6.02)	0.98*** (21.22)	0.38*** (5.00)	0.14** (2.26)	0.34*** (6.02)	0.30*** (5.19)
fin	−1.22* (−1.87)	−0.44 (−0.30)	−2.89*** (−4.28)	−0.44 (−0.37)	1.51 (0.84)	−0.97 (−1.33)	−1.44 (−0.64)	−0.78 (−0.28)	−5.28* (−1.68)	−8.54*** (−2.82)	−1.61 (−0.81)	−5.63*** (−3.02)
gov	−0.14*** (−7.08)		−0.08*** (−3.04)	−0.45*** (−3.42)		−0.19** (−2.12)	−0.78*** (−5.18)		0.13 (0.48)	−0.15* (−2.29)		−0.16*** (−4.49)
fin×gov		−0.12*** (−3.87)			−0.20** (−2.17)			0.06 (0.45)			−0.12*** (−4.54)	
k			−1.45*** (−3.40)			−1.18* (−1.84)			−4.22*** (−3.08)			
L			1.68*** (3.26)			1.39* (1.84)			3.55** (2.22)			−0.05 (−0.12)
tfp			33.64*** (6.00)			23.12*** (3.70)			42.21*** (3.39)			13.39 (1.07)
常数项	9.44*** (8.87)	10.82*** (6.81)	−21.68*** (−3.60)	10.10*** (4.77)	5.32*** (2.76)	−16.02** (−2.15)	18.80*** (5.02)	0.09 (0.05)	−16.58 (−1.04)	21.06*** (6.14)	11.15*** (5.01)	3.75 (0.27)
OBS	589	589	589	209	209	209	152	152	152	228	228	228
R^2	0.53	0.52	0.57	0.72	0.73	0.76	0.43	0.51	0.57	0.33	0.34	0.37

注：*、** 和 *** 分别表示在 1%、5% 和 10% 的水平上显著，括号内数字表示 t 统计量。

第二，基于工业企业数据的检验。被解释变量是资本回报率（r），计算方法为"利润总额 / 资产总计"，比值越大，资本回报率越高。解释变量为金融发展（fin），计算方法为"利息支出 / 负债合计"，比值越大，企业融资约束就越高，表明中国金融发展程度较低。控制变量包括：从业人数

（cyrs）、工业增加值（gyzjz）、本年折旧（bnzj）、财务费用（cwfy）、工业销售产值（gyxsczxjxgd）、所有者权益合计（syzqyhj），均做对数化处理。数据来源于中国工业企业数据库（1998—2008），解释变量和控制变量均进行 1% 的缩尾处理，以排除异常值对结果可能造成的干扰。

表 6-7 报告了整体数据的回归结果，其中模型（1）未加入控制变量，此时，金融发展与中国的资本回报率呈现显著的正相关关系；模型（2）加入了控制变量后，得出相似的结果，这就说明金融发展程度的深化显著降低了中国资本回报率；模型（3）以金融发展的一阶滞后作为工具变量进行回归，结果显示金融发展显著降低企业的资本回报率。使用微观数据的回归结果进一步表明前面结果的稳健性。

表 6-7 基于微观数据的检验

变量	模型（1）	模型（2）	模型（3）
	OLS	OLS	2SLS
fin	1.2679*** (0.3411)	1.0799*** (0.2974)	1.3097*** （0.1124）
控制变量	否	是	是
年份固定效应	昰	是	是
省份固定效应	是	是	是
C	−0.0266 (0.0193)	−0.2558*** （0.0327）	−0.2730*** （0.0306）
OBS	2566397	1238781	957248
R^2	0.0000	0.0008	0.0010

注：*、** 和 *** 分别表示在 10%、5% 和 1% 的水平上显著，括号内的数值为聚类稳健标准误下对应的 t 值。

（四）金融结构优化对资本回报率影响的实证分析

上文从规模发展的视角分析了金融发展对资本回报率的影响，本部分将从结构优化的视角分析金融发展对资本回报率的影响。与上述分析方法保持一致，本部分仍从全国、东部、中部和西部四个层面对样本进行区分，为了确保回归结果的稳健性，继续通过依次交替加入因变量并同时使用差分GMM方法和系统GMM方法进行回归，具体的回归结果见表6-8和表6-9。由于篇幅所限，每种方法各选两个回归结果进行报告。

与金融规模发展的回归结果相反，金融结构优化对中国整体的资本回报率有着显著的促进作用，这说明，在现阶段，中国仍可通过优化金融结构改善资源配置效率，进而提升资本回报率。虽然金融结构优化能够提升中国整体的资本回报率，但在不同区域却有着显著的差异。在东部地区，金融结构优化对资本回报率提升并无显著的促进作用；在中部地区，金融结构优化的回归结果与全国总体数据的回归结果较为类似，即金融结构优化能够显著促进资本回报率的提升；在西部地区，金融结构优化对资本回报率却有着显著的阻碍作用。

综合金融规模发展和金融结构优化对资本回报率的影响，可以发现，金融规模发展不利于中国总体以及中部地区资本回报率的提升，但金融结构优化对资本回报率却有着显著的促进作用，即中国总体上和中部地区都面临着金融结构性问题；金融规模发展和结构优化对东部地区资本回报率的影响均不显著，这说明金融发展对东部地区的作用无法得到有效发挥；金融规模发展和结构优化对西部地区资本回报率均有着不利影响，这说明西部地区可能陷入了"金融诅咒"之中。为什么金融的作用在不同地区会出现如此之大的差异呢？笔者认为造成这一现象的原因是中国地区间投资扩张模式存在差异，为了对这一问题进行进一步解释，下面将对中国总体及各地区的投资扩张系数进行核算，以分析不同投资扩张模式下金融发展对资本回报率影响的差异。

表 6-8　全国和东部地区的回归结果

变量	全国				东部			
	差分 1	差分 2	系统 1	系统 2	差分 1	差分 2	系统 1	系统 2
1.r	0.49*** (30.46)	0.25*** (7.08)	0.58*** (13.15)	0.56*** (11.99)	0.49*** (6.96)	0.33*** (4.06)	0.61*** (8.20)	0.69*** (12.40)
fin2	2.881*** (2.79)	1.88** (2.49)	0.26 (0.33)	2.32** (2.21)	2.17 (0.53)	7.72 (1.37)	2.07 (0.59)	0.70*** (0.68)
gov		−0.21** (0.51)	−0.21** (−2.37)			−0.97** (−2.92)		−0.31* (−3.39)
fin2×gov	−0.12 (−14.23)			−0.05** (−2.21)	−0.24*** (−3.14)		−0.17* (−2.01)	
k		−0.0001*** (−11.20)	−0.0001*** (−4.97)	−0.0001*** (−5.75)		−0.0001*** (−3.10)		−0.0001* (−1.88)
L			0.0004 (1.60)	0.0005* (1.72)				0.0005* (1.69)
tfp		34.94*** (6.22)	29.12*** (3.54)	24.68*** (3.97)		15.28 (0.91)		30.22*** (4.09)
常数项	−	−	−21.10*** (−2.63)	−24.69*** (−3.87)	−	−	4.24 (0.39)	−25.57*** (−2.83)
OBS	450	450	480	480	165	165	176	176
AR(2)	0.18	0.40	0.18	0.18	0.78	0.42	0.82	0.73
Sargan	0.94	0.69	0.99	0.99	0.12	0.40	0.80	0.86

注：*、** 和 *** 分别表示在 1%、5% 和 10% 的水平上显著，括号内数字表示 t 统计量。

表 6-9　中部地区和西部地区的回归结果

变量	中部				西部			
	差分 1	差分 2	系统 1	系统 2	差分 1	差分 2	系统 1	系统 2
1.r	0.76 (1.53)	0.91 (1.56)	1.49** (2.48)	1.49** (2.48)	0.27** (2.70)	0.07 (1.07)	0.45*** (0.18)	0.38*** (5.47)
fin2	24.39* (1.87)	32.84** (2.05)	21.37* (1.77)	21.37* (1.77)	−7.81*** (−5.19)	−3.81* (−1.92)	−4.10* (−1.75)	−3.58** (−2.29)
gov		1.97 (1.27)	4.73 (1.68)	4.73 (1.68)		0.01 (−0.20)	−0.22* (−2.10)	−0.18*** (−3.20)

续表

变量	中部				西部			
	差分 1	差分 2	系统 1	系统 2	差分 1	差分 2	系统 1	系统 2
fin2 × gov	0.36 (1.23)				−0.05* (−2.00)			
k	−0.0004* (−1.84)	−0.0004* (−1.93)		−0.0004 (−1.46)		−0.0003*** (−4.56)		−0.0001* (−1.77)
L	0.003 (1.42)	0.003 (1.44)		0.002 (1.06)		0.0001 (0.19)		0.0008 (1.47)
tfp	34.50 (0.46)	58.92 (0.69)		150.73 (1.62)		16.39* (1.73)		4.78 (2.41)
常数项	–	–	–	–	–	–	24.13** (2.52)	18.29 (1.29)
OBS	120	120	128	128	165	165	176	176
AR(2)	0.88	0.80	0.28	0.59	0.23	0.46	0.23	0.41
Sargan	0.52	0.54	0.88	0.84	0.63	0.10	0.98	0.83

注：*、** 和 *** 分别表示在 1%、5% 和 10% 的水平上显著，括号内为标准误 t 值。

六、进一步分析：投资扩张系数与资本回报率变动

（一）投资扩张系数的计算

企业投资赚取的回报，除了用于资本折旧外，还有可能用于下一年的投资和储蓄，假定 t 期企业的资本回报额为 R_t，$t+1$ 期的投资为 I_{t+1}，于是可以定义企业投资的扩张系数 φ 为

$$\varphi = R_t / I_{t+1} \qquad (6\text{-}4)$$

如果 $\varphi>1$，则投资属于内源发展型，此时企业下一期的投资均来源于本期的资本回报，因此不受外部融资的约束；如果 $\varphi<1$，则投资属于外源发展型，企业下一期的投资需要借助外部融资，因此会受到一定的外部融资约束；如果 $\varphi=1$，则为中性的投资模式，企业的全部回报都用于投资，且不进行外部融资。利用该方法，本书对 1995—2014 年中国各地区的投资扩张系数进行了估算，具体的结果如图 6-2 所示。

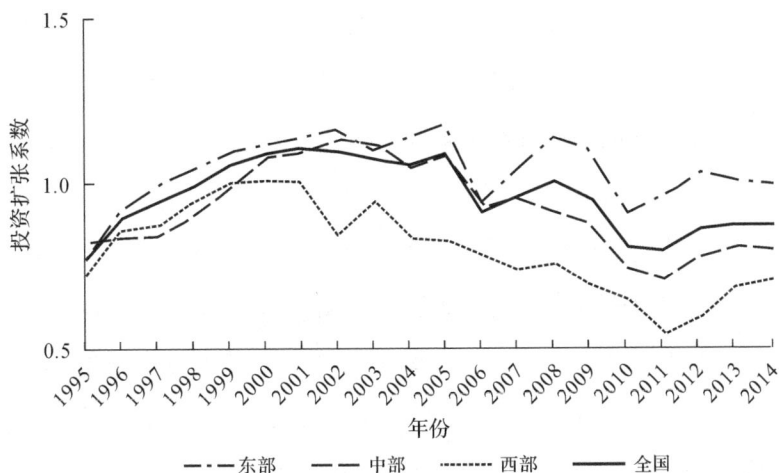

图 6-2　1995—2014 年中国各地区的投资扩张系数

资料来源：笔者根据相关数据的计算。

中国总体的投资扩张系数呈倒"U"形，近些年来外源发展型投资特征明显。从数值上看，中国的投资扩张系数在 1998 年之前和 2005 年之后多小于 1，即这两个时期的投资属外源发展型，需要通过外部融资进行投资，因此受到金融发展影响的可能性较大。造成这一现象的可能原因是，在发展的初期，企业自有资金较少，需要大量借入资金实现发展，之后随着企业的发展和资本回报额的提升，则会向内源发展型转变。2008 年金融危机爆发之后，中国总投资扩张系数出现了大幅下降，外源发展型特征凸显。

分地区看，东部地区投资属于典型的内源发展型。在大多数年份中，东部地区的投资扩张系数都大于 1，说明东部地区企业的资本回报较高，仅利用投资回报资金便可以满足投资扩张的需要。中部地区投资已由内源发展型转变为外源发展型。中部地区在 2005 年之前与东部地区情况较为相似，但之后年份则出现了较大的降幅，扩张系数一直小于 1，但仍高于西部地区。西部地区投资外源发展型特征最为明显。西部地区的扩张系数仅在 1999 年和 2000 年略大于 1，其他年份均小于 1，且远低于全国平均水平，这也说明西部地区的企业投资更加依赖外部资金，特别是 2011 年，其扩张系数接近 0.5，即上一年的投资回报额仅能满足本年一半的投资需求。

通过对比中国投资扩张系数的变动和金融发展对资本回报率的影响可知，中国的金融发展存在着发展滞后和发展过度并存的问题，因此在不同的地区也产生了不同的影响。

第一，在投资扩张系数较高的东部地区存在着"金融失效"现象。在东部地区，不论是金融规模发展还是金融结构优化，都对资本回报率没有明显影响，即金融发展失去了其本该发挥的重要作用。造成这一现象的原因是，一方面，东部地区有着较高的资本回报率，其投资回报能够满足下一年投资扩张的需要，对外部资金的依赖较低；另一方面，东部地区拥有大量的民营企业，这些企业一直存在着"借贷难"问题，企业借不到钱，自然只能依靠自有资金。因此，东部地区的发展还存在较大的"杠杆化"空间，未来应进一步激活金融系统，如从金融创新的角度解决企业的融资约束问题，以发挥金融对资本回报率的促进作用，延长东部中高速发展的持续时间。

第二，在投资扩张系数较低的西部地区存在着"金融诅咒"现象。[①] 西部地区金融规模和金融结构均对资本回报率有着不利影响，这是因为西部地区经济基础较差，存在着资金缺乏和投资回报率低等问题，因此，地区发展对外部资金依赖严重。但过度依赖外部资金的风险已在西部地区显现，金融规模过度扩张导致金融结构优化都无法扭转金融发展的负向影响。另外，在金融系统不完善的情况下，过度依赖金融借贷，还容易出现攫取性金融问题——"金融诅咒"，即金融越发展，经济越萧条。因此西部地区的发展存在着"过度杠杆化"的问题，未来应减少对外部资金的依赖，注重发展的内

---

① 本书的核心解释变量——金融发展，采用的是银行贷款数据，如果某个省份银行贷款占社会融资比例较低，则可能存在研究结论对该省份解释力不够的问题。2014年，西部各省（区、市）的银行贷款占社会融资的比例多在 64% 以上，重庆仅为 47%，四川则为 59%；另外，重庆和四川的投资扩张系数相对较高，特别是近些年来，基本与中部地区平均水平持平，因此本书关于西部地区存在"金融诅咒"现象的结论可能并不适用个别省份。但重庆和四川在社会融资占 GDP 比例和融资结构等方面仍与西部其他省份保持较大一致性，因此本书关于西部地区的研究结论仍不失一般性。

生性，以摆脱"金融诅咒"。

第三，在投资扩张系数居中的中部地区存在着"结构失调"现象。中部地区金融规模发展已对资本回报率产生了不利影响，但金融结构优化却仍有着积极影响，这说明中部地区金融发展的突出问题是结构失衡。另外，政府干预在一定程度上加剧了金融发展的不利影响，因此中部地区资本回报率提升的主要挑战在于优化金融结构和减少政府对金融发展的干预。

（二）基于投资扩张系数的分样本回归分析

为了进一步验证金融发展在不同扩张系数下对资本回报率影响的差异，本书以投资扩张系数为依据，将总体回归样本进行划分并使用工具面板方法继续进行回归分析，该方法还可进一步验证上文回归结果的稳健性。

根据图 6-2 可知，中国三大区域的投资扩张系数可分为差异较为显著的三个时间段：一是 1995—1997 年，此阶段三大区域均属于外源发展型投资模式；二是 1999—2005 年，此阶段东部和中部地区属于内源发展型投资模式；三是 2006—2014 年，此阶段中部和西部地区的外源发展型投资特征较为明显。对这三个样本分别进行回归分析，结果详见表 6-10。1995—1997年全国总体样本和 2006—2014 年中、西部地区样本均属于外源发展型投资，此时回归结果显示金融发展均有显著的负向影响，而 1999—2005 年的东部和中部地区则属于内源发展型投资，此时金融发展的影响并不显著。这一结果进一步验证了金融发展在不同投资扩张系数下对资本回报率的影响机制差异，因此可以认为上面的分析结论是稳健的。

表 6-10　分样本的回归结果

变量	全国 （1995—1997 年）		东中部 （1999—2005 年）		中、西部 （2006—2014 年）	
1.r	0.38*** (3.84)	0.40*** (4.07)	0.94*** (28.02)	0.93*** (27.30)	0.60*** (9.60)	0.60*** (9.47)
fin	−6.45* (−1.88)	−2.77 (−0.78)	−0.73 (−1.27)	−2.22 (−1.53)	−3.99* (−1.75)	−7.60* (−1.80)

续表

变量	全国 （1995—1997 年）		东中部 （1999—2005 年）		中、西部 （2006—2014 年）	
gov	−0.34*** (−3.04)		0.18* (1.99)		−0.01 (−0.18)	
fin×gov		−0.35*** (−2.96)		0.15 (1.58)		0.05 (1.15)
常数项	20.76*** (4.29)	16.99*** (3.81)	0.03 (0.03)	1.82* (1.85)	7.52*** (3.58)	9.73*** (2.69)
OBS	62	62	133	133	180	180
AR(2)	0.55	0.55	0.51	0.51	0.76	0.66

注：*、** 和 *** 分别表示在 1%、5% 和 10% 的水平上显著，括号内数字表示 t 统计量。

七、结论与启示

本书从理论上分析了金融发展对资本回报率的影响机理，并在测度了中国 31 个省（区、市）1995—2014 年的资本回报率和投资扩张系数的基础上，对理论机理进行了实证检验，得出的主要结论有以下几点。

第一，中国资本回报率在 2008 年之后出现了明显下降，但地区趋同趋势明显。中国的资本回报率在 2008 年之前均较为平稳，之后则出现了大幅下降。虽然东、中、西部地区的资本回报率存在明显差距，但三者的变动较为同步，特别是东部和中部地区的趋同现象较为明显，这也在一定程度上说明中国资本的区域配置效率在提高。

第二，中国的投资扩张系数呈倒 "U" 形，外源发展型投资特征明显。中国经济发展初期，自有资金较为贫乏，因此对外部资金依赖较强，2008 年之后，全球经济危机的蔓延导致资本回报率下降，对外部资金的依赖再度加强。虽然中国总体上属于外源发展型投资，但区域差异却十分明显，东部地区的资本回报率较高，能够满足投资扩张需求，因此多数年份均为内源发展型投资；西部地区大多数年份属于外源发展型投资；中部地区在早期为内源发展型，2005 年之后转变为外源发展型。

第三，中国金融发展不足与发展过度问题并存，金融发展对资本回报率的影响也因投资扩张模式不同而出现了较大差异。在投资扩张系数较高的东部地区存在着"金融失效"现象。金融规模发展和金融结构优化对东部地区资本回报率均没有显著影响，这主要是因为东部地区对外部资金依赖性较低，金融系统的作用无法充分发挥，因此东部地区还存在较大的"杠杆化"空间；在投资扩张系数较低的西部地区存在着"金融诅咒"现象。金融规模和金融结构均对西部地区资本回报率有着不利影响，因此西部地区存在着"过度杠杆化"的问题，如何通过内生的良性发展打破"金融诅咒"是未来必须解决的难题；在投资扩张系数居中的中部地区则存在着"结构失调"现象。金融规模发展对中部地区资本回报率有着负向影响，金融结构优化却有着积极影响，因此中部地区应努力促进金融资源流向高效率部门，以实现金融对资源的配置作用，进而促进资本回报率的提升。

第四，政府干预加剧了金融发展的不利影响，但其影响在不断减弱。政府干预一方面通过政府支出影响资本的配置效率，另一方面通过干涉金融体系，扭曲金融配置，加剧了金融发展对资本回报率的不利影响。分地区和分时间的回归结果显示，政府干预对市场化水平较高且资金自我满足能力较强的东部地区的影响较弱，且随着时间的推移，政府干预的影响也在逐渐减弱，2006 年之后，其影响已不再显著。

第五，在其他影响因素方面，资本积累促进技术进步的作用缺失，是资本存量对资本回报率的提升产生负向影响的重要原因；人力资本对资本回报率的影响存在区域差异；技术进步是中国资本回报率提升的重要动力。技术进步在中国三个区域均有显著的正向影响，且技术进步的回归系数远大于其他因素，因此是中国资本回报率提升最为重要的动力源。

现阶段，中国还存在着金融发展不足与发展过度并存的问题，以金融发展促进资本回报率提升还存在诸多挑战，因此本部分的研究结论对企业发展和中国资本回报率提升政策的制定有着重要启示：

首先，企业发展应选择合适的投资模式，并尽量规避外部干扰。适当利用外部资金，有助于企业资本回报率的提升，但过度依赖外部资金则会面临陷入"金融诅咒"的风险。企业在选择外源发展型投资时，如何准确分析所面临的市场环境和政策约束，尽量减少政府干预等外部不确定性的影响，是发展中的企业必须重视的问题。

其次，基于金融发展层面制定资本回报率的提升政策应因地制宜。东部地区对外部资金的利用还存在较大的提升空间，因此适度地"加杠杆"会促进资本回报率的提升；西部地区面临"金融诅咒"问题，因此"去杠杆"是当务之急；中部地区则面临"金融失效"现象，要通过金融结构优化来促进资源优化配置，提高资本回报率。

最后，如果中国能够更加注重市场配置资源的基础性作用，推进经济由"政府主导"向"市场主导"转变、由"数量驱动"向"质量驱动"转变，则会有利于技术水平和人力资本的持续提升，最终实现资本回报率的稳步提升和经济的持续健康发展。

第二节 中国资本回报率增长的机制分析：全球价值链嵌入视角

投资是经济增长的主要动力，但投资的快速积累会因边际产出递减而导致资本回报率下降，进而不利于经济持续增长。因此，在投资增长的同时如何保持资本回报率的稳定，对一国经济增长而言尤为重要。除投资外，出口也是推动经济增长的重要因素，而在国际分散化生产特征越发明显的当下，出口增长更是一个全球价值链嵌入持续深化的进程。通过全球价值链嵌入，资本可实现在世界范围内的优化配置（Slaughter，2007），进而带来投资回报率的提升。但由于要素禀赋与技术创新能力不同，不同国家嵌入全球价值链的深度与环节存在较大差异，因此获取的"嵌入收益"可能大相径庭。那么全球价值链嵌入环节差异是否也对资本回报率产生了差异化影响？对工业门类齐全且开放程度持续加深的中国而言，不同行业嵌入全球价值链的能力和环节也存在较大差异，那么中国嵌入全球价值链不同环节对资本回报率的影响是否也存在着行业异质性？这些是本部分研究试图解答的问题。

虽然全球价值链已重构了当前世界的生产与贸易格局，但对投资回报率的追求仍是企业投资的主要目的，更是影响一国长远发展的关键所在。当前，全球价值链还对贸易收益的实现和分配机制带来了巨大冲击，因而如何更好地嵌入全球价值链以实现收益最大化，已成为各国政府及学界争相探索的热点问题。因此，基于全球价值链嵌入环节异质性视角分析资本回报率的变动机制，不仅有助于理解世界各国嵌入全球价值链的动力及收益所在，也能为改善中国嵌入全球价值链的利益分配提供理论依据与政策启示。

现阶段，关于全球价值链嵌入对资本回报率影响机理的研究还相对较少，与本书较为相关的文献主要集中在全球价值链嵌入的测度方法及其对生产效率、技术创新和利润等的影响方面。在全球价值链测度方法方面，学者的研究相对丰富。早期不少文献都基于 Hummels 等（2001）的垂直专业化指数模型测度了国外附加值率，并将其作为全球价值链参与率的衡量指标。但该方法没有考虑到进口中间品中可能存在的本国制造部分，因此低估了本国附加值的比重。随后许多学者对该方法进行了修正完善（Koopman et al., 2010；Dandin et al., 2011；Johnson et al., 2012），如 Koopman 等（2010）研究了一国出口产品再次被另一国出口时的附加值分解问题，并构建了全球价值链参与率指标。Wang 等（2013）在 Koopman 等（2010）研究的基础上，进一步提出了全球价值链参与率指数和全球价值链地位指数的测度方法。但该方法仍存在测度不够精确等问题，于是吕越等（2017）便从进口产品类型、中间商贸易识别、间接进口问题以及国内中间投入的海外成分等四个方面进行了修正，但该方法对数据要求较高，因此仅适合利用企业层面数据进行测度。Koopman 等（2014）通过整合已有的测度指标，提出了测度附加值贸易的 KPWW 方法框架，并阐明了贸易重复计算问题，进一步完善了全球价值链方面的基本测度方法。刘琳（2015）等国内学者也使用类似方法，并基于投入产出数据测度了中国制造业全球价值链嵌入程度及其地位指数。上述研究均侧重于对国外价值链的分析，而李跟强等（2016）则在 Koopman 等（2014)的基础上建立了一个分析国内价值链如何嵌入国外价值链的新框架。综合来看，利用投入产出数据测度全球价值链嵌入，可以合理区分中间品与最终产品，从而避免了人为界定的干扰，因此受到较多学者的欢迎（程大中，2015）。

虽然研究全球价值链嵌入对资本回报率影响的文献相对较少，但通过对相关文献的梳理仍可获得一些研究其影响机制的经验。

对发达国家而言，嵌入全球价值链有三种效应。首先是竞争效应。一方面，发达国家嵌入全球价值链使得技术水平外溢到其他国家，造成高端技术流失和国际市场竞争加剧，同时也会导致其他国家的企业和中间品进入国内市场，加剧本国市场的竞争程度，并替代部分本国中间品的出口（唐宜红等，2017），进而导致资本回报率下降。另一方面，国际市场竞争压力也可以倒逼企业加强创新并提高效率（Chiarvesio et al.，2010），从而对资本回报率产生积极影响。其次是中间品效应。中间品进口不仅会影响增值税企业的劳动生产效率与资本生产效率，中间品的技术含量对进口国的技术效率也有着十分重要的影响（余淼杰等，2015；Amiti et al.，2007）。如果发达国家仅进口国外廉价中间品，那么嵌入全球价值链对利润率的影响则十分有限（Brancati et al.，2014），而与高收入国家进行高技术含量的贸易则可以促进生产效率的提升（Baldwin et al.，2014）。最后是市场规模效应。发达国家通过配置世界廉价的资本和人力进行跨国生产，不仅能够降低生产成本、获得市场规模经济，还可以将精力集中到技术研发等核心环节，以提升生产效率（Baldwin et al.，2014）。而且更大的市场本身就意味着更大的销量规模，在资本回报率无法提升的情况下，资本回报总额也可因市场规模扩大而获得提升。

对发展中国家而言，通过嵌入全球价值链，则可以学习到先进的技术和管理经验，进而参与全球经济发展成果分享。首先，发达国家主导的技术与生产标准可以通过代工企业迁移至发展中国家，进而倒逼发展中国家的企业提升技术创新能力，以符合发达国家的技术标准（王玉燕等，2014）。另外，姚洋等（2008）认为后发国家嵌入全球价值链还可以产生"干中学"效应，该效应则是资本回报率提升的重要因素。但是发展中国家在嵌入全球价值链的进程中，极易被发达国家俘获在低端环节，虽然短期内可能会提升发展中国家的资本回报率，但长期来看则会产生不利影响，即呈现出倒"V"形影响曲线（杨君等，2015）。出现这一现象的原因是，发展中国家在前期可以通过全球化生产提高技术水平与管理经验等，但随着与发达国家技术差距的减小，技术提升效应逐渐消失（吕越等，2017）。且发展中国家向价值链高端环节攀升时，往往会遭到发达国家和跨国公司的双重阻击（Humphrey et al.，2002），进而因技术创新能力不足被锁定在低端，甚至陷入"悲惨增长"境地（卓越等，2008）。因此，如果一国仅嵌入全球价值链低端生产环节，长期从事加工、组装等低附加值环节，资本回报率便有可能出现下降。大多数发展中国家被长期锁定在全球价值链低端已成为不争的事实，如何从全球价值链低端向高端攀升成为学者研究的热点话题之一。

总的来看，已有文献对全球价值链嵌入的研究已较为丰富，但研究全球价值链嵌入对资本回报率影响的文献仍较为鲜见，且缺乏基于嵌入环节异质性视角的研究。实际上，随着国际分工的不断细化，不同国家基于全球价值链不同环节参与国际分工已越发普遍，但这也引致了另一个问题，即那些主动或被动嵌入全球价值链低端生产环节的国家所处的国际地位可能会低于嵌入高端生产环节的国家，进而导致"嵌入收益"分配不公和国家发展差距拉大。因此，研究全球价值链嵌入环节异质性对资本回报率的影响机制，对一国如何更好地嵌入全球价值链有着重要的现实意义。对中国这样的大国而言，全球价值链嵌入还存在明显的行业异质性，而已有文献因缺乏这方面的研究往往导致其提出的全球价值链升级方向呈现相反结果（魏龙等，2017），部分文献虽注意到了行业异质性特征，但多集中在制造业转型升级与生产率提升方面，还未涉及对资本回报率提升机制的研究。

有鉴于此，本部分利用 WIOD 于 2016 年公布的世界投入产出数据，测度了 42 个国家以及中国制造业 17 个细分行业的全球价值链嵌入水平。通过建立全球价值链嵌入对资本回报率影响的理论模型，基于嵌入环节异质性的视角（前向与后向），分析全球价值链嵌入对不同国家、不同行业资本回报率影响的差异，以及全球价值链嵌入对资本回报额的影响，并利用中国制造业数据，进一步揭示全球价值链嵌入对资本回报率影响的行业异质性，为中国嵌入全球价值链的政策制定提供启示与借鉴。

一、理论机理与模型构建

假定一个包含三类技术进步的柯布 – 道格拉斯生产函数为

$$Y_i = A_i (T_i K_i)^\alpha (H_i L_i)^{1-\alpha} \tag{6-5}$$

其中，Y_i、K_i 和 L_i 分别表示国家 i 的总产出、资本存量和劳动力数量；A_i、T_i 和 H_i 分别表示中性技术进步、资本偏向型技术进步和劳动力质量提升型技术进步，三个指标也衡量了三类生产效率的提升。

假定在完全竞争条件下，资本回报率（r_i）等于资本边际产出（MPK_i），因此对式（6-5）关于资本 K_i 求导可得

$$r_i = \mathrm{MPK}_i = \alpha A_i T_i^\alpha H_i^{\alpha-1} (K_i / L_i)^{\alpha-1} \tag{6-6}$$

因此，在资本存量和劳动力给定的情况下，资本回报率主要受中性技术进步、资本偏向型技术进步和劳动力质量提升型技术进步的影响。结合文献综述部分可知，企业嵌入全球价值链会通过竞争效应、中间品效应和市场规模效应等影响企业的技术进步与生产效率。进口廉价中间品会影响到企业的

劳动生产效率和资本生产效率，而高质量的中间品则可以促进企业技术效率的提升（Amiti et al., 2007）。企业在嵌入全球价值链的进程中，通过"干中学"、市场规模提升等还可以带来纯技术效率提升、规模经济等，而这些变化均会导致资本回报率的变化。Chiarvesio 等（2010）关于国际市场竞争压力倒逼企业创新并提高效率的研究，也为全球价值链嵌入对资本回报率的影响提供了部分理论支撑。总的来看，全球价值链嵌入通过影响三类技术进步带来生产效率的变化，而资本回报率则因生产效率的变化而变化。

根据上述分析，并结合吕越等（2017）的研究，本书将全球价值链嵌入（GVC）引入生产函数，具体为

$$A_i = C_A f_A(GVC_i)\theta_A(Z_i) \tag{6-7}$$

$$T_i = C_T f_T(GVC_i)\theta_T(Z_i) \tag{6-8}$$

$$H_i = C_H f_H(GVC_i)\theta_H(Z_i) \tag{6-9}$$

其中，C_j（$j=A$，T，H）表示常数项；$f_j(GVC_i)$ 表示 GVC 对技术进步的影响，$\theta_j(Z_i)$ 表示其他控制因素对技术进步的影响。将上述三式代入式（6-6），可得

$$r_i = C_i f(GVC_i)\theta(Z_i)(K_i/L_i)^{\alpha-1} \tag{6-10}$$

其中，$C_i = \alpha C_A C_T^{\alpha} C_H^{1-\alpha}$，$f(GVC_i) = f_A(GVC_i)[f_T(GVC_i)]^{\alpha}[f_H(GVC_i)]^{1-\alpha}$，$\theta(Z_i) = \theta_A(Z_i)[\theta_T(Z_i)]^{\alpha}[\theta_H(Z_i)]^{1-\alpha}$。

为了简化分析且不失一般性，本书假定 $f(GVC_i)$ 满足指数形式，即

$$f(GVC_i) = e^{\beta \cdot GVC_i} \tag{6-11}$$

将式（6-10）代入式（6-11）并两边取对数，可得

$$\ln r_i = \ln C_i + \beta GVC_i + (\alpha-1)\ln(K_i/L_i) + \ln\theta(Z_i) \tag{6-12}$$

根据式（6-11），可构建如下计量模型

$$\ln r_{it} = \beta_0 + \beta_1 GVC_{it} + \beta_2 k_{it} + \beta_3 Z_{it} + \lambda_i + \nu_t + \varepsilon_{it} \tag{6-13}$$

其中，$k_{it} = \ln(K_{it}/L_{it})$，表示资本深化程度；$Z_{it}$ 表示各控制变量；λ_i 表示国家效应；ν_t 表示年份效应；ε_{it} 表示残差项。由于本书从前向参与率和后向参与率两个

角度衡量全球价值链嵌入，因此后面将使用前向参与率（fd）和后向参与率（bd）替代 GVC 指标，最终的计量模型为

$$\ln r_{it} = \beta_0 + \beta_1 fd_{it} + \beta_2 bd_{it} + \beta_3 k_{it} + \beta_4 Z_{it} + \lambda_i + \nu_t + \varepsilon_{it} \qquad (6\text{-}14)$$

二、指标测算与数据说明

根据实证分析模型，本书的指标选取和数据说明如下。

（二）前向参与率（fd）和后向参与率（bd）

全球价值链嵌入环节对企业的技术效率可能存在着差异化影响，进而导致其对资本回报率产生不同影响，因此基于全球价值链嵌入环节异质性视角分析其对资本回报率的影响有着重要的现实意义。由于全球价值链参与率指标可以突破国外附加值指标的局限，且对一国参与全球价值链上下游程度的反映更加具体，因此本书借鉴 Koopman 等（2010；2014）对价值链嵌入的测度方法，并结合刘琳（2015）的分解方法，从前向和后向两个环节对 42 个国家[①]2010—2014 年的全球价值链嵌入程度进行测度。

假设参与全球价值链的国家有 m 个，每个国家拥有几个生产部门，每个国家生产的产品又分为中间产品和最终产品，所有国家生产所需的中间产品均可能来源于国内和国外两个部分，使用 X_i^p 表示 p 国 i 部门的供给，X_{ij}^{pq} 表示 p 国 i 部门对 q 国 j 部门的中间产品供给，Y_i^{pq} 表示 q 国进口 p 国 i 部门的最终产品，可用式（6-14）表示上述关系

$$X_i^p = \sum_{q=1}^{m} Y_i^{pq} + \sum_{q=1}^{m} \sum_{j=1}^{n} X_{ij}^{pq} \qquad (6\text{-}15)$$

① 本书参考联合国《2015 年人文发展报告》的划分标准，选取 30 个发达国家，即澳大利亚、奥地利、比利时、加拿大、瑞士、塞浦路斯、捷克共和、德国、丹麦、西班牙、爱沙尼亚、芬兰、法国、英国、希腊、匈牙利、爱尔兰、意大利、日本、韩国、卢森堡、拉脱维亚、马耳他、荷兰、挪威、葡萄牙、斯洛伐克、斯洛文尼亚、瑞典和美国；12 个发展中国家，即保加利亚、巴西、中国、克罗地亚、印度尼西亚、印度、立陶宛、墨西哥、波兰、罗马尼亚、俄罗斯和土耳其。

式（6-15）还可以用矩阵表示为

$$X = AX + Y = (I-A)^{-1} Y = BY \qquad (6-16)$$

其中，A 为直接消耗系数矩阵；$B=(I-A)^{-1}$，又被称为里昂锡夫逆矩阵。A 中元素为

$$A^{pq} = \begin{bmatrix} a_{11}^{pq} & a_{12}^{pq} & \cdots & a_{1n}^{pq} \\ \vdots & \vdots & \ddots & \vdots \\ a_{n1}^{pq} & a_{n2}^{pq} & \cdots & a_{nn}^{pq} \end{bmatrix} \qquad (6-17)$$

其中，a_{ij}^{pq} 表示 q 国 j 部门对 p 国 i 部门中间品的直接消耗系数，p 和 $q=1,2\cdots$，m，i 和 $j=1,2\cdots$，n。

另外，定义附加值系数矩阵为

$$V = \begin{bmatrix} v_1 & \cdots & 0 \\ \vdots & \ddots & \vdots \\ 0 & \cdots & v_m \end{bmatrix} \qquad (6-18)$$

其中，国家 q 各部门的附加值份额为对角元素 v_q（$q \leqslant m$），最终的附加值矩阵则为 $V_x B$。

假设国家 E 的出口包括中间产品和最终产品两大类，则有

$$E_r = \sum_s (A_{rs} X_s + Y_{rs}) \qquad (6-19)$$

其中，E_r 表示 r 国的总出口，$A_{rs} X_s$ 为中间产品部分，Y_{rs} 为最终产品部分，最终一国出口所包含的各部分便可表示为

$$VBE = \begin{bmatrix} V_1 B_{11} E_1 & \cdots & V_1 B_{1m} E_m \\ \vdots & \ddots & \vdots \\ V_m B_{m1} E_1 & \cdots & V_m B_{mm} E_m \end{bmatrix} \qquad (6-20)$$

其中，对角线元素 $V_r B_{rr} E_r$ 表示该国出口中的国内附加值，各行非对角元素之和表示该国中间品经 s 国加工，再出口到 t 国的间接附加值出口（$\sum_{s \neq r} V_r B_{rs} E_{st}$），每列非对角线元素之和表示该国出口中的国外附加值（$\sum_{s \neq r} V_s B_{sr} E_r$），由此

便可以得出一国参与全球价值链的程度。

前向参与率指数衡量一国出口中间品在进口国出口产品中使用的比例，具体的计算公式为

$$\mathrm{fd}_r = \sum_{s \neq r} V_r B_{rs} E_{st} \Big/ E_{ir} \qquad （6-21）$$

后向参与率指数衡量一国出口产品对国外中间品的使用比例，具体的计算公式为

$$\mathrm{bd}_r = \sum_{s \neq r} V_s B_{sr} E_r \Big/ E_{ir} \qquad （6-22）$$

根据上述方法，本部分使用 WIOD2016 年发布的世界投入产出表，对 42 个国家的全球价值链嵌入情况进行了测度。由于篇幅所限，本书没有详细报告每个国家的结果，仅对两类国家的平均值进行了报告，具体的结果如图 6-3 和图 6-4 所示。

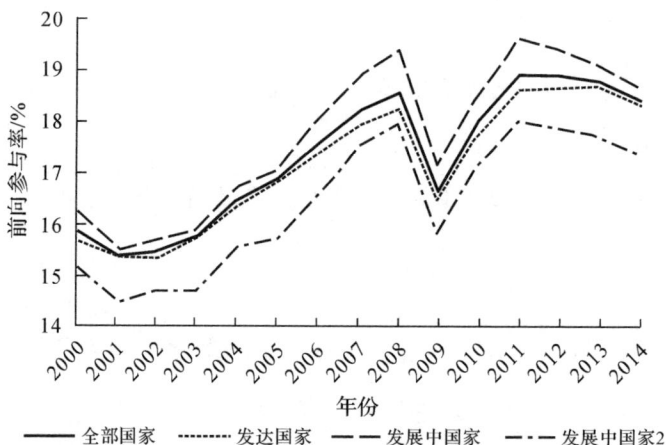

图 6-3　2000—2014 年世界不同类型国家前向参与率

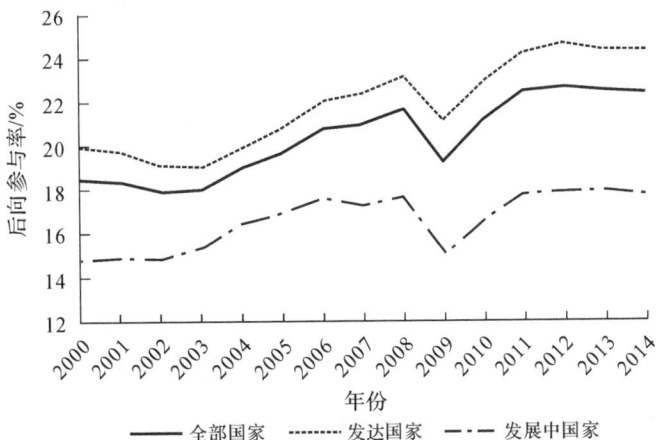

图 6-4 2000—2014 年世界不同类型国家后向参与率

总体上看，世界各国全球价值链嵌入程度在逐渐提升，前向参与率和后向参与率的变动趋势也保持高度一致。全球 42 个国家前向参与率的平均值由 2000 年的 15.8% 增长到 2014 年的 18.4%，后向参与率也由 2000 年的 18.5% 增长到 2014 年的 22.5%，说明世界各国使用中间产品参与国际化生产的程度在提高。

从变化趋势来看，全球价值链嵌入在 2009 年出现了显著下滑，随后则逐步回升。出现这一变化的主要原因是美国"次贷危机"引发了世界性经济衰退，进而导致全球需求疲软，世界贸易也随之出现了大幅下滑。2010 年之后，世界经济发展虽有所复苏，但总体形势仍处于不断波动之中，因此全球价值链也在连续两年增长之后进入了新一轮下行周期。

从不同类型国家来看，发达国家全球价值链嵌入程度高于发展中国家，且两者差距呈缓慢扩大之势，这也说明当前世界的国际贸易仍以发达国家之间的贸易为主。从后向参与率上看（见图 6-4），发达国家的平均值多在 20% 以上，发展中国家则处于 18% 之下，且两者之间的差距在扩大。从前向参与率上看，则出现了一个异常情况，即发展中国家平均值明显高于发达国家。造成这一现象的可能原因是，本书统计的 12 个发展中国家，包含了俄罗斯和巴西等以资源出口为主的国家，这些国家大量出口的石油、矿产品等资源均被计入前向参与率，由此也造成了发展中国家前向参与率平均值出现了"虚高"现象。在剔除俄罗斯和巴西的数据之后，剩下 10 个发展中国家的前向参与率平均值（图 6.3 中的发展中国家 2）出现了明显下降，也低于发达国家平均水平。这也反映出当前发达国家多占据全球价值链高端环节，发展中国家处于全球价值链加工、组装等低附加值环节或价值链前端的原料供应环节。

（二）资本回报率 (r)

资本回报率为被解释变量，本书借鉴 Bai 等（2006）的测度方法对 42 个国家 2000—2014 年的资本回报率进行了测度。具体的测度方法为

$$r(t) = \frac{\alpha(t)}{P_K(t)K(t)} \bigg/ P_K(t)K(t) + P_K^{'}(t) - \delta(t) - P_Y^{'}(t) \qquad （6-23）$$

其中，$\alpha(t)$ 表示产出中的资本份额；$P_K(t)$、$P_Y(t)$ 分别表示资本与产出的价格，$P_K^{'}(t)$、$P_Y^{'}(t)$ 则是两者的价格变化率；$\delta(t)$ 表示资本折旧率。

（三）资本深化 (k)

资本深化对资本回报率的影响较为复杂，一般而言，资本深化最终会导致资本边际产出不断下滑，进而降低资本回报率，但如果资本深化的同时还伴随着资本偏向型技术进步，则会减缓资本回报率的下降速度，甚至提升资本回报率。本书使用各国资本存量与劳动力数量的比值来衡量资本深化程度。

（四）对外贸易依存度 (f)

一方面，通过对外贸易，可以利用国外先进技术的溢出效应提升本国的生产效率，进而促进资本回报率的增长；另一方面，对外贸易也可能带来竞争效应，如果本国技术水平较低，则会因国外竞争的冲击而降低资本回报率。本书使用各国进出口总额占 GDP 的比重来衡量对外贸易依存度。

（五）劳动参与率 (l)

劳动参与率提升会导致资本相对数量下降，进而可能带来资本边际产出的增长。本书使用从业人员总数占 15~64 岁适龄人口的比重作为劳动参与率

的代理变量。

（六）政府干预（gov）

如果政府能够积极发挥其宏观调控作用，减少市场不完善对投资的不利影响，则会促进资本回报率的提升。但过多的政府干预也会导致重复投资、效率降低等一系列问题，进而不利于资本回报率的提升。本书使用政府财政支出占 GDP 的比重作为政府干预的代理变量。

（七）产业结构（sec）

产业间要素配置效率存在较大差异，产业结构变动往往对要素配置结构产生重要影响，同时还会导致要素使用效率发生变化，进而带来资本回报率的变动。本书使用各国第二产业增加值占 GDP 比重作为产业结构的代理变量。

（八）经济景气度（gdp）

宏观经济较为景气的情况下，市场一般比较活跃，企业投资机会增多，此时资本回报率往往较高；当经济进入下行周期，资本回报率往往较低。本书使用各国 GDP 增长率作为经济景气度的代理变量。

本节数据主要来源于世界银行数据库、PWT9.0 数据库、国研网数据库和国家统计局数据库，并以 2000 年美元不变价对数据进行平减处理。为了避免数据的异常波动和伪回归问题，首先对变量取对数处理，然后进行单位根检验。本书使用 LLC、IPS 和 ADF 三种方法对单位根进行了检验，结果显示原数据存在单位根，一阶段差分后均为平稳（篇幅所限，本部分未报告具体结果），因此可以进行回归分析。

三、实证分析

（一）全球价值链嵌入对发达国家资本回报率的影响

本书样本数据包含 42 个国家，由于国家间发展程度可能存在较大差异，因此将上述国家分为 30 个发达国家和 12 个发展中国家分别进行实证研究。本书采取各国 2000—2014 年数据，属于短面板数据，宜采用动态面板的 GMM 方法进行回归分析。为确保回归结果的稳健性，本部分选择依次交叉加入控制变量并使用差分和系统 GMM 两种方法进行计量分析，结果见表 6-11。

表 6-11　全球价值链嵌入对发达国家的影响

变量	差分	差分	差分	差分	系统	系统
l.r	-0.27^{***} (0.004)	-0.24^{***} (0.003)	-0.27^{***} (0.01)	-0.28^{***} (0.01)	-0.25^{***} (0.004)	-0.26^{***} (0.01)
fd	-2.54^{***} (0.16)	-6.92^{***} (0.92)	-3.01^{***} (0.58)	-3.08^{***} (0.45)	-4.33^{***} (0.30)	-2.80^{***} (0.48)
bd	-3.97^{***} (0.91)	-8.59^{***} (1.21)	-3.01^{**} (1.16)	-1.84^{**} (0.85)	-3.70^{**} (1.79)	-3.05^{**} (1.21)
f	1.22^{***} (0.29)	2.48^{***} (0.43)	0.96^{***} (0.31)	0.71^{**} (0.30)	0.50 (0.48)	0.78^{**} (0.35)
l		-10.07^{***} (1.04)			-3.57^{***} (1.15)	
k		0.55^{***} (0.04)			0.38^{***} (0.05)	
sec			-0.29 (0.42)	0.35 (0.66)		-0.26 (0.33)
gdp			0.96^{***} (0.16)	1.32^{***} (0.16)		1.75^{***} (0.15)
gov				1.28^{***} (0.16)		0.43^{***} (0.06)
观测值	390	390	390	390	420	420
AR(2)	0.15	0.41	0.19	0.18	0.21	0.17
Sargan	0.32	0.54	0.29	0.29	0.61	0.39

注：*、** 和 *** 分别表示回归结果在 10%、5% 和 1% 的水平上显著，括号内为标准误。

第一，前向嵌入全球价值链对发达国家资本回报率有着显著的负向影响。这一结果与直观认识可能存在较大差异，拥有显著技术优势且占据全球价值链高端位置的发达国家，为什么资本回报率会因前向嵌入全球价值链而下降呢？出现这一结果的原因有三：首先，随着发达国家前向嵌入全球价值链程度的加深，其拥有的先进技术与管理经验通过中间品贸易不断溢出到发展中国家，进而导致发达国家的技术领先优势不断缩小，资本获利能力也随之下降。其次，发展中国家在学习与模仿过程中提升了中间品的生产与出口能力，进而加剧了中间品出口市场的竞争程度，降低了该类产品的资本回报率。最后，发达国家为了维持其在全球价值链的高端地位，往往不愿出口包含前沿技术的中间品，而是将技术相对落后的中间品出口到发展中国家，或将落后产业通过外包形式转移到发展中国家进行生产（刘瑶，2016），但低技术产品出口或落后产业的外包对资本回报率的促进作用相对较小，且过多从事低端产品生产反而会拉低发达国家的资本回报率。

第二，后向嵌入全球价值链对发达国家资本回报率也有着不利影响。这主要是因为进口高质量中间品会产生挤出效应，进口低质量中间品则会拉低总体的资本回报率。发达国家从其他国家进口高质量中间品，不仅会因进口成本增加而压缩最终产品的利润空间，还会对国内同类中间品的生产企业产生挤出效应，因此不利于资本回报率的增长。此外，发达国家从发展中国家进口中间品多用于低端产品的加工生产，但该类产品附加值较低，会拉低发达国家总体的资本回报率。且发达国家生产成本普遍偏高，在低端产业方面缺乏竞争优势，因此基于低端中间品进口的后向嵌入全球价值链会导致资本回报率下降。

根据上述分析可知，前向和后向嵌入全球价值链均对发达国家的资本回报率产生了"嵌入成本"，由此便产生一个疑问：既然嵌入全球价值链不利于发达国家的资本回报率提升，那么其依然积极嵌入的动力何在？下面将通过分析全球价值链嵌入对资本回报额的影响，尝试从资本回报额的角度对该问题进行解释。

（二）全球价值链嵌入对发展中国家资本回报率的影响

本书采取的发展中国家数据包含 12 个国家 2000—2014 年的数据，属于大 T 小 N 类长面板数据，相比 GMM 分析方法，LSDV 方法更为适合，发展中国家的实证结果详见表 6–12。

表 6-12　全球价值链嵌入对发展中国家的影响

变量	模型 1	模型 2	模型 3	模型 4	模型 5	模型 6
l.r	0.38*** (0.08)	0.40*** (0.09)	0.36*** (0.09)	0.51*** (0.12)	0.52*** (0.11)	0.33*** （0.08）
fd	−0.19 (0.33)	0.93 (0.61)	0.57 (0.64)	−0.08 (0.31)	−0.18 (0.31)	0.05 (0.60)
bd	2.35*** (0.84)	0.45* (0.26)	2.18** (0.90)	1.57* (0.87)	1.57* (0.86)	1.84** (0.86)
f	−0.66*** (0.26)		−0.54* (0.29)	−0.50* (0.27)	−0.48* (0.27)	−0.56* (0.29)
l		−0.53 (0.61)	−0.46 (0.61)			0.20 (0.60)
k		−0.04a (0.02)	−0.03 (0.02)			−0.01 (0.02)
sec				0.31 (0.51)	0.31 (0.52)	0.60 (0.57)
gdp				0.40** (0.17)	0.44** (0.17)	0.42** (0.17)
gov					0.29 (0.43)	0.30 (0.48)

注：*、** 和 *** 分别表示回归结果在 10%、5% 和 1% 的水平上显著，括号内为标准误 t 值。

　　与发达国家不同的是，前向嵌入全球价值链对发展中国家资本回报率的影响并不显著，后向嵌入全球价值链则对资本回报率有着显著的促进作用。出现这一结果的原因有三：首先，通过后向嵌入全球价值链，发展中国家在技术水平相对较低的阶段，获得了快速进入世界市场的机会，扩大了产品市场规模；其次，通过进口先进中间品还可以获得发达国家的技术溢出，从而快速提升技术水平，缩小其与世界先进水平的差距；最后，在全球价值链嵌入进程中，发展中国家还可以分享发达国家的生产和管理经验，进而促进企业运营效率的提升。但后向嵌入全球价值链主要通过进口发达国家的中间品从事加工、组装等环节，这些环节多属于全球价值链的低端环节，不利于产业结构的转型升级。如果发达国家实施技术封锁，而发展中国家自主创新能力又严重不足，便会形成对低端环节的依赖，进而陷入"低端锁定"困境（卓越等，2008）。

前向嵌入全球价值链对发展中国家的资本回报率的影响不显著，主要有两方面原因：首先，前向参与率较低。发展中国家资本回报率提升对后向嵌入全球价值链的过度依赖，也导致了其前向嵌入全球价值链困难重重。前向嵌入全球价值链需要投入大量资金与人力资本进行技术研发，而这恰恰是发展中国家的短板，因此无法在前向嵌入全球价值链方面与发达国家进行竞争，这也导致发展中国家前向参与率普遍较低的问题。其次，前向嵌入全球价值链的产业结构不合理。由于发达国家的技术封锁与打压，发展中国家通过后向嵌入全球价值链获得的技术提升，并不足以支撑其在全球价值链高端环节与发达国家进行竞争，因此发展中国家前向嵌入全球价值链多通过自然资源或低附加值中间品的出口，而不是高技术中间品的出口，即出口产业结构低端化问题严峻。如俄罗斯的前向参与率多年都位居世界第一，就是因为该国的能源等原料出口长期占据世界前列，但这却是最缺乏竞争力的行业。

（三）稳健性检验

上面使用 GMM 方法和 LSDV 方法进行了分析，可以使用面板工具变量回归分析法对上述结果进行稳健性检验，结果显示上面分析结果是稳健的（见表 6-13）。

表 6-13　稳健性检验结果

变量	发展中国家			发达国家		
l.r	0.443*** (6.52)	0.442*** (6.53)	0.357*** (5.06)	0.389*** (6.54)	0.352*** (5.74)	0.350*** (5.75)
iv	−0.142 (−1.12)	−0.109 (−0.86)	0.128 (0.81)	−0.240** (2.06)		−0.151 (−1.47)
fv	0.586** (2.14)	0.580** (1.99)	1.181*** (3.16)	−0.792*** (−3.76)	−0.364** (−2.31)	−0.474** (−2.71)

续表

变量	发展中国家			发达国家		
f	-0.183^{**} (-2.16)	-0.168^{**} (-1.87)	-0.357^{***} (-3.09)	0.24^{***} (3.97)	0.118^{**} (2.45)	0.143^{***} (2.77)
l		-0.039 (-0.30)	-0.158 (-1.14)	-0.161 (-1.49)		
k		-0.124 (-1.54)	0.005 (0.51)		0.005 (0.92)	0.009 (1.14)
gov			-0.247^{**} (-2.41)	-0.08 (-0.27)		0.034 (1.16)
gdp			0.350^{**} (2.46)		0.533^{***} (3.75)	0.527^{***} (3.51)
sec			0.048 (0.39)			0.053 (0.87)
C	0.093^{***} (3.37)	0.239^{**} (2.07)	0.108 (0.90)	0.185^{**} (2.32)	-0.033 (0.92)	-0.055 (-0.59)
OBS	168	168	168	420	420	420
R^2	0.32	0.33	0.39	0.17	0.23	0.25

注：*、** 和 *** 分别表示回归结果在10%、5%和1%的水平上显著，括号内为标准误 t 值。

（四）全球价值链嵌入对资本回报额的影响

上面分析结果产生了一个疑问，即全球价值嵌入对发达国家的资本回报率有着负向影响，为什么发达国家还积极嵌入全球价值链呢？一个可能的解释是，全球价值链嵌入虽导致了资本回报率的下降，但如果资本回报额可以通过市场规模的扩大而得到提高，那么发达国家便能从全球价值链嵌入中获得收益，进而产生积极嵌入的动力。为了验证这一猜测，本书使用资本回报额作为被解释变量再次进行回归分析，为了保证实证分析的稳健性，该部分同时使用三类不同计量方法进行实证分析，结果（见表6-14）显示，前向和后向嵌入全球价值链对发达国家和发展中国家资本回报额均有着显著的促进作用。这一结果不仅证实了上述猜测，还从资本回报额的角度解释了不同国家嵌入全球价值链的收益与动力所在。因此，综合全球价值链嵌入对资本回报率和资本回报额的影响结果，可以总结出如下结论。

表 6-14　全球价值链嵌入对资本回报额的影响

变量	发达国家			发展中国家		
	OLS	面板	GMM	OLS	面板	GMM
fd	15.88*** (4.78)	1.68*** (0.37)	4.02*** (0.62)	9.11* (5.18)	4.70 (3.56)	3.80** (1.47)
bd	2.82 (9.08)	1.16** (0.58)	1.80*** (0.34)	22.58*** (8.55)	24.65*** (6.89)	24.86*** (3.22)
f	1.22 (2.98)	0.19* (0.09)	0.55 (0.19)	−6.98*** (2.47)	−12.64*** (2.06)	−15.67*** (0.98)
l	6.09 (9.52)	3.16*** (0.57)	4.12*** (0.50)	8.42 (5.43)	4.91 (3.66)	−0.41 (13.53)
k	0.73** (0.35)	0.97*** (0.26)	0.09*** (0.02)	0.88*** (0.18)	1.09*** (0.16)	0.70*** (0.08)
sec	0.25 (3.51)	−0.24 (2.69)	−11.67 (8.34)	8.27* (4.42)	14.63*** (3.14)	13.44*** (1.17)
gdp	3.14* (1.93)	0.38** (0.16)	1.70 (3.53)	4.80*** (1.73)	5.26*** (1.99)	8.46*** (1.34)
gov	−0.47 (1.40)	−0.27 (0.09)	−0.43*** (0.07)	2.12 (3.92)	−7.29*** (2.41)	−8.37*** (0.93)
C	12.46** (4.60)	22.26*** (0.41)	26.33** (12.48)	−5.00 (4.13)	−3.374 (2.58)	5.45*** (1.13)
观测值	420	420	420	168	168	168
R^2	0.54	0.91		0.85	0.47	
AR(2)			0.47			0.78
Sargan			0.21			0.48

注：*、** 和 *** 分别表示回归结果在 10%、5% 和 1% 的水平上显著，括号内为标准误。

第一，对于发展中国家而言，嵌入全球价值链不仅存在效率提升效应，还存在规模扩张效应。通过嵌入全球价值链，发展中国家能够获得发达国家的技术溢出效应，进而提升本国企业的生产技术与管理经验等，资本生产效率也因此得到快速提升，最终带来资本回报率的增长。而嵌入全球价值链对发展中国家资本回报额的提升作用则来自两个方面：一是效率提升所带来的资本回报率增长；二是嵌入全球价值链所产生的规模扩张效应，即通过嵌入全球价值链扩大了产品销售市场，进而促进了资本回报额的增长。与此同时，发展中国家前向嵌入全球价值链对资本回报率的影响不显著，且对资本回报额的影响也相对发达国家要弱，则说明发展中国家仍过度依赖后向嵌入的收益，这也对其后续发展埋下了隐患。一旦后向嵌入难以持续推进，而向价值链高端攀升又面临着发达国家的技术封锁与打压，发展中国家嵌入全球价值链的效率提升效应将不复存在，嵌入收益将只能依赖低价销售产品以实现规模效应，进而出现资本回报率下降的问题。

第二，对于发达国家而言，嵌入全球价值链仅存在规模扩张效应。由于发达国家的技术较为领先，其生产效率提升多通过技术自主研发，而不是利用全球价值链嵌入的技术溢出效应，因此无法带来效率的提升。此外，技术领先的发达国家嵌入全球价值链还会导致技术外溢与竞争效应，进而造成本国资本回报率的下降。但由于发达国家垄断了大部分先进中间品的生产和供应，因此通过全球价值链嵌入，特别是先进中间品的出口，可以有效打开产品销售市场，实现出口规模扩张，进而促进资本回报额的增长。另外，发达国家虽面临着发展中国家的技术追赶、产品竞争所导致的资本回报率下降等问题，但在高端产业方面仍占据优势地位，且该类产业往往有着较高的嵌入收益，因此发达国家通过控制价值链高端环节可以弥补低端产业被蚕食的损失，进而实现资本回报额的增长。

四、进一步分析：基于中国制造业分行业数据的检验

上面利用世界 42 个国家的数据分析了全球价值链嵌入环节异质性对资本回报率的影响，其结论可为中国更好地嵌入全球价值链提供经验借鉴。但中国作为世界上最大的发展中国家，有着门类齐全的工业体系，不同行业嵌

入全球价值链的程度和环节可能存在巨大差异，因此本部分使用中国制造业分行业数据继续进行实证分析，以考察全球价值链嵌入对中国资本回报率影响的行业异质性及其与世界其他国家的异同，进而为中国在全球价值链中的地位跃迁与资本回报率的提升提供经验依据。

（一）WIOD 与中国数据的行业匹配

WIOD 所使用的行业划分标准与中国并不相同，且中国标准在该时间段内还出现过三次变动，因此本书将国内行业统一调整为中国 2011 年公布的行业标准，然后与 WIOD 数据进行匹配。最后匹配出 17 个制造业细分行业：食品饮料与烟草（C05），纺织服装与皮革（C06），木材软木草编制品（C07），纸和纸质品（C08），记录媒介物（C09），焦炭与精炼石油产品（C10），化学品及化学制品（C11），药品、药用化学品及植物药材（C12），橡胶与塑料制品业（C13），非金属矿物制品业（C14），基本金属（C15），金属制品（C16），计算机电子与光学产品（C17），电力设备制造业（C18），机械与设备制造（C19），家具与其他制造（C22）和交通运输设备（C20、C21）。

（二）中国制造业数据的实证分析

鉴于国家数据与行业数据的差异，本书在分析中国制造业数据时，所选取的控制变量有：对外依存度，使用各行业出口产值占行业总产值的比重表示；研发投入，使用 R&D 经费支出占行业总产值的比重表示；资本深化，使用行业的资本存量与从业人员的比重表示；产权制度，使用国有工业企业产值占行业总产值的比重表示；行业集中度，使用大中型工业总产值占工业总产值的比重表示；行业经济景气度，使用行业产值增长率表示。以上数据来自历年《中国工业经济统计年鉴》与《中国工业统计年鉴》，计量分析中均取对数处理。

为了检验全球价值链嵌入对中国资本回报率影响的行业异质性，本部分基于技术密集度视角 ① 分样本进行回归分析，结果详见表6-15。

从回归系数与显著性水平上看，技术密集型制造业嵌入全球价值链对资本回报率的积极影响相对非技术密集型制造业要强，出现这一现象的可能原因是：随着中国生产成本的上升以及其他发展中国家不断嵌入全球价值链低端环节，非技术密集型行业的竞争程度大幅提升，中国该类中间品的出口市场已被逐渐蚕食，进而导致资本回报率难以继续提升，部分企业向技术密集型行业转移成了必然选择。这也与魏龙等（2017）的研究发现较为吻合，即中国嵌入全球价值链下游环节的产业升级已较为缓慢，而嵌入中上游环节的产业升级趋势更为明显。现阶段，中国仍处在向技术密集型行业转型的初期阶段，因此通过进口国外先进中间品仍能提升最终产品的质量与竞争力，进而带来资本回报率的增长。但由于自主创新能力与发达国家差距依然巨大，因此技术密集型行业前向嵌入的积极效应尚不明显，仅后向嵌入对资本回报率存在促进作用。

表 6-15　中国制造业的 GMM 回归结果

行业	变量	差分	差分	系统	系统
技术密集型行业	$1.r$	0.29^{**} (0.14)	0.24^{***} (0.07)	0.46^{***} (0.15)	0.68^{***} (0.14)
	fd	0.48 (0.35)	0.18 (0.28)	0.57^{*} (0.30)	−0.50 (0.39)
	bd	0.69^{***} (0.14)	0.61^{***} (0.14)	0.62^{**} (0.25)	0.45^{**} (0.23)
	观测值	143	143	154	154
	AR(2)	0.34	0.54	0.33	0.65
	Sargan	0.17	0.16	0.34	0.34

———————

① 技术密集型行业包括：C10、C11、C12、C13、C14、C15、C16、C17、C18、C19、C20、C21；非技术密集型行业包括C05、C06、C07、C08、C09、C22。

续表

行业	变量	差分	差分	系统	系统
非技术密集型行业	l.r	0.80*** (0.06)	0.81*** (0.65)	0.98*** (0.44)	0.99*** (0.04)
	fd	0.02 (0.02)	0.06*** (0.02)	−0.01 (0.03)	−0.02 (0.02)
	bd	0.21** (0.09)	0.43** (0.21)	0.16* (0.08)	0.24* (0.12)
	观测值	78	78	84	84
	AR(2)	0.18	0.33	0.49	0.59
	Sargan	0.12	0.17	0.20	0.22

注：*、** 和 *** 分别表示回归结果在 10%、5% 和 1% 的水平上显著，括号内为标准误。由于篇幅所限，本表没有报告控制变量的结果。

此外，对全球价值链嵌入地位指数[①]的计算也发现（见图 6-5），中国非技术密集型行业的全球价值链嵌入地位指较高，继续提升的空间已十分有限，而技术密集型行业的全球价值链嵌入地位指数明显过低，存在较大的提升空间。这也从另一方面解释了全球价值链嵌入对资本回报率影响存在行业差异的原因：在技术水平较低且处于全球价值链低端环节的初始期，企业能通过"干中学"获得技术效率的提升，进而带来资本回报率的提升；当全球价值链嵌入地位较高时，国内外中间品的技术差异越来越小，全球价值链嵌入的收益便会出现增长瓶颈，因此其对资本回报率的促进作用也越来越小。从时间趋势上分析，中国制造业还呈现出非技术密集型制造业全球价值链嵌入地位指数下降、技术密集型行业全球价值链嵌入地位指数上升的趋势，这也说明了制造业资本回报率的增长动力正由非技术密集型行业的后向嵌入转向技术密集型行业的后向嵌入。

[①] 全球价值链嵌入地位指数的计算方法为：ln(1+fd)−ln(1+bd)。

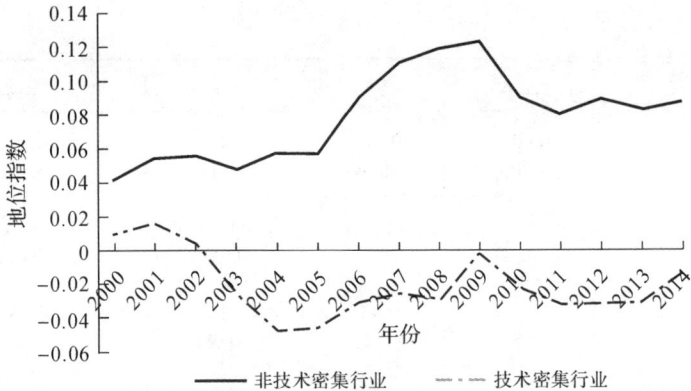

图 6-5　2000—2014 年中国制造业全球价值链嵌入地位指数

技术密集型行业和非技术密集型行业前向嵌入全球价值链均对资本回报率无显著影响，则说明中国制造业前向嵌入的竞争力不足，无法带来明显的嵌入收益。这主要是因为，除资源出口外，前向嵌入全球价值链对技术要求较高，而中国制造业，特别是中高技术行业的技术创新能力仍落后于主要发达国家，在全球价值链嵌入过程中存在着明显的"低端锁定"效应（王岚，2014），因此无法显著促进资本回报率的提升。另外，制造业后向嵌入全球价值链对资本回报率仍存在显著的促进作用，可能也使得制造业发展形成了"后向嵌入惯性"，在前向嵌入无法提升资本回报率的约束下，制造业对后向嵌入的依赖在短期内将很难有大的改变。总的来看，中国制造业嵌入全球价值链已面临"标兵渐远、追兵渐近"的窘境，因此未来应改变单一依赖后向嵌入全球价值链的发展模式，转而全面扩大全球价值链嵌入的边界与纵深（刘维林等，2014），以持续稳定推进资本回报率增长。

（三）稳健性检验

为了检验中国制造业数据实证结果的稳健性，本书将核心解释变量（资本回报率）替换为"利润总额/权益总额"，并使用面板工具分析方法进行稳健性检验。结果（见表6-16）显示主要变量的影响方向与显著性基本相同，即实证分析结果是稳健的。

表 6-16　中国制造业实证的稳健性检验

变量	总体数据		技术密集		非技术密集	
l.r	0.681*** (7.49)	0.432*** (6.55)	0.312*** (4.06)	0.889*** (7.54)	0.658*** (2.85)	0.991*** (8.65)
iv	−0.141 (−1.12)	0.080 (0.72)	0.128 (0.81)	−0.240 (−1.06)	0.139 (0.76)	0.131 (1.48)
fv	0.686** (2.14)	0.570** (2.00)	0.181*** (3.16)	0.792*** (3.76)	1.272** (2.05)	0.476*** (3.01)
OBS	238	238	154	154	84	84
R^2	0.29	0.37	0.43	0.25	0.21	0.26

注：*、** 和 *** 分别表示回归结果在 10%、5% 和 1% 的水平上显著，括号内为标准误 t 值。

（四）使用微观企业数据的稳健性检验

本部分还使用中国工业企业数据库（1998—2013 年）进行稳健性检验。具体的变量选取如下：

1. 被解释变量

资本回报率（r），用利润总额占固定资产总值的比重表示。

2. 解释变量

全球价值链前向参与率（fd）和后向参与率（bd）。

3. 控制变量

工业总产值（gyzcz）、全要素生产率（add）、实收资本（sszb）、本年应付工资（bnyfgz）。

表 6-17 报告了全样本的回归结果，从表中可以看出无论是否加入控制变量，此时，前向和后向嵌入全球价值链对中国制造业的资本回报率都存在显著促进作用。

表 6-17　工业企业数据的回归结果

变量	模型（1）	模型（2）	模型（3）	模型（4）
fd	0.026*** (0.001)	0.014*** (0.001)		
bd			0.058*** (0.002)	0.105*** (0.002)
lngyzcz		0.011*** (0.001)		0.012*** (0.001)
tfp		−0.002*** (0.001)		−0.001*** (0.001)
lnsszbb		−0.003*** (0.001)		−0.002*** (0.001)
lnbnyfgz		0.005*** (0.001)		0.008*** (0.001)
C	0.179*** (0.001)	0.059*** (0.001)	0.175*** (0.001)	0.017*** (0.001)
观测值	682190	494257	659821	502564
R^2	0.003	0.004	0.012	0.008

注：*、** 和 *** 分别表示结果在 10%、5% 和 1% 的水平上显著，括号内为标准误。

表 6-18 报告了非技术密集型行业和技术密集型行业的检验结果。非技术密集型行业前向嵌入全球价值链对资本回报率提升形成负向影响，而技术密集型行业前向嵌入则形成显著的正向影响。在非技术密集型行业和技术密集型行业中，后向嵌入全球价值链对资本回报率都具有积极的正效应，且技术密集型行业比非技术密集型的正效应更强。

表 6-18　工业企业分行业数据的回归结果

变量	模型（1）	模型（2）	模型（4）	模型（3）
	非技术密集型行业		技术密集型行业	
fd	-0.704*** (0.004)		0.014*** (0.001)	
bd		0.014*** (0.001)		0.204*** (0.003)
gyzcz	0.006*** (0.001)	0.009*** (0.001)	0.013*** (0.001)	0.011*** (0.001)
add	0.003*** (0.001)	-0.002*** (0.001)	-0.003*** (0.001)	-0.003*** (0.001)
sszb	-0.001*** (0.001)	0.001*** (0.001)	-0.005*** (0.001)	-0.004*** (0.001)
bnyfgz	0.005*** (0.001)	0.002*** (0.001)	0.006*** (0.001)	0.009*** (0.001)
C	0.176*** (0.001)	0.072*** (0.001)	0.054*** (0.001)	0.012*** (0.002)
观测值	209545	181460	312797	293019
R^2	0.316	0.004	0.006	0.013

注：*、** 和 *** 分别表示结果在 10%、5% 和 1% 的水平上显著，括号内为标准误。

五、结论与启示

本部分利用 WIOD 投入出产数据估算了 42 个国家 2000—2014 年全球价值链嵌入情况，并通过理论模型构建分析了全球价值链嵌入对资本回报率的影响机理，最后基于 42 个国家和中国制造业不同行业全球价值链嵌入环节异质性视角进行了实证检验，主要的结论和启示有以下几点。

第一，发达国家嵌入全球价值链导致了资本回报率的下降。不论是后向嵌入全球价值链，还是前向嵌入全球价值链，均对发达国家资本回报率产生了负向影响。这主要是因为发达国家技术水平远高于发展中国家，其嵌入全球价值链产生的技术溢出效应提高了发展中国家的产品质量，进而缩小了两者间的技术差距。另外，随着全球价值链嵌入程度的提升，发达国家之间的中间品贸易也为本国同类产品的生产企业带来竞争效应，进而导致资本回报率下降。

第二，获取"规模收益"是发达国家积极嵌入全球价值链的主要动力。发达国家嵌入全球价值链存在资本回报率方面的"嵌入成本"，但在资本回报额方面却有着显著的"嵌入收益"，这也是发达国家积极嵌入全球价值链的动力所在。发达国家积极嵌入全球价值链虽降低了资本回报率，但却通过扩大产品销售市场提高了资本回报额，即嵌入全球价值链的规模效应超过了"嵌入成本"，因此发达国家仍是全球价值链的积极参与者。

第三，发展中国家在资本回报率和资本回报额方面均能获取全球价值链的"嵌入收益"。发展中国家嵌入全球价值链不仅可以扩大产品销售市场实现规模扩张效应，还可学习到先进的技术与管理经验，进而提升生产效率。另外，通过进口国外先进中间品也是短期内快速提升最终产品质量的有效途径，因此嵌入全球价值链还能提升产品竞争力，进而扩大市场销售规模，获取规模收益。

第四，发展中国家资本回报率提升的"后向嵌入依赖"特征明显，难以实现持久提升。发展中国家只能获取"后向嵌入收益"，前向嵌入却无明显作用。这主要是因为发展中国家技术创新能力较弱，极易被发达国家"锁定"在全球价值链低端环节，进而导致前向嵌入能力不足。且随着发展中国家后向嵌入的不断深化，效率提升效应会因技术差距的缩小而降低，进而导致资本回报率难以实现长期稳定增长。

第五，中国技术密集型行业嵌入全球价值链对资本回报率的提升作用显著，但制造业面临着"后向嵌入作用趋缓，前向嵌入作用不足"问题。中国制造业资本回报率的提升仍依赖后向嵌入，前向嵌入的影响不显著。"后向嵌入依赖"导致产业创新能力不足，因此中国制造业多停留在全球价值链的低端环节，进而陷入"低端产业占优、高端产业落后"困境。分行业的研究结果显示，嵌入全球价值链对技术密集型行业的积极影响显著大于非技术密集型行业，这更加说明了改善中国嵌入全球价值链方式与收益的重要性。

如何扩大全球价值链嵌入的边界与纵深，不仅是发展中国家普遍面临的挑战，也是中国提升制造业资本回报率的关键所在。对此，本部分提出以下几点政策建议。

首先，协同推进制造业全球价值链的嵌入环节，构建资本回报率提升的"双向推进"格局。现阶段，依赖后向嵌入推动制造业资本回报率增长已遇到瓶颈，因此在保持后向嵌入的基础上，应努力挖掘前向嵌入的资本收益，进而构建前向嵌入与后向嵌入"双向推进"资本回报率增长的格局。

其次，优化制造业嵌入结构，努力向全球价值链高端环节攀升。中国低端制造业在全球价值链的地位已相对较高，继续推进的收益已不明朗，而能够实现高额资本回报率的高端制造业仍处于全球价值链低位，因此应努力推进该类行业向全球价值链高端攀升。

最后，加强技术自主创新能力，由"被动嵌入"向"主动嵌入"转变，力争破解"后向嵌入惯性"与"低端锁定"困境。发展中国家因技术研发能力不足，往往在全球价值链分工中处于"被动嵌入"地位，因而极易陷入"低端锁定"困境。中国嵌入全球价值链不应只追求"技术溢出"，还需加强技术自主创新能力，提升全球价值链嵌入地位与话语权，变"被动嵌入"为"主动嵌入"。

第三节 中国资本回报率增长的机制分析：供给侧结构性改革视角

2015 年 11 月，习近平总书记在中央财经领导小组第十一次会议上指出："着力加强供给侧结构性改革，着力提高供给体系质量和效率，增强经济持续增长动力。"供给侧结构性改革作为经济改革的重要举措登上历史舞台，党的十九大报告进一步强调将其作为建设现代化经济体系的重要内容。供给侧结构性改革的核心是通过推进"三去一降一补"五大任务提升要素配置效率，促进经济发展质量变革、效率变革、动力变革及全要素生产率的提高。供给侧结构性改革的首要任务是去产能，企业产能过剩源于市场失灵导致的"投资潮涌"现象（林毅夫，2007），以及政府干预导致的要素价格扭曲（干春晖等，2015），因此供给侧结构性改革势必对资本要素配置效率产生影响（李雪冬等，2018），进而使得资本回报率发生变化。那么供给侧结构性改革在持续推进的同时，对资本回报率造成了什么影响呢？在投资仍是经济增长重要驱动力的当下，对这一问题的解答，有助于中国在供给侧结构性改革进程中保持资本回报率的稳定，进而为经济稳定发展提供投资动力保障。因此，本节将从供给侧结构性改革这一重要视角出发，分析资本回报率的影响机制。

一、相关文献梳理

供给侧结构性改革是在中国经济从高速增长转向中高速增长的"新常态"背景下提出的，作为经济改革和贯彻新发展理念的重点，供给侧结构性改革内涵丰富。从现有研究文献看，学者们主要从供给侧结构性改革的理论依据、理论内涵层面及具体行业视角、法制视角和经济影响视角展开分析（李翀，2016；贾康等，2016；刘春山，2017；黄季焜，2018）。关于供给侧结构性改革的解读，2016年1月18日，习近平总书记在省部级主要领导干部学习贯彻党的十八届五中全会精神专题研讨班上的讲话中指出："供给侧结构性改革，重点是解放和发展社会生产力，用改革的办法推进结构调整，减少无效和低端供给，扩大有效和中高端供给，增强供给结构对需求变化的适应性和灵活性，提高全要素生产率。"[①]该权威解读为供给侧结构性改革指明了"问题—原因—对策"的逻辑路线（黄群慧，2016）。此外，对于如何推进供给

① 《习近平：聚焦发力贯彻五中全会精神 确保如期全面建成小康社会》，中国共产党新闻网，2016年1月18日，http://jhsjk.people.cn/article/28064766。

侧结构性改革，刘伟（2016）和蔡昉（2016）认为需要在全面深化改革的同时，推动经济制度和经济调节机制协同创新以提高全要素生产率。周密等（2017）认为应将住房市场作为宏观体系重构的起点，促使供给结构转向认知偏向式，解决供给什么的问题。

在关于供给侧结构性改革与资本回报率之间关系的研究中，首先，白让让（2016b）认为，供给侧结构性改革会导致"低效低能"行业中的国有中小企业退出，同时此类企业退出也为非过剩行业新企业的进入释放了必要资源，确保新进入企业能够获得充足的要素供给，因此过剩企业的退出和非过剩新企业的进入会使得产业结构失衡状况得以恢复，优化了产业结构。产业结构优化也可有效地降低资源配置的扭曲程度，进而提高全社会的生产效率（程俊杰，2015），因此有助于资本回报率提升。其次，去产能政策的实施可通过倒逼和激励两大手段使企业更加注重技术创新活动。张鹏（2019）研究表明，去产能政策显著提高了企业发明专利产出，增幅高达21.9%，且创新促进作用在国有企业更为明显，有利于资本回报率的提升（杨君等，2018）。最后，供给侧结构性改革会通过融资限制等举措切断产能过剩行业的资金来源，并严格把控对此类行业的补贴发放和信贷支持（王桂军，2019），过剩企业的退出有利于非过剩企业获取更多的信贷资源，对于激活非过剩企业的经济活力和提升资本回报率具有显著裨益（郭长林，2016）。

已有文献对本节研究提供了重要启示，但当前仍鲜有文献分析供给侧结构性改革对资本回报率的影响机制。本节将以供给侧结构性改革政策的实施为准自然试验，分析供给侧结构性改革对资本回报率的影响，以解决内生性问题，并丰富该领域的研究内容。

二、理论分析

本部分内容同第三章第二节第五部分，此处不再赘述。

三、研究设计

（一）模型设定

为准确分析供给侧结构性改革对企业资本回报率的影响，本章借鉴彭涛等（2021）的双重差分（DID）模型进行实证研究，具体如下

$$y_{it} = \beta_0 + \beta_1 \text{reform}_{it} + \beta_2 x_{it} + \mu_i + \gamma_t + \varepsilon_{it} \tag{6-24}$$

其中，被解释变量 $y_{i,t}$ 资本回报率，$\text{reform}_{i,t}$ 是反映企业 i 在年 t 是否受到供给侧结构性改革影响的虚拟变量，如果受到影响，$\text{reform}_{i,t}$ 否则为 0；$x_{i,t}$ 表示企业层面的控制变量；μ_i 为行业固定效应；γ_t 为年份固定效应；$\varepsilon_{i,t}$ 为随机误差。

为检验供给侧结构性改革对企业资本回报率的影响机制，本章借鉴温忠麟等（2004）使用中介效应模型进行检验，具体中介效应模型如下：

$$Z_{it} = \beta_0 + \beta_1 \text{reform}_{it} + \beta_2 x_{it} + \mu_i + \gamma_t + \varepsilon_{it} \tag{6-25}$$

$$y_{it} = \beta_0 + \beta_1 Z_{it} + \beta_2 x_{it} + \mu_i + \gamma_t + \varepsilon_{it} \tag{6-26}$$

$$y_{it} = \beta_0 + \beta_1 \text{reform}_{it} + \beta_2 Z_{it} + \beta_3 x_{it} + \mu_i + \gamma_t + \varepsilon_{it} \tag{6-27}$$

其中，Z_{it} 为中介变量，在本节具体为资本生产率（production）和产品供给结构优化（patent）。

（二）变量定义与解释

1. 被解释变量

被解释变量为资本回报率（roa），在基准回归中用企业总资产净利润率衡量，稳健性检验中用资产报酬率（return）衡量，分别进行上下 1% 缩尾处理。

2. 解释变量

主要解释变量为供给侧结构性改革（reform），用政策虚拟变量 treat 和时间虚拟变量 time 的交乘项 treat×ime 衡量。对于时间虚拟变量 treat，由于供给侧结构性改革开始实施时间是 2016 年，因此 2016 年及之后年份取值为 1，

之前取值为 0。对于政策虚拟变量 treat，由于产能过剩行业受供给侧结构性改革政策影响较大，故产能过剩行业的 treat 取值为 1，其他行业的 treat 取值为 0。借鉴韩国高等（2012）、国务院发展研究中心（2015）和杨振兵（2016）的研究，将本部分有色金属矿采选业，黑色金属矿采选业，黑色金属冶炼和压延加工业，非金属矿物制品业，石油和天然气开采业，燃气生产和供应业，石化炼焦、化学原料和化学制品制造业，化学纤维制造业，电力、热力生产和供应业，水的生产和供应业，煤炭开采和洗选业列入产能过剩行业。

3. 控制变量

企业年龄（age），是观测年份与企业成立年份之差；企业规模（size），使用企业总资产进行衡量，取对数；杠杆率（lev），以企业总负债与总资产的比值进行衡量；企业员工人数（staff），以企业员工总人数衡量，单位为万人；企业股权性质（soe），国有企业赋值为 1，非国有企业赋值为 0。

4. 中介变量

生产效率（production），以营业收入与固定资产净额之比衡量；结构优化（patent），从两个指标考虑，一是突破性创新，以发明专利授权量（invention）衡量，二是渐进性创新，以实用新型和外观设计专利授权量之和（others）衡量。主要变量的描述性统计见表 6-19。

本章以 2000—2020 年中国 A 股上市公司为样本，数据来自 CSMAR 数据库。供给侧结构性改革数据以"五年规划（计划）"纲要为主并梳理供给侧结构性改革政策，归纳界定历年供给侧结构性改革的重点行业。考虑到数据的完整性，以及数据质量对实证的影响，本部分对数据做了以下处理：①剔除在观测期内被 ST 和 *ST 的上市公司；②删除金融行业公司；③剔除重要财务数据缺失严重的上市公司。

表 6-19　主要变量的描述性统计

变量类型	变量名称	变量代码	样本量	均值	标准差	最小值	最大值
被解释变量	资本回报率	roa	46245	0.03	0.08	−0.38	0.20
	资产报酬率	return	46464	0.05	0.08	−0.35	0.28
解释变量	供给侧结构性改革	reform	47058	0.04	0.20	0	1
控制变量	企业年龄	age	43028	14.52	6.33	0	61
	企业规模	size	46534	21.74	1.50	10.84	31.04
	杠杆率	lev	46967	0.52	4.33	−0.19	877.26
	员工人数	staff	44228	0.55	2.22	0	55.28
	企业股权性质	soe	39192	0.43	0.50	0	1
中介变量	资本生产率	production	46301	7.77	19.22	0.19	148.41
	发明专利	invention	3984	2.32	1.41	0	8.92
	其他专利	others	2264	2.36	1.34	0	7.32

四、实证结果分析

（一）基准回归结果

表 6-20 报告了基准回归结果，模型（1）为未添加控制变量的结果，供给侧结构性改革（reform）的估计系数在 1% 显著性水平下为正。模型（2）为添加控制变量后的回归结果，供给侧结构性改革的系数依然显著为正，这说明供给侧结构性改革显著提高了企业资本回报率。模型（3）和模型（4）在模型（1）和模型（2）基础上加入了年份固定效应和行业固定效应，回归结果保持一致。上述结论也为中国深入推进供给侧结构性改革提供了经验支持。

表 6-20　基准回归结果

变量	模型（1）	模型（2）	模型（3）	模型（4）
reform	0.0077*** (5.20)	0.0106*** (7.00)	0.0175*** (6.20)	0.0193*** (6.82)
age		−0.0012*** (−18.04)		−0.0013*** (−9.70)
size		0.0053*** (13.74)		0.0067*** (9.54)
lev		−0.0010* (−1.87)		−0.0009* (−1.77)
staff		−0.0009*** (−6.95)		−0.0009*** (−3.91)
soe		−0.0130*** (−16.98)		−0.0099*** (−6.59)
constant	0.0324*** (90.11)	−0.0602*** (−7.34)	0.0304*** (44.38)	−0.0898*** (−5.92)
year	No	No	YES	YES
industry	No	No	YES	YES
OBS	46245	39109	42591	39108
R^2	0.0004	0.0231	0.0455	0.0681

注：***、**、* 表示在 1%、5%、10% 的水平上显著，括号内为标准误 t 值，下同。

（二）稳健性检验

前文的基准回归中无论是否使用固定效应，结果均保持一致，说明结论具有较强的稳健性。本部分进一步使用四种方法对结果进行稳健性检验。

1. 平行趋势检验

采用 DID 方法评估供给侧结构性改革的影响，需要实验组行业和对照组行业在改革前具有相同的时间趋势，否则将会导致估计误差。平行趋势检验结果显示，改革发生前每个时期的虚拟变量系数均与 0 值无显著差异，因此满足平行趋势假设。

2. 替换被解释变量

本部分将被解释变量更换为资本报酬率（return），再次检验供给侧结构性改革对资本回报率的影响。表6-21的模型（1）显示，return的回归系数在符号和显著性方面与表6-20的基准回归结果保持一致，说明基准回归结果是稳健的。

3. 不同计量方法

为了证明前文结果的稳健性，本部分计量方法使用面板固定效应进行回归，结果见表6-21的模型（2），return的回归系数依然显著为正，进一步证明了基准回归结果的稳健性。

4. 安慰剂检验

为了检验政策干预时点之后处理组和对照组趋势的变化是否受到了其他政策或者随机性因素的影响，本部分进行了安慰剂检验，安慰剂检验的核心思想是虚构处理组或者虚构政策时间进行估计，若在不同虚构方式下的估计量的回归结果依然显著，那么就说明原来的估计结果很有可能出现了偏误，被解释变量的变动很有可能是受到了其他政策变革或者随机性因素的影响。本部分置换了虚构的供给侧结构性改革时间，将2010年作为统一政策发生年，进行上述回归，表6-21的模型（3）的结果显示系数不显著，表明前文基准回归结果稳健。

表6-21　稳健性检验

变量	return	面板固定效应	安慰剂检验
	模型（1）	模型（2）	模型（3）
reform	0.0182*** (6.30)	0.0154*** (6.52)	0.0038 (1.14)
age	−0.0011*** (−7.95)	−0.0018*** (−11.94)	−0.0013*** (−9.67)
size	0.0073*** (10.41)	0.0037*** (5.02)	0.0067*** (9.51)

续表

变量	return	面板固定效应	安慰剂检验
	模型（1）	模型（2）	模型（3）
lev	−0.0007*	−0.0008**	−0.0009*
	(−2.00)	(−2.04)	(−1.77)
staff	−0.0009***	−0.0008***	−0.0009***
	(−3.80)	(−2.84)	(−3.88)
soe	−0.0119***	−0.0137***	−0.0100***
	(−7.70)	(−7.00)	(−6.65)
constant	−0.0873***	−0.0288*	−0.0889***
	(−5.77)	(−1.89)	(−5.87)
year	YES	YES	YES
industry	YES	YES	YES
OBS	39108	39109	39108
R^2	0.0699	0.0393	0.0663

注：***、**、* 表示在 1%、5%、10% 的水平上显著，括号内为标准误 t 值，下同。

（三）异质性检验

1. 分制造业与非制造业

为检验供给侧结构性改革对企业资本回报率的影响在不同行业中的差异，本部分将样本分为制造业和非制造业分别进行回归，回归结果如表 6−22 中模型（1）和模型（2）所示，供给侧结构性改革对企业资本回报率的影响在制造业中显著为正，在非制造业中则不存在显著的正向影响。

2. 分行业密集度类型

为检验供给侧结构性改革对不同密集度行业资本回报率影响的差异，本部分将样本数据分为劳动密集型、技术密集型和资本密集型分别进行回归分析，其中，劳动密集型行业包括食品加工、食品制造、饮料制造、烟草制品、纺织、纺织服装、皮革制品、木材加工共 8 个行业，技术密集型行业包括化学原料、医药制造、通用设备、专用设备、交通运输、电气机械、通信设备、仪器仪表共 8 个行业，其余行业为资本密集型行业。具体结果如表 6-22 中模型（3）-模型（5）所示，技术密集型和资本密集型行业供给侧结构性改革均对资本回报率有着积极影响，而劳动密集型行业供给侧结构性改革对资本回报率的影响不显著。

表 6-22　异质性检验结果

变量	制造业	非制造业	劳动密集型	技术密集型	资本密集型
	模型（1）	模型（2）	模型（3）	模型（4）	方程 (5)
reform	0.0194*** (5.72)	0.0058 (1.35)	−0.0024 (−0.28)	0.0215*** (5.23)	0.0188*** (5.16)
age	−0.0014*** (−7.68)	−0.0010*** (−5.35)	0.0001 (0.22)	−0.0010*** (−4.39)	−0.0011*** (−6.44)
size	0.0074*** (6.39)	0.0053*** (6.12)	0.0253*** (6.65)	0.0054*** (3.55)	0.0059*** (7.56)
lev	−0.0008* (−1.85)	−0.0029** (−1.99)	−0.1424*** (−9.01)	−0.0760*** (−7.14)	−0.0007** (−2.09)
staff	−0.0001 (−0.10)	−0.0009*** (−4.27)	0.0005 (0.12)	0.0044*** (3.02)	−0.0009*** (−4.41)
soe	−0.0165*** (−8.20)	0.0022 (1.04)	−0.0149*** (−2.92)	−0.0098*** (−4.14)	−0.0049*** (−2.66)
constant	−0.1000*** (−4.09)	−0.0724*** (−3.68)	−0.4483*** (−5.61)	−0.0332 (−1.09)	−0.0817*** (−4.75)
year	YES	YES	YES	YES	YES
industry	YES	YES	YES	YES	YES
OBS	24497	14611	2831	14195	22082
R^2	0.0690	0.0824	0.3242	0.1953	0.0686

注：***、**、* 表示在 1%、5%、10% 的水平上显著，括号内为标准误 t 值，下同。

五、影响机制分析

　　供给侧结构性改革一方面可能通过影响资本生产率改变资本回报率，另一方面还可能通过优化企业结构改变资本回报率，为了验证上述猜想，本部分借助中介效应模型进行实证检验。

（一）供给侧结构性改革、资本生产效率与资本回报率

本部分选取资本生产率作为中介变量，以分析供给侧结构性改革是否通过资本生产率影响资本回报率。第一步，先检验供给侧结构性改革对资本生产率的影响，表 6-23 的模型（1）显示 reform 的回归系数显著为负，说明供给侧结构性改革降低了资本生产率。第二步，检验资本生产率对资本回报率的影响，模型（2）显示 production 的回归系数显著为正，表明提高资本生产效率能够促进资本回报率提升。第三步，将 reform 和 production 同时作为解释变量，从模型（3）发现纳入生产效率后，供给侧结构性改革的影响较基准回归下降。上述结果表明，供给侧结构性改革可通过降低资本生产率抑制企业资本回报率提升。

表 6-23　中介效应回归结果：生产效率

变量	production	roa	roa
	模型（1）	模型（2）	模型（3）
reform	−1.4506**		0.0109***
	(−2.44)		(7.03)
production		0.0002***	0.0002***
		(6.01)	(6.08)
age		−0.0013***	−0.0013***
		(−9.65)	(−9.70)
size	0.0384	0.0065***	0.0065***
	(0.83)	(9.17)	(9.19)
lev	0.0782	−0.0010*	−0.0010*
	(0.30)	(−1.66)	(−1.66)
staff	0.1658***	−0.0008***	−0.0008***
	(16.05)	(−3.67)	(−3.69)
soe	−0.9357	−0.0100***	−0.0099***
	(−1.63)	(−6.69)	(−6.60)

续表

变量	production	roa	roa
	模型（1）	模型（2）	模型（3）
constant	6.6213 (1.18)	−0.0872*** (−5.66)	−0.0885*** (−5.75)
year	YES	YES	YES
industry	YES	YES	YES
OBS	39062	39062	39062
R^2	0.1887	0.0682	0.0702

注：***、**、* 表示在 1%、5%、10% 的水平上显著，括号内为标准误 t 值。

（二）供给侧结构性改革、供给结构优化与资本回报率

技术创新是推进企业供给结构优化的主要动力，因此本部分借助实质性创新作为供给结构优化的代理变量，具体而言，实质性创新由企业发明专利授权量来衡量。另外，本部分还选择实用新型和外观设计专利授权量衡量策略性创新，一般而言，策略性创新较难推动结构优化。表6-24的模型（1）—模型（3）检验了企业实质性创新带来的结构优化对资本回报率的影响，结果表明，供给侧结构性改革显著提升了企业的实质性创新，这也说明当前的结构性改革促进了企业的供给结构优化。由于供给结构优化是企业资本回报率提升的重要动力，因此供给侧结构性改革通过促进供给结构优化提升了企业的资本回报率的提升。模型（4）—模型（6）检验了企业策略性创新对资本回报率的影响，结果显示，供给侧结构性改革对企业策略性创新并无显著影响，进而无法有效促进资本回报率的提升。

表6-24　中介效应回归结果：供给结构

变量	invention	roa	roa	others	roa	roa
	模型（1）	模型（2）	模型（3）	模型（4）	方程(5)	方程(6)
reform	0.3286*** (3.07)		0.0186*** (3.39)	−0.0323 (−0.19)		0.0320*** (4.22)

续表

变量	invention	roa	roa	others	roa	roa
	模型（1）	模型（2）	模型（3）	模型（4）	方程(5)	方程(6)
Invention		0.0050***	0.0052***			
		(5.37)	(5.56)			
Others					0.0034***	0.0034***
					(2.91)	(2.91)
age	−0.0120**	−0.0001	−0.0002	−0.0130*	−0.0000	−0.0000
	(−2.21)	(−0.64)	(−0.70)	(−1.67)	(−0.16)	(−0.01)
size	0.5697***	0.0068***	0.0068***	0.3841***	0.0074***	0.0072***
	(13.95)	(3.62)	(3.62)	(6.93)	(2.70)	(2.65)
lev	−0.1823	−0.1324***	−0.1323***	0.3592*	−0.1305***	−0.1302***
	(−1.19)	(−12.10)	(−12.09)	(1.82)	(−8.72)	(−8.72)
staff	0.2078***	−0.0003	−0.0004	0.3756***	0.0026	0.0023
	(3.91)	(−0.26)	(−0.40)	(3.63)	(0.60)	(0.53)
soe	0.1651**	−0.0083***	−0.0081***	0.0462	−0.0024	−0.0021
	(2.09)	(−2.84)	(−2.80)	(0.53)	(−0.60)	(−0.52)
constant	−9.9660***	−0.0599	−0.0603	−5.9974***	−0.0754	−0.0728
	(−11.78)	(−1.57)	(−1.59)	(−5.37)	(−1.35)	(−1.32)
年份固定	是	是	是	是	是	是
行业固定	是	是	是	是	是	是
OBS	3976	3976	3976	2252	2252	2252
R^2	0.4054	0.2304	0.2336	0.2841	0.2117	0.2196

注：***、**、* 表示在 1%、5%、10% 的水平上显著，括号内为标准误 t 值。

六、结论

自 2015 年 11 月中央财经领导小组第十一次会议上首次提出供给侧结构性改革以来，政府工作报告等重要文件纷纷将其作为经济改革的主要方向。中国经济转向高质量发展阶段过程中，供给侧结构性改革对经济增长的重要性愈发凸显。在传统行业产品需求日益饱和的背景下，基于供给侧结构性改革视角探寻新型动力机制则显得更加必要。基于此，本部分基于供给侧结构性改革的视角分析了资本回报率提升的机理，并采用 2000—2020 年中国上市公司数据进行了实证检验，最后还对上述影响机制进行了实证分析，得出的主要结论有二：一是供给侧结构性改革可以显著提升企业资本回报率，且在增加双向固定效应后，上述影响更加显著，这也说明中国供给侧结构性改革仍有进一步深化和推广的必要性。二是供给侧结构性改革对企业资本回报率的影响存在行业异质性，供给侧结构性改革对制造业企业资本回报率的影响显著为正，而对非制造业企业的影响不显著。此外，对于技术密集型和资本密集型行业的企业，供给侧结构性改革均对资本回报率均存在显著正向影响，而对劳动密集型行业的企业影响不显著。三是供给侧结构性改革一方面通过降低资本生产率降低了企业资本回报率，另一方面还通过初级供给结构优化提升了企业资本回报率。

第四节　本章小结

本章从投资扩张、房价上涨、全球价值链嵌入和供给侧结构性改革四个视角分析了中国资本回报率增长的影响机制，得出的主要结论有四：

第一，在投资扩张系数较高的东部地区存在着"金融失效"现象，在投资扩张系数较低的西部地区存在着"金融诅咒"现象，在投资扩张系数居中的中部地区则存在着"结构失调"现象。

现阶段，中国存在着金融发展不足与发展过度并存的问题，以金融发展促进资本回报率提升面临着诸多挑战，因此本章的研究结论对企业发展和资本回报率提升政策的制定有着重要启示：首先，企业发展应选择合适的投资模式，并尽量规避外部干扰。适当利用外部资金，有助于企业资本回报率的提升，但过度依赖外部资金则会面临陷入"金融诅咒"的风险。在选择外源发展型投资时，如何准确分析所面临的市场环境和政策约束，尽量减少政府干预等外部不确定性的影响，是企业必须重视的问题。其次，基于金融发展层面制定资本回报率的提升政策应因地制宜。东部地区对外部资金的利用还存在较大的提升空间，因此适度地"加杠杆"会促进资本回报率的提升；西部地区则面临着"金融诅咒"问题，因此"去杠杆"是当务之急；中部地区则面临着"结构失调"问题，重点是优化金融结构。最后，如果中国能够更加注重市场配置资源的基础性作用，推进经济由"政府主导"向"市场主导"转变、由"数量驱动"向"质量驱动"转变，则会有利于技术水平和人力资本的持续提升，最终实现资本回报率的稳步提升和经济的持续健康发展。

第二，房价上涨导致了中国城市制造业资本回报率下降。对中国城市整体样本的分析发现，房价上涨对制造业资本回报率存在着显著的负向影响，这说明中国城市房价上涨的红利已逐渐消失，并对制造业发展带来了消极影响。上述发现也在一定程度上解释了制造业投资增速持续走低的原因，即房价上涨降低了制造业资本回报率，进而导致企业投资动力下降，制造业发展也因此陷入困境。影响机制分析显示，房价上涨带动建筑业扩张，由此产生的挤出效应抑制了制造业资本回报率的增长。房价上涨助推建筑业利润不断提升，从而导致劳动力与资本要素加速从制造业流向建筑业，改变了就业结构和投资结构，对制造业资本回报率产生了明显的抑制效应。进一步分析还发现，房价上涨带动建筑业扩张，既对制造业要素投入产生了绝对挤出效应，又冲击了制造业与建筑业之间的要素投入结构，进而降低了资本回报率，阻碍了制造业健康持续发展。房价上涨还通过资源错配和技术创新影响到制造业资本回报率。进一步研究发现，房价上涨除了导致城市就业和资本流向建筑业外，还使得房地产业的资本回报率显著增长，进而减少制造业可获取的资源，由此产生的资源错配降低了制造业资本回报率。同时，使用城市创新指数作为中介变量的研究显示，房价上涨不利于城市技术创新，并导致制造业资本回报率下降。

第三，中国技术密集型行业嵌入全球价值链对资本回报率的提升作用显著，但制造业面临着"后向嵌入作用趋缓，前向嵌入作用不足"问题。中国制造业资本回报率的提升仍依赖后向嵌入全球价值链，前向嵌入的影响不显著。"后向嵌入依赖"导致产业创新能力不足，因此中国制造业多停留在全球价值链的低端环节，进而出现"低端产业占优、高端产业落后"困境。分行业的研究结果发现，嵌入全球价值链对技术行业的积极影响显著大于非技术型行业，这更加说明了改善中国嵌入全球价值链方式与收益的重要性。

如何扩大全球价值链嵌入的边界与纵深，不仅是发展中国家普遍面临的挑战，也是中国提升制造业资本回报率的关键所在。为此，本书提出以下几点政策建议：首先，协同推进制造业全球价值链的嵌入环节，构建资本回报率提升的"双向推进"格局。现阶段，依赖后向嵌入推动制造业资本回报率增长已遇到瓶颈，因此在保持后向嵌入的基础上，应努力挖掘前向嵌入的资本收益，进而构建前向嵌入与后向嵌入"双向推进"资本回报率增长的格局。其次，优化制造业嵌入结构，努力向全球价值链高端环节攀升。中国低端制造业在全球价值链的地位已相对较高，继续推进的收益已不明朗，而能够实现高额资本回报率的高端制造业仍处于全球价值链低位，因此应努力推进该类行业向全球价值链高端环节攀升。最后，加强技术自主创新能力，由"被动嵌入"向"主动嵌入"转变，力争破解"后向嵌入惯性"与"低端锁定"困境。发展中国家因技术研发能力不足，往往在全球价值链分工中处于"被动嵌入"地位，因而极易陷入"低端锁定"困境。中国嵌入全球价值链不应只追求"技术溢出"，还需加强技术自主创新能力，提升全球价值链嵌入地位与话语权，变"被动嵌入"为"主动嵌入"。

第四，供给侧结构性改革可以显著提升企业资本回报率，且在各类稳健性检验中，上述影响依旧显著，这也说明中国供给侧结构性改革仍有进一步深化和推广的必要性。供给侧结构性改革对企业资本回报率的影响存在行业异质性，供给侧结构性改革对制造业企业资本回报率的影响显著为正，而对非制造业企业的影响不显著。此外，对于技术密集型和资本密集型行业的企业，供给侧结构性改革均对资本回报率均存在显著正向影响，而对劳动密集型行业的企业影响不显著。供给侧结构性改革一方面通过降低资本生产率而降低了企业资本回报率，另一方面又通过初级供给结构优化而提升企业资本回报率。

第七章　基于不同背景的劳动收入与资本回报率协同增长机制

第一节　城乡二元背景下的协同增长机制

"十三五"是实现"双倍增"计划的重要时期，其中劳动收入倍增更是跨越"中等收入陷阱"的关键所在。但提高劳动收入带来的生产成本上升，加上本已存在的资本边际报酬递减效应，会显著降低资本回报率，进而引起投资下降与经济增速放缓，不利于 GDP 倍增目标的实现。另外，去产能政策一方面因要素投入减少导致产出下降，另一方面因产业结构调整导致原有功能性收入分配机制受到冲击，从而降低劳动收入与资本回报并加剧收入分配失调，给"双倍增"计划带来巨大挑战。虽然近年来劳动收入有了上涨趋势（Zhang et al., 2011），但令人遗憾的是，劳动收入与资本回报率并未出现协同增长迹象。长期逆资源禀赋的投资战略（林毅夫，2015）以及劳动力过剩与产业结构调整，造成劳动收入一直处于低增长状态。与此同时，浙江还面临着高投资率与成本上升等导致的资本回报率大幅下降问题（白重恩等，2014），出现了劳动收入增长乏力与资本回报率下降共存的窘境，进而扼杀了经济增长的两大关键动力（消费与投资）。且以往提升劳动收入或资本回报率的单一目标政策，易导致另一指标的失衡，而协同增长机制研究的缺失，又使得复合目标政策的制定无章可循。因此迫切需要跳出已有研究范式，寻找劳动收入与资本回报率协同增长的新型动力机制，不仅为"双倍增"计划的实现提供理论依据，还为实现供给侧结构性改革提供新的思路与抓手。

一、相关文献梳理

已有研究认为经济增长是提高资本回报率的重要动力，而劳动者报酬的提高会降低资本回报率（黄先海等，2012a；陈培钦，2013），高劳动力转移成本还是导致中国制造业区域发展不均衡的重要因素（林理升等，2006）。但是如果劳动力可以通过"干中学"提高技术水平和生产效率，进而增加中国人力资本的供给（Lewis，1954），那么劳动报酬提升可能不会产生负向影响。人力资本的增长能够减缓资本深化的程度，提高资本的利用效率，因此对资本回报率有着促进作用（杨君等，2018）。人力资本还可以通过吸引先进资本和技术的流动并产生溢出效应，进而影响资本回报率的变动（Song et al., 2011）。人力资本提升对资本回报率的影响还存在区域差异，人力资本在东部和中部地区对资本回报率均有着显著的促进作用，在西部地区则存在着显著的负向作用（杨君等，2018）。

除了人力资本提升外，刘晓光等（2014）还认为劳动力转移是中国资本回报率提升的重要原因，罗知等（2014）、张勋等（2016）也得出了类似结论。农业部门的劳动力向非农部门转移，一方面增加了非农部门的就业，另一方面促进了技术进步，进而有助于资本回报率提升（刘晓光等，2014）。劳动力通过区域间迁移可以有效改善资源配置效率（许召元等，2008），进而促进资本回报率提升。孙巍等（2008b）的研究也发现，劳动力流出会导致资本回报率下滑，而劳动力回流可以扭转资本回报率的下滑趋势，这进一步说明劳动转移会提高资本回报率。

已有文献对本章研究提供了重要的启示与借鉴，但通过对已有文献的梳理可以发现，现有研究主要关注劳动收入提升对资本回报率的影响，且多认为劳动收入提升对资本回报率有负向影响，因此无法探讨资本回报率与劳动收入协同增长的机制。本书通过理论与实证研究发现，劳动收入与资本回报率之间存在互相促进作用，即劳动收入对资本回报率存在促进作用，资本回报率对劳动收入也存在促进作用。本章将通过构建一个劳动收入和资本回报率协同增长的理论模型，并通过中国城市数据进行实证检验，以深入探讨两者协同增长的具体机制，进而为中国经济发展提供启示与参考。

二、理论分析

此部分同第三章第四节第一部分，此处不再赘述。

三、研究设计

（一）模型设计

根据本书第 3 章的理论分析可知，劳动收入与资本回报率均受资本存量的影响。其中，资本存量增长对劳动收入有促进作用，但对资本回报率的影响则是不确定的。这是因为资本存量增长过程中还可能发生了技术进步。如果技术进步的溢出效应足够大，则会扭转资本存量增长导致的不利影响。为了检验上述理论结果，本部分使用面板固定效应模型进行实证分析，具体的模型为

$$\text{wage} = \alpha_0 + \alpha_1 K + \alpha X + \varepsilon \tag{7-1}$$

$$r = \beta_0 + \beta_1 K + \beta_2 K \times \text{tfp} + \beta X + \varepsilon \tag{7-2}$$

其中，式（7-1）用于检验资本存量增长对劳动收入的影响，式（7-2）用于检验资本存量及其与技术进步交叉项对资本回报率的影响。

（二）变量选取与数据来源

本书选取 2004—2016 年中国 285 个地级及以上城市的市辖区的制造业作为研究样本。

1. 被解释变量：资本回报率（r）

资本回报率的测度主要包括基于国民经济核算数据的测度方法和基于行业数据的测度方法。鉴于《中国城市统计年鉴》中的城市统计指标特点，本部分借鉴卢锋（2007）的研究，使用利润总额与固定资产净值年平均余额的比值作为城市制造业资本回报率的代理变量。

2. 劳动收入（wage）

工资水平决定了产业发展的劳动力成本，因此也是资本回报率的重要影响因素，本部分使用职工平均薪资衡量劳动收入。

3. 资本存量（K）

本部分使用制造业固定资产净值年均月衡量资本存量。

4.技术进步（tfp）

本部分使用DEA-Malmquist指数衡量技术进步，具体以资本存量和劳动力作为投入指标，以制造业总产值作为产出指标，借助deap软件测算DEA-malmquist指数。

5.经济发展水平（gdp）

城市经济发展水平越高，制造业发展潜力越大，对生产性服务业的需要也越高，因此生产性服务业多偏好经济发展水平较高的城市，本部分以各城市的GDP衡量经济发展水平。

6.基础设施水平（road）

基础设施建设是产业发展的基础支撑，基础设施越完善，对制造业和生产性服务业的吸引力越大，本部分使用各城市的人均道路铺装面积衡量基础设施水平。

7.政府干预程度（gov）

政府干预存在于经济发展的诸多层面，对资源配置效率产生了深入影响，本部分以财政支出占财政收入的比重衡量政府干预程度。

各变量的描述统计值见表7-1。

表7-1　各变量的描述性统计值

变量	样本量	均值	标准差	最小值	最大值
r	3705	15.08	15.20	−241.27	151.09
K	3705	5.22	1.34	−0.16	9.12
wage	3705	9.81	0.54	8.57	14.54
gdp	3705	5.69	1.23	2.28	9.93
road	3705	2.18	0.63	−3.91	5.18
gov	3705	0.64	0.51	−0.98	3.78
tfp	3705	−1.06	0.55	2.66	8.16

三、实证结果

（一）基准回归结果

表 7-2 报告了资本存量对劳动收入的影响。模型（1）是不加控制变量的回归结果——资本存量增长显著促进了劳动收入增长。模型（2）至模型（5）是依次加入控制变量的回归结果——资本存量增长对劳动收入依然存在显著的促进作用，说明回归结果较为稳健。出现上述结果的原因是，资本存量的增长使得劳动力的相对数量下降，劳动边际产出提升，因此有助于提高劳动收入。另外，资本存量增长往往也包含了技术进步，因此能够提高劳动生产率，进而增加劳动收入。

表 7-2 基准回归结果（一）

变量	模型 (1)	模型 (2)	模型 (3)	模型 (4)	模型 (5)
K	0.04*** (0.01)	0.01* (0.01)	0.01* (0.01)	0.01** (0.01)	0.01** (0.01)
gdp		0.25*** (0.01)	0.24*** (0.01)	0.24*** (0.01)	0.01 (0.01)
road			0.01* (0.01)	0.01** (0,01)	0.01** (0.01)
gov				0.02** (0.01)	0.01** (0.01)
constant	9.07*** (0.02)	8.36*** (0.02)	8.36*** (0.02)	8.35*** (0.02)	9.60*** (0.04)
时间固定效应	否	否	否	否	是
个体固定效应	是	是	是	是	是
OBS	3705	3705	3705	3705	3705

注：*、** 和 *** 分别表示结果在 10%、5% 和 1% 的水平上显著，括号内为标准误 t 值。

表 7-3 报告了资本存量对资本回报率的影响结果。模型（1）为不加控制变量的回归结果——资本存量不显著。模型（2）至模型（5）是依次加入控制变量的回归结果——资本存量的增长显著降低了资本回报率，这是因为

资本存量增长提高了资本深化水平，降低了资本边际产出，因此对资本回报率产生了抑制作用。理论分析结果表明，在资本存量增长的过程中，如果发生了技术进步且其溢出效应较大，则会减弱甚至扭转资本存量对资本回报率的负向影响。为了验证这一结论，表 7-3 在模型（6）中纳入了技术进步与资本存量的交叉项，结果显示，交叉的回归结果显著为正，即技术进步可以缓解资本深化的负向影响。

综合表 7-2 和表 7-3 的结果可知，资本存量增长能够促进劳动收入提升，但不利于资本回报率的增长，因此以往研究多认为劳动收入与资本回报率难以实现协同增长。但纳入技术进步与资本存量的交叉项后，可以发现技术进步能够缓解资本存量对资本回报率的负向影响，如果技术进步的效应足够大则能够扭转资本存量增长对资本回报率的不利影响，从而实现劳动收入与资本回报率的协同增长。

表 7-3　基准回归结果（二）

变量	模型 (1)	模型 (2)	模型 (3)	模型 (4)	模型 (5)	模型 (6)
K	0.28 (0.77)	-6.85^{***} (1.42)	-6.91^{***} (1.42)	-6.94^{***} (1.41)	-7.00^{***} (1.66)	-7.31^{***} (1.67)
gdp		12.97^{***} (1.67)	13.92^{***} (1.82)	14.04^{***} (1.80)	31.12^{***} (6.06)	29.10^{***} (5.82)
road			-1.80^{*} (1.22)	-1.96^{*} (1.20)	-1.67^{*} (1.24)	-1.46 (1.21)
gov				-2.42^{**} (1.25)	-1.94^{*} (1.32)	-1.78^{*} (1.39)
$k\times$tfp						0.02^{*} (1.57)
constant	13.60^{***} (4.04)	-22.97^{***} (4.41)	-24.11^{***} (4.59)	-22.78^{***} (4.75)	-109.03^{***} (26.47)	-108.37^{***} (28.50)
时间固定效应	否	否	否	否	是	是
个体固定效应	是	是	是	是	是	是
OBS	3705	3705	3705	3705	3705	3705

注：*、** 和 *** 分别表示结果在 10%、5% 和 1% 水平上显著，括号内为标准误 t 值。

（二）异质性分析

由于中国区域发展差异较大，因此本部分将中国 285 个城市样本按东部、中部和西部划分为三个样本，分别进行回归分析，结果详见表 7-4。结果显示资本存量增长对东部、中部和西部城市劳动收入的影响均显著为正，这也与中国总体样本的回归结果保持一致。

表 7-4 分地区回归结果：资本存量对劳动收入的影响

变量	东部		中部		西部	
k	0.14*** (0.01)	0.13*** (0.01)	0.15*** (0.01)	0.11*** (0.01)	0.13*** (0.01)	0.10*** (0.01)
constant	9.10*** (0.04)	8.94*** (0.04)	9.00*** (0.04)	8.86*** (0.03)	9.09*** (0.04)	8.98*** (0.04)
控制变量	否	是	否	是	否	是
时间 / 个体 固定效应	是	是	是	是	是	是
OBS	1300	1300	1313	1313	1092	1092

注：*、** 和 *** 分别表示结果在 10%、5% 和 1% 的水平上显著，括号内为标准误 t 值。

表 7-5 报告了资本存量对资本回报率影响的分地区回归结果。东部地区资本存量的增长显著降低了资本回报率，纳入资本存量与技术进步的交叉项后，资本存量的负向影响显著，交叉项则有着显著的正向影响，说明东部地区技术进步缓解了资本存量的负向影响。中部地区的回归结果显示，资本存量增长显著降低了资本回报率，但交叉项的影响不显著。西部地区的回归结果显示，资本存量增长显著降低了资本回报率，且交叉项也有着显著的负向影响。出现上述区域差异的可能原因是，东部地区产业较为高端，技术进步能够提高资本的生产效率，因此有助于资本回报率提升；中部地区产业相对低端，且正处于持续升级过程中，因此导致技术进步的作用难以充分发挥；西部地区产业结构最为低端，增长方式仍以粗放型为主，因此技术进步多为资本偏向型，即通过大规模新增投资或对原有设备

进行升级换代以实现经济增长，在这一进程中，虽也能实现技术进步，但也带来了资本深化程度的急剧提升，因此对资本回报率产生了明显的负向影响。

表 7–5　分地区回归结果：资本存量对资本回报率的影响

变量	东部			中部			西部		
k	−3.98**	−6.54***	−6.38***	−6.83***	−9.51***	−9.57***	−3.93	−5.48*	−6.44***
	(2.17)	(2.22)	(0.80)	(2.15)	(2.20)	(0.84)	(3.08)	(3.18)	(1.06)
$k \times \text{tfp}$			0.22***			−0.12			−0.54***
			(0.08)			(0.11)			(0.17)
constant	30.55***	−76.67**	−77.31***	−144.29***	−150.24***	−151.35***	21.89*	−144.29***	−139.69***
	(11.86)	(37.06)	(18.30)	(51.18)	(45.64)	(19.79)	(13.09)	(51.18)	(25.99)
控制变量	否	是	是	否	是	是	否	是	是
时间/个体固定效应	是	是	是	是	是	是	是	是	是
OBS	1300	1300	1300	1313	1313	1313	1092	1092	1092

注：*、** 和 *** 分别表示结果在 10%、5% 和 1% 的水平上显著，括号内为标准误 t 值。

四、协同增长分析：联立方程

根据理论分析可知，劳动收入和资本回报率均受到资本存量、技术进步和农业转移人口的影响，农业转移人口又受到劳动收入的影响，资本回报率则是投资的重要影响因素，因此为了分析劳动收入和资本回报率协同增长机制，构建如下联立方程

$$\begin{cases} w = C + \alpha_1 r + \alpha_2 \text{tra} + \alpha_3 \text{tfp} + \alpha_4 k + \alpha_5 l + \varepsilon + \delta \\ r = C + \beta_1 w + \beta_2 \text{tra} + \beta_3 \text{tfp} + \beta_4 k + \varepsilon + \delta \\ \text{tra} = C + \phi_1 w + \phi_2 \text{gov} + \phi_3 \text{road} + \phi_4 \text{gdp} + \varepsilon + \delta \end{cases} \quad （7\text{–}3）$$

其中，tra 表示农业转移人口，本部分使用非农劳动力与农业劳动力比值作为代理变量，l 为非农劳动力数量。

使用联立方程的回归结果如表 7–6 所示。模型（1）显示，资本回报率增长能够促进劳动收入增长；模型（2）显示，劳动收入增长也显著促进了

资本回报率增长。上述结果说明劳动收入与资本回报率之间是互相促进关系，即两者实现了协同增长。其他变量的回归结果显示，资本存量增长降低了资本回报率，技术进步促进了资本回报率增长，这也与前文的结果保持一致，进一步证明了理论分析的结论：虽然资本存量增长不利于资本回报率提升，但只要技术进步的溢出效应足够大，资本回报率依然可以实现增长。资本存量增长促进了劳动收入增长，这可能是因为资本存量增长提高了劳动的边际产出，技术进步不利于劳动收入增长，这主要是因为中国技术进步多为资本偏向型，有利于资本要素收入提升，却对劳动收入有着抑制作用。

表 7-6　联立方程的回归结果

变量	模型（1）	模型（2）	模型（3）
	w	r	tra
r	0.1588*(0.086)		
w		1.7011***(0.309)	0.0288(0.025)
tra	0.4061(2.289)	1.3054(4.991)	
tfp	−0.7003***(0.236)	2.0497***(0.680)	
k	0.4710***(0.137)	−0.8954**(0.368)	
l	−0.2103***(0.057)		
gov			1.0131***(0.147)
road			−0.0018(0.002)
gdp			0.0431***(0.007)
constant	8.1840***(0.633)	−11.9777***(3.052)	−1.7470***(0.182)
行业固定	是	是	是
年份固定	是	是	是
OBS	2260	2260	2260
R^2	0.400	−0.371	0.054

注：*、** 和 *** 分别表示在 10%、5% 和 1% 的水平上显著，括号内的数值为聚类稳健标准误下对应的 t 值。

五、主要结论

本部分从理论上分析了劳动收入与资本回报率实现协同增长的原理，并使用中国 285 个地级城市数据分析了劳动收入与资本回报率协同增长的机制，主要结论如下。

第一，资本存量增长是劳动收入提升的重要动力，但不利于资本回报率的增长。出现上述情况的主要原因是，资本存量增长提高了资本相对劳动力的数量，劳动力的边际产出增加，资本的边际产出减少。

第二，技术进步能够减轻资本存量对资本回报率的负向影响。整体数据的实证分析显示，虽然资本存量对资本回报率有着负向影响，但是技术进步可以减轻上述不利影响。如果在资本存量增长的同时能够实现技术进步对资本回报率的促进作用，则可以减轻资本存量增长的不利作用；如果技术进步的作用足够大，甚至能够逆转资本存量的负向影响，进而在资本存量增长的同时，实现劳动收入与资本回报率的协同增长。

第三，技术进步的作用存在区域异质性。在东部地区，技术进步能够缓解资本存量对资本回报率的不利影响；在西部地区，则加剧了资本存量的不利影响；在中部地区，技术进步的影响不显著。出现上述区域差异的一个主要原因是产业结构不同，东部地区产业结构相对高端，产业发展对技术进步需求较大；中部地区的产业结构相对低端，对技术进步的需求较小，因此不利于技术进步作用的发挥；在西部地区，技术进步则多为资本偏向型，即依赖引进机器设备进行生产技术的革新换代，进而导致资本深化程度进一步提升，降低了资本边际产出，因此加剧了资本存量对资本回报率的不利影响。

第四，劳动收入与资本回报率在劳动力城乡转移过程中可实现协同增长。制造业的高工资吸引农业劳动力不断向城市转移，劳动收入也因此得以增长。农业劳动力向城市转移为制造业部门提供了充足的劳动力资源，进而有助于制造业部门扩张，由此带来的资本存量增长虽然会降低资本回报率，但一方面劳动力的增长会缓解资本边际产出的下降,另一方面在资本存量增长的过程中往往还伴随着技术进步,而技术进步可以促进资本回报率提升,因此只要技术进步的作用足够大,则可以缓解甚至扭转资本存量的不利影响,从而实现资本回报率的增长。

第二节 去产能背景下的协同增长机制

中国制造业的产能过剩存在着长期性和普遍性特征,不仅降低了资源配置效率,也影响了社会整体福利水平的提升(史仕新等,2019),因此成了困扰中国经济发展的顽疾之一。产能过剩的成因虽然较为复杂(Kamien et al.,1972;Kirman et al.,1986;Dixon et al.,2011),但过度投资和低水平重复建设对中国制造业产能过剩的形成有着重要推动作用(王立国,2010;韩国高等,2011;韩保江等,2017),产能过剩导致的资本周转速度放缓和企业盈利水平下降,降低了企业的资本回报率,不利于制造业的健康持续发展。另外,产能过剩还使得企业开工不足,就业岗位减少,由此导致劳动力市场需求下降,进而给劳动收入增长带来不利影响。近年来,中国资本回报率的持续下滑已成为不争的事实(杨君等,2018),同时中国还存在着劳动收入增长乏力问题,进而给GDP和劳动收入"双倍增"目标的实现造成严重困扰,因此如何在去产能背景下探寻劳动收入与资本回报率协同增长的机制成了学界和政府亟待解决的问题。

一、相关文献梳理

去产能政策可通过调节行业过剩产能对劳动收入和资本回报率产生影响。一方面,去产能政策会导致"低效低能"行业的国有中小企业退出,此类企业退出为非过剩行业新企业的进入释放了必要资源,特别是确保新进入企业能够获得充足的要素供给,因此过剩行业的企业退出和非过剩行业的新企业进入有助于产业结构失衡状况的改善,优化了产业结构(白让让,

2016b）。而产业结构优化则可以有效降低资源配置的扭曲程度，实现劳动和资本要素的合理配置，最终提高全社会的生产效率（程俊杰，2015），因此有助于劳动收入和资本回报率的提升。去产能政策在优化产业结构的同时，也导致了退出企业的工人失业问题，张杰等（2016b）研究显示，我国钢铁行业去产能导致了 40 万～60 万人失业，煤炭去产能导致了 60 万～130 万人失业。失业人数增多还进一步导致劳动力工资议价能力下降，从而使得劳动收入降低，劳动收入下滑还会导致薪酬对企业绩效的激励作用缺失（丁志国等，2018），最终不利于资本回报率提升。因此去产能政策对劳动收入和资本回报率的影响存在双面性，不仅是一个理论问题，更是一个实证问题。另一方面，去产能政策通过倒逼和激励两大手段促使企业更加注重技术创新活动。去产能政策提高了低效企业退出市场的风险，企业为了在去产能进程中存活下来，不得不加大技术创新力度，提高产品质量和竞争力。另外，去产能政策还设置了中央和地方政府的财政奖补资金，对去产能政策推进较好的企业进行奖补，激励了企业技术创新积极性，加快了供给侧结构性改革和产业转型升级的步伐。张鹏（2019）的研究表明，去产能政策显著提高了企业发明专利产出，增幅高达 21.9%，且创新促进作用在国有企业更为明显。在技术创新已成为中国资本回报率提升最为有效动力的当下（杨君等，2018），通过去产能政策实施带来的技术进步有助于资本回报率提升。虽然不同类型技术进步对劳动收入的影响还存在争议，但技术创新是经济增长的源泉，也是劳动收入增长的根本动力，去产能政策实施带来的技术进步也有助于劳动收入提升。

去产能政策会倒逼产能过剩行业的部分企业关停或退出，而退出市场的过剩企业往往以"僵尸企业"居多，特别是大型国有"僵尸企业"，这些国有企业拥有特殊的政治背景和经济地位，能够以较低成本获取大量信贷资源（白让让，2016b）。去产能政策通过融资限制等举措切断过剩行业的资金来源，并严格把控对产能过剩行业的补贴发放和信贷支持（王桂军，2019），加速了过剩产能的退出，而过剩产能的退出则有利于非过剩行业的企业获取更多的信贷资源，对于激活非过剩行业企业的发展活力大有裨益（郭长林，2016）。去产能政策实施后，非过剩企业融资约束得到部分缓解，进而便会通过引进和购买新设备、新工艺推动企业实现转型升级，提高企业生产效率和资本回报率。但企业的转型升级往往伴随着先进机器设备的投入使用，这也导致了劳动力被大量替代，降低了劳动收入份额。非过剩行业的企业在较低的融资约束下，也会积极从事技术创新活动以寻求市场竞争力的提高（沈红波等，2010），进而对资本回报率提升产生促进作用。

鉴于此，本部分将在借鉴已有研究的基础上，从技术进步效应、结构优化效应和融资约束缓解效应三个方面分析去产能背景下劳动收入与资本回报率变动的影响机制，进而为两者协同增长政策的制定提供启示与借鉴。

二、理论分析

此部分第三章第三节第二部分，此处不再赘述。

三、研究设计

（一）模型构建

首先，构建如下模型分析技术进步对劳动收入和资本回报率的影响

$$\mathrm{FI}_{it} = \alpha_0 + \alpha_1 \mathrm{tfp}_{it} + \beta X_{it} + \lambda_i + \mu_t + \varepsilon_{it} \tag{7-4}$$

其中，FI 表示劳动收入或资本回报率；tfp 表示技术进步；X 表示一系列控制变量；λ 表示个体固定效应；μ 表示时间固定效应；ε 为随机扰动项；i 表示个体；t 为时间。

其次，为了分析去产能政策能否通过技术进步或者融资约束影响要素收入，构建如下模型

$$\mathrm{FI}_{it} = \alpha_0 + \alpha_1 M_{it} + \alpha_2 M_{it} \times \mathrm{ca}_{it} + \beta X_{it} + \lambda_i + \mu_t + \varepsilon_{it} \tag{7-5}$$

其中，M 表示技术进步或融资约束；ca 表示去产能政策。

再次，由于劳动收入与资本回报率之间可能存在内生性问题，因此借鉴王昀等（2017）的研究，构建包含中介变量的联立方程模型，以更准确地分析劳动收入与资本回报率协同增长的机制

$$\ln w_{it} = \alpha_{10} + \alpha_{11}\mathrm{zbh}_{it} + \alpha_{12}M_{it} + \beta_1 X_{it}^{'} + \lambda_i + \mu_t + \varepsilon_{it} \qquad （7\text{-}6）$$

$$\mathrm{zbh}_{it} = \alpha_{20} + \alpha_{21}\ln w_{it} + \alpha_{22}M_{it} + \beta_2 X_{it}^{''} + \lambda_i + \mu_t + \varepsilon_{it} \qquad （7\text{-}7）$$

$$M_{it} = \alpha_{30} + \alpha_{31}\mathrm{ca}_{it} + \beta_3 X_{it}^{'''} + \lambda_i + \mu_t + \varepsilon_{it} \qquad （7\text{-}8）$$

其中，lnw 表示劳动收入，zbh 表示资本回报率。

（二）变量选取与数据来源

1. 劳动收入（w）

鉴于工业企业数据库特点，本章使用应付工资总额衡量劳动报酬，取自然对数处理。

2. 资本回报率（zbh）

使用利润总额与资产总计的比值衡量资本回报率。

3. 去产能政策（ca）

手工搜集了各省（区、市）历年出台的去产能相关政策，具体来源于各地发布的政报或公报，取自然对数处理。

4. 技术进步（tfp）

使用 OP 法测度企业的技术进步指数。

5. 从业人数（cyrs）

该数据来自中国工业企业数据的从业人数指标，取自然对数处理。

6. 出口额（exp）

该数据来自中国工业企业数据的出口交货值指标，由于较多企业出口额为零，因此在该指标基础上加 1，再取自然对数处理。

7. 价格加成（markup）

使用"（主营收入 – 主营成本）/ 主营收入"衡量企业价格加成。

8. 研发投入（rd）

该数据来自中国工业企业数据库的研发投入指标，取自然对数处理。

9. 企业进入（new）

如果某年企业为新进入企业，则该年取值为1，否则为0。

10. 企业退出（exit）

如果某年企业退出且后续年份不再出现，则该年取值为1，否则为0。

11. 去产能行业（cu）

借鉴韩国高等（2012）、国务院发展研究中心（2015）和杨振兵（2016）的研究，将有色金属矿采选业，黑色金属矿采选业，黑色金属冶炼和压延加工业，非金属矿物制品业，石油和天然气开采业，燃气生产和供应业，石化炼焦、化学原料和化学制品制造业，化学纤维制造业，电力、热力生产和供应业，水的生产和供应业，煤炭开采和洗选业列入产能过剩行业，这些行业也是受去产能政策影响较大的行业。上述存在产能过剩的行业取值为1，其他行业取值为0。

数据来源于1998—2008年的《中国工业企业数据库》，并借鉴Brandt等（2017）的研究对数据库进行了异常值删除、前后1%缩尾、平减等一系列常规处理。变量的描述性统计特征详见表7-7。

表 7-7 变量的描述性统计特征

变量名称	变量代码	OBS	Mean	Std.Dev.	Min	Max
劳动报酬	$\ln w$	2545564	7.1191	1.2296	3.9120	10.7389
资本回报率	zbh	2558464	0.0737	0.1440	−0.2302	0.9088
去产能政策	nca	1067650	1.7076	0.8832	0	3.8286
技术进步	tfp	2016615	2.8725	1.2938	−2.7061	5.9017
从业人数	lncyrs	2555911	4.6956	1.0809	2.0794	7.8636
投资	$\ln K$	2544959	8.9359	1.3955	5.3033	13.0918

续表

变量名称	变量代码	OBS	Mean	Std.Dev.	Min	Max
出口额	lnexp	2552254	2.2418	4.0487	0	12.2829
价格加成	markup	1286182	−0.0006	0.7288	−826.5160	0.0197
研发投入	nrd	111702	5.4089	2.2487	0	15.7815
企业进入	new	2635787	0.0340	0.1813	0	1
企业退出	exit	2635787	0.1053	0.3069	0	1
去产能行业	cu	2451101	0.2104	0.4076	0	1

四、实证分析

（一）去产能政策下技术进步对劳动收入的影响

根据理论分析可知，技术进步是劳动收入提升的重要动力，去产能政策可通过倒逼技术进步促进劳动收入增长。为了检验上述理论假说，本部分首先基于前文构建的模型（1）分析技术进步对企业劳动收入的影响，然后再基于模型（2）—纳入去产能政策与技术进步的交叉项，分析去产能政策能否通过技术进步促进劳动收入份额增长。

表7-8报告了技术进步对劳动收入的影响。模型（1）显示，技术进步的回归系数显著为正，模型（2）—模型（4）为分别纳入控制变量、行业固定效应、时间固定效应的回归结果，技术进步对劳动收入的影响依然显著为正。说明技术进步能够促进劳动收入增长，进而验证了研究假说1的前部分结论。

表7-8　技术进步对劳动收入的影响

变量	模型（1）	模型（2）	模型（3）	模型（4）
tfp	0.114*** (0.001)	0.142*** (0.0004)	0.035*** (0.001)	0.118*** (0.001)
lncyrs		0.755*** (0.001)		0.779*** (0.001)
$\ln K$		0.207*** (0.0005)		0.194*** (0.0005)

续表

变量	模型（1）	模型（2）	模型（3）	模型（4）
lnexp		0.020^{***} (0.0001)		0.021^{***} (0.0001)
soe		-0.022^{***} (0.001)		0.024^{***} (0.002)
markup		0.132^{***} (0.004)		0.478^{***} (0.006)
constant	6.751^{***} (0.002)	1.076^{***} (0.003)	7.290^{***} (0.007)	1.236^{***} (0.005)
OBS	1967375	1871517	1826142	1738620
R^2	0.014	0.740	0.097	0.770
行业固定	否	否	是	是
年份固定	否	否	是	是

注：*、** 和 *** 分别表示在 10%、5% 和 1% 水平上显著，括号内的数值为聚类稳健标准误下对应的 t 值。

为了确保上文分析结论的稳健性，从三个方面进行了稳健性检验，具体结果详见表 7-9。一是更换计量方法。模型（1）和模型（2）是使用面板固定效应的回归结果，tfp 的系数依然显著为正。二是滞后解释变量。技术进步和劳动收入之间可能存在着双向因果关系，因此模型（3）和模型（4）使用 tfp 的一阶滞后项作为解释变量，结果依然显著为正。三是将滞后一期的因变量纳入解释变量。上文分析虽然控制了 5 个控制变量，但依然可能存在遗漏的变量，进而导致内生性问题。由于因变量的滞后项包含了上一期可观测和不可观察的信息，因此将其纳入控制变量能够有效解决遗漏变量问题。借鉴 Wooldridge（2010）的研究，模型（5）和模型（6）纳入了滞后一期的劳动收入变量，结果显示 tfp 的回归系数依然显著为正，因此可以认为前文回归结果具有较强的稳健性。

表 7-9　稳健性检验

变量	模型（1）面板 FE	模型（2）面板 FE	模型（3）滞后 tfp	模型（4）滞后 tfp	方程(5)滞后因变量	方程(6)滞后因变量
tfp	0.086*** (0.001)	0.120*** (0.001)			0.058*** (0.001)	0.095*** (0.001)
l.tfp			0.043*** (0.001)	0.075*** (0.001)		
lncyrs		0.633*** (0.001)		0.790*** (0.001)		0.463*** (0.001)
ln$K$		0.125*** (0.001)		0.189*** (0.001)		0.091*** (0.001)
lnexp		0.008*** (0.0002)		0.020*** (0.0001)		0.011*** (0.0001)
soe		0.023*** (0.003)		0.003 (0.002)		0.001 (0.001)
markup		0.179*** (0.006)		0.506*** (0.007)		0.303*** (0.005)
l.ln$w$					0.878*** (0.0005)	0.460*** (0.001)
constant	6.859*** (0.031)	2.600*** (0.028)	7.395*** (0.008)	1.300*** (0.006)	0.883*** (0.006)	0.540*** (0.005)
OBS	1826142	1738620	1600917	1497753	1333840	1270396
R^2	0.205	0.445	0.109	0.773	0.782	0.835
行业固定	是	是	是	是	是	是
年份固定	是	是	是	是	是	是

注：*、** 和 *** 分别表示在 10%、5% 和 1% 的水平上显著，括号内的数值为聚类稳健标准误下对应的 t 值。

本部分基于模型（2）分析去产能政策能否通过技术进步影响劳动收入，具体的回归结果详见表 7-10。模型（1）显示，技术进步的回归系数显著为正，去产能政策与技术进步交叉项的回归系数也显著为正，这说明去产能政策强化了技术进步对劳动收入的促进作用。模型（2）为纳入控制变量后的回归结果，模型（3）和模型（4）为添加了行业因素效应和时间固定效应的回归结果，三个方程的结果均与模型（1）保持一致。上述结果说明，去产能政策的确可以通过技术进步促进劳动收入增长，进而验证了研究假说1的后半部分结论。

表 7-10　去产能政策下技术进步对劳动收入的影响

变量	模型 (1)	模型 (2)	模型 (3)	模型 (4)
tfp	0.036*** (0.002)	0.077*** (0.001)	0.006*** (0.002)	0.105*** (0.001)
ca × tfp	0.036*** (0.001)	0.024*** (0.000)	0.025*** (0.001)	0.008*** (0.0003)
lncyrs		0.810*** (0.001)		0.825*** (0.001)
ln$k$		0.172*** (0.001)		0.163*** (0.001)
lnexp		0.018*** (0.0002)		0.018*** (0.0002)
soe		0.116*** (0.003)		0.134*** (0.003)
markup		0.639*** (0.007)		0.405*** (0.008)
constant	6.981*** (0.005)	1.440*** (0.006)	7.382*** (0.020)	1.190*** (0.013)
OBS	626156	587403	587134	551283
R^2	0.017	0.766	0.091	0.779
行业固定	否	否	是	是
年份固定	否	否	是	是

注：*、** 和 *** 分别表示在 10%、5% 和 1% 的水平上显著，括号内的数值为聚类稳健标准误下对应的 t 值。

（二）去产能政策下技术进步对资本回报率的影响

本部分首先基于实证模型（1）分析技术进步对资本回报率的影响，结果如表 7-11 的模型（1）和模型（2）所示，技术进步对资本回报率的影响显著为正，这也与杨君等（2018）的研究结论相吻合，即技术进步是中国资本回报率提升最为重要的动力。与产能政策对劳动收入影响的分析相似，本部分继续基于实证模型（2）分析去产能政策对资本回报率的影响及其机制，具体的回归结果如模型（3）和模型（4）所示。纳入去产能政策与技术进步的交叉项后，技术进步对资本回报率的影响依然显著为正，技术进步与去产能政策交叉项的影响也显著为正，说明去产能政策的实施有助于强化技术进步对资本回报率的促进作用。出现上述结果的可能原因是：去产能政策对在位企业产生了较大压力，企业为了不被关停整顿，不得不加大技术研发力度以提升产品质量或优化产品结构，生产出更加符合市场需求的高质量产品或新产品，不仅能够化解产能过剩问题，还会因销量提升而促进资本回报率增长。

表7-11　去产能政策下技术进步对资本回报率的影响

变量	模型（1）	模型（2）	模型（3）	模型（4）
tfp	0.455*** (0.001)	0.517*** (0.001)	0.527*** (0.002)	0.626*** (0.003)
ca × tfp			0.004*** (0.001)	0.007*** (0.001)
lncyrs		0.227*** (0.001)		0.315*** (0.003)
ln$K$		−0.293*** (0.001)		−0.368*** (0.002)
lnexp		−0.006*** (0.00002)		−0.008*** (0.00005)
soe		−0.227*** (0.002)		−0.208*** (0.006)
markup		0.344*** (0.001)		0.391*** (0.002)
constant	0.457*** (0.010)	1.473*** (0.012)	0.320*** (0.020)	0.563*** (0.026)
OBS	1833860	1729466	584123	543477
R^2	0.175	0.258	0.172	0.287
行业固定	是	是	是	是
年份固定	是	是	是	是

注：*、** 和 *** 分别表示在10%、5% 和 1% 的水平上显著，括号内的数值为聚类稳健标准误下对应的 t 值。

（三）去产能政策的结构优化效应

根据理论分析结论可知，去产能政策通过倒逼低端无效产能退出可促进产业结构优化，如果退出企业的资本回报率相对较低，上述产业结构优化效应则可以促进工业企业平均资本回报率的提升。表 7-12 的上半部分报告了在位企业和退出企业的平均资本回报率及其差异，在位企业的资本回报率均值为 7.6%，退出企业的资本回报率均值为 5.3%，全部企业的资本回报率均值为 7.4%，这说明退出企业的资本回报率均值低于在位企业的资本回报率均值，且两者差异较为明显。根据上述结果可知，如果去产能政策能够有效倒逼低效企业退出，则可以提升工业企业的平均资本回报率，下文将通过计量分析验证去产能政策对企业退出的影响。在落后产能不断退出的同时，还伴随着大量企业的进入，因此本部分还进一步分析了进入企业和在位企业资本回报率的差异。表 7-12 的中间部分报告了在位企业和新进入企业的平均资本回报率及其差异，结果显示新进入企业的资本回报率与在位企业的资本回报率十分接近，且两类企业的资本回报率均远大于退出企业的资本回报率。根据上述结果可知，如果去产能政策能够倒逼低生产率企业退出并促进高生产率企业进入，则会产生结构优化效应，进而实现资本回报率的提升。

表 7-12　不同企业资本回报率的差异

样本	OBS	Mean	Std. Err.	Std. Dev.	[95%Conf. Interval]	
在位企业	2301374	0.076	0.0001	0.144	0.075	0.076
退出企业	257090	0.053	0.0003	0.141	0.052	0.053
全部企业	2558464	0.074	0.0001	0.144	0.073	0.074
差异		0.024	0.0003		0.023	0.024
在位企业	2471113	0.074	0.0001	0.144	0.074	0.074
进入企业	87351	0.072	0.0005	0.140	0.072	0.074
差异		0.0008	0.0005		−0.0002	0.002
2006—2008	1021317	0.099	0.0002	0.164	0.099	0.100
1998—2005	1537147	0.056	0.0001	0.126	0.056	0.057
差异		0.043	0.0002		0.043	0.044

为了分析去产能政策是否存在结构优化效应，本部分分别分析了去产能政策对企业进入和企业退出的影响。表7-13报告了去产能政策对企业进入的影响，模型（1）显示去产能政策促进了企业进入，细分过剩行业和非过剩行业后发现，去产能政策仅对非过剩行业的企业进入有促进作用，对过剩行业的企业进入则存在抑制作用。由于企业进入为二值虚拟变量，为了确保上述结论的稳健性，模型（4）至模型（6）进一步使用Probit模型进行实证分析，结果显示去产能政策的实施提高了企业进入的概率，且仅对非过剩行业的企业进入存在促进作用。上述结果也在一定程度上说明，去产能政策促进了企业向非过剩行业集聚，即存在结构优化效应，因此有助于工业企业平均资本回报率的提升。

表7-14报告了去产能政策对企业退出的影响。由于每年都有大量企业进入，进而使得企业退出变量（exit）的0值增多，此时不宜使用Probit模型进行回归分析，因此本部分仅使用行业固定效应和时间固定效应模型分析去产能政策对企业退出的影响。去产能政策对企业退出的影响显著为正，这说明去产能政策加快了企业退出步伐，这是因为随着去产能政策的推进，"低小散"产能整治和落后产能淘汰的力度逐渐加大，大量低端无效产能被迫退出市场，去产能政策的实施成效逐渐显现。细分过剩行业和非过剩行业的结果发现，去产能政策对过剩行业企业退出的影响大于非过剩行业，这是因为去产能政策的主要目的是通过淘汰低端落后产能化解产能过剩，而低端落后产能往往更多地集聚在过剩行业。另外，去产能政策主要是针对产能过剩行业制定的，其对产能过剩行业的实施力度必然大于非过剩行业，因此去产能政策对产能过剩行业企业退出的影响会更为明显。上述结论说明去产能政策不仅加速了低效企业退出，且促进了新企业进入非过剩行业，因此有助于优化产业结构，最终实现工业企业平均资本回报率的提升。

为了进一步验证去产能政策是否存在资本回报率提升效应，本部分以去产能政策大量出台的2006年作为时间节点，分析2006年之前和之后两个样本资本回报率的差异，结果如表 7-12 的下半部分所示，结果发现 2006—2008 年样本的企业资本回报率均值为 9.9%，显著高于 1998—2005 年样本的均值（5.6%）。据此可以认为，去产能政策通过结构优化效应促进了资本回报率提升，进而验证了本部分研究假说 3。

表 7-13　去产能政策对企业进入的影响

变量	模型（1）	模型（2）	模型（3）	模型（4）	方程 (5)	方程 (6)
	全样本	非过剩行业	过剩行业	全样本	非过剩行业	过剩行业
ca	0.003*** (0.000)	0.004*** (0.0003)	−0.017*** (0.001)	0.032*** (0.003)	0.044*** (0.003)	−0.002 (0.006)
lncyrs	0.0001 (0.0003)	0.001*** (0.0003)	−0.013*** (0.001)	−0.017*** (0.003)	0.007* (0.004)	−0.092*** (0.006)
$\ln K$	−0.013*** (0.0002)	−0.014*** (0.0002)	−0.020*** (0.001)	−0.170*** (0.002)	−0.189*** (0.003)	−0.104*** (0.005)
lnexp	−0.002*** (0.000)	−0.002*** (0.0001)	−0.001*** (0.0004)	−0.040*** (0.001)	−0.041*** (0.001)	−0.040*** (0.003)
soe	−0.018*** (0.001)	−0.018*** (0.001)	−0.015*** (0.004)	−0.411*** (0.015)	−0.397*** (0.019)	−0.412*** (0.024)
markup	0.003*** (0.0002)	0.004*** (0.0003)	0.005*** (0.0004)	0.015*** (0.002)	0.024*** (0.003)	0.003 (0.005)
constant	0.132*** (0.003)	0.160*** (0.004)	0.304*** (0.010)	−0.214*** (0.019)	−0.171*** (0.022)	−0.386*** (0.041)
OBS	881081	694850	186231	937949	694850	186231
R^2	0.019	0.020	0.026			
行业固定	是	是	是	是	是	是
年份固定	是	是	是	是	是	是

注：*、** 和 *** 分别表示在 10%、5% 和 1% 的水平上显著，括号内的数值为聚类稳健标准误下对应的 t 值；模型（4）至方程 (6) 是 Probit 模型结果，回归系数为边际效用。

表7-14 去产能政策对企业退出的影响

变量	模型（1）全样本	模型（2）全样本	模型（3）过剩行业	模型（4）非过剩行业
ca	0.045*** (0.0003)	0.046*** (0.0003)	0.048*** (0.001)	0.046*** (0.0004)
lncyrs		−0.020*** (0.001)	−0.016*** (0.002)	−0.021*** (0.001)
$\ln K$		0.001 (0.001)	0.001 (0.001)	0.0002 (0.001)
lnexp		−0.003*** (0.0001)	−0.007*** (0.0005)	−0.003*** (0.0002)
soe		0.001 (0.003)	0.010* (0.006)	−0.003 (0.003)
markup		0.014*** (0.0002)	0.014*** (0.001)	0.013*** (0.0003)
constant	−0.007*** (0.001)	0.071*** (0.005)	0.053*** (0.012)	0.080*** (0.006)
OBS	1067650	937949	186231	694850
R^2	0.035	0.041	0.050	0.038
行业固定	是	是	是	是
年份固定	是	是	是	是

注：*、** 和 *** 分别表示在10%、5% 和 1% 水平上显著，括号内的数值为聚类稳健标准误下对应的 t 值。

（四）去产能政策的技术差距扩大效应

理论和实证分析均显示技术进步是资本回报率提升的重要动力。理论分析部分假定非过剩行业的技术水平高于过剩行业，并由此推出一个研究假说，即两个行业的技术差距越大，工业企业的平均资本回报率就越高，而去产能政策通过扩大两个行业的技术差距促进工业企业的平均资本回报率提升。表7-15上半部分报告了过剩行业和非过剩行业的企业技术进步均值及其差异，其中过剩行业的企业技术进步均值为2.671，非过剩行业的企业技术进步为2.917，这也说明前文的理论假设符合中国企业特征。

表 7-15 不同企业技术进步的差异

样本	OBS	Mean	Std. Err.	Std. Dev.	[95%Conf. Interval]	
过剩行业	391149	2.671	0.002	1.279	2.667	2.675
非过剩行业	1480197	2.917	0.001	1.297	2.915	2.920
全部企业	1871346	2.866	0.001	1.297	2.864	2.868
差异		0.247	0.002		0.242	0.251
2006—2008	582773	3.344	0.001	1.137	3.342	3.347
1998—2005	1433842	2.681	0.001	1.304	2.679	2.683
差异		0.664	0.002		0.660	0.668

上文分析结果显示，去产能政策加速了过剩行业的企业退出和非过剩行业的企业进入，因此去产能政策导致的企业存续状态调整可能会使非过剩行业和过剩行业企业技术进步差距扩大，进而提升工业企业的平均资本回报率。为了验证上述猜测，表 7-16 报告了去产能政策对非过剩行业和过剩行业企业技术进步的影响，模型（1）显示去产能政策显著促进了非过剩行业的技术进步，纳入控制变量后，结果依然稳健。模型（3）和模型（4）显示去产能政策也促进了过剩行业的技术进步，但作用系数明显低于非过剩行业，因此去产能政策扩大了两个行业的技术进步差距，进而对工业企业的平均资本回报率产生促进作用，这也验证了本部分的研究假说 2。表 7-15 的下半部分还对去产能前后样本的企业技术进步差异进行了分析，结果显示 2006—2008 年样本的企业平均技术进步水平明显大于 1998—2005 年样本的平均水平，进一步证明了去产能政策存在技术差距效应。

表 7-16 去产能政策的技术差距效应检验

变量	模型（1）	模型（2）	模型（3）	模型（4）
	非过剩行业	非过剩行业	过剩行业	过剩行业
ca	0.183*** (0.002)	0.055*** (0.003)	0.068*** (0.004)	0.038*** (0.004)
lncyrs		−0.342*** (0.004)		−0.249*** (0.004)

续表

变量	模型（1）	模型（2）	模型（3）	模型（4）
	非过剩行业	非过剩行业	过剩行业	过剩行业
ln$K$		0.148*** (0.003)		0.206*** (0.003)
lnexp		0.010*** (0.001)		−0.006*** (0.001)
soe		−0.082*** (0.015)		−0.463*** (0.012)
markup		0.003 (0.002)		0.026*** (0.003)
constant	3.045*** (0.003)	3.185*** (0.037)	1.096*** (0.024)	0.843*** (0.034)
OBS	469665	439582	128077	113935
R^2	0.052	0.117	0.279	0.339
行业固定	是	是	是	是
年份固定	是	是	是	是

注：*、** 和 *** 分别表示在 10%、5% 和 1% 的水平上显著，括号内的数值为聚类稳健标准误下对应的 t 值。

（五）去产能政策的融资约束缓解效应

理论分析显示，低端低效企业和"僵尸企业"的存在，不仅带来了产能过剩问题，还占有了大量信贷资源（Hoshi et al., 2013; Imai, 2016）。与此同时，则是大量高效企业难以获得有效的信贷资源支持，融资约束成了长期制约企业发展的重要因素。理论分析显示，去产能政策通过倒逼过剩产能退出，释放出的大量信贷资源有助于缓解企业面临的融资约束，进而提升资本回报率。为了验证上述理论结论，本部分通过实证检验去产能政策对企业融资约束的影响，具体的检验结果详见表 7-17。模型（1）至模型（4）显示，不管是过剩行业还是非过剩行业，去产能政策对融资约束的影响均不显著，模型（5）显示去产能政策能够促进资本回报率提升，但融资约束及其与去产能政策交叉项的影响均不显著，说明去产能政策的融资约束缓解效应不存在。出现上述结果的可能原因是：当前中国企业主要通过银行贷款进行融资，而银行又偏好向国有企业提供贷款，其他企业则面临着严重的融资约束，去产能政策并没有解决金融机构的信贷歧视问题。另外，大量"僵尸企业"绑架了地方经济，形成了"僵而不倒"的困境，地方政府为了经济社会稳定，积极为"僵尸企业"提供隐形担保并长期干预银行信贷资金流向，进而导致去产能政策的推进存在较大阻力（刘斌等，2018），过剩产能退出缓慢使得急需融资支持的其他企业难以顺利获得银行贷款，融资约束问题也因此难以得到缓解。

表 7-17 去产能政策的融资约束效应检验

变量	模型（1）	模型（2）	模型（3）	模型（4）	方程(5)
	过剩行业	过剩行业	非过剩行业	非过剩行业	全样本
	fin	fin	fin	fin	zbh
ca	0.003 (0.004)	0.006 (0.004)	0.009 (0.013)	0.006 (0.006)	0.016*** (0.0002)
fin					0.0001 (0.0001)
fin × ca					0.00005 (0.001)
lncyrs		0.013*** (0.003)		0.020*** (0.004)	0.022*** (0.0004)
lnK		−0.018*** (0.003)		−0.017*** (0.004)	−0.006*** (0.0003)
lnexp		0.0003 (0.001)		−0.003*** (0.001)	−0.0001 (0.001)
soe		0.011 (0.033)		−0.024 (0.018)	−0.003** (0.001)
markup		0.007 (0.006)		0.035*** (0.007)	0.039*** (0.001)

续表

变量	模型（1）	模型（2）	模型（3）	模型（4）	方程(5)
	过剩行业	过剩行业	非过剩行业	非过剩行业	全样本
	fin	fin	fin	fin	zbh
constant	0.058*** (0.007)	0.119*** (0.016)	0.121*** (0.015)	0.138*** (0.028)	0.021*** (0.003)
OBS	209751	184783	757909	688357	909932
R^2	0.000	0.001	0.000	0.001	0.009
行业固定	否	是	否	是	是
年份固定	否	是	否	是	是

注：*、** 和 *** 分别表示在 10%、5% 和 1% 的水平上显著，括号内的数值为聚类稳健标准误下对应的 t 值。

五、去产能背景下劳动收入与资本回报率协同增长机制检验：联立方程

　　本部分分析去产能背景下劳动收入与资本回报率协同增长的机制。协同增长暗含着劳动收入与资本回报率之间存在着内生性问题，因此本部分使用联立方程进行实证分析。根据理论分析可知，去产能政策可通过技术进步和融资约束影响到劳动收入和资本回报率，为了验证上述机制是否存在，本部分基于前文构建的联立模型（4）至模型（6）进行实证分析。表 7-18 报告了联立方程模型的回归结果，模型（1）至模型（3）使用技术进步作为去产能政策影响劳动收入的中介变量，结果显示资本回报率增长能够促进劳动收入增长，劳动收入增长也能够促进资本回报率增长，即劳动收入与资本回报率可实现协同增长。进一步分析还显示，去产能政策促进了技术进步，而技术进步又促进了劳动收入和资本回报率的提升，因此技术进步是去产能政策影响劳动收入和资本回报率的重要机制，这一结论也与前文结论保持一致，即去产能政策通过促进技术进步实现劳动收入与资本回报率的协同增长。

　　模型（4）至模型（6）使用融资约束作为去产能政策影响要素收入的中

介变量，结果显示资本回报率与劳动收入之间的相互影响不显著，去产能政策虽然对融资约束存在显著影响，但融资约束对劳动收入和资本回报率均无显著影响。由此可知，去产能政策难以通过融资约束影响劳动收入和资本回报率，这也与前文的实证分析结论相吻合，因此去产能政策无法通过融资约束缓解机制促进劳动收入与资本回报率的协同增长。

表 7-18　协同增长的技术进步与融资约束缓解机制

变量	模型（1）	模型（2）	模型（3）	模型（4）	模型（5）	模型（6）
	ln$w$	zbh	tfp	ln$w$	zbh	fin
ln$w$		0.270*** (0.010)			0.819 (0.617)	
zbh	0.140*** (0.010)			2.973 (2.169)		
tfp	0.591*** (0.015)	0.039*** (0.002)				
fin				−74.174 (151.954)	1.136 (41.677)	
ca			0.168*** (0.005)			0.002** (0.001)
lncyrs	0.911*** (0.006)		−0.313*** (0.006)	1.214 (1.126)	−0.563*** (0.123)	0.008*** (0.001)
ln$K$	0.134*** (0.005)	−0.368*** (0.009)	0.191*** (0.005)	−0.258 (1.686)	−0.369 (0.727)	−0.014*** (0.001)
markup		0.251*** (0.005)			0.122 (0.114)	
rd			0.092*** (0.002)			0.001*** (0.000)
constant	−0.172*** (0.052)	0.477*** (0.071)	2.410*** (0.034)	4.019 (13.663)	0.590 (3.917)	0.119*** (0.005)
OBS	51378	51378	51378	54850	54850	54850
R^2	0.578	0.184	0.098	−106.462	0.015	0.008
行业固定	是	是	是	是	是	是
年份固定	是	是	是	是	是	是

注：*、** 和 *** 分别表示在 10%、5% 和 1% 的水平上显著，括号内的数值为聚类稳健标准误下对应的 t 值。

另外，理论分析还显示去产能政策存在结构优化效应，因此本部分使用企业进入和企业退出作为中介变量再次借助联立方程进行实证分析。结果（见表 7-19）显示，劳动收入与资本回报率均呈现出互相促进作用，因此去产能政策可以通过结构优化效应促进劳动收入与资本回报率的协同增长。

表 7-19　协同增长的结构优化机制

变量	模型（1） ln$w$	模型（2） zbh2	模型（3） new	模型（4） ln$w$	模型（5） zbh2	模型（6） exit
ln$w$		0.134*** (0.004)			0.194*** (0.003)	
new	−9.275*** (0.962)	0.251** (0.125)				
exit				1.194*** (0.279)	−0.205*** (0.051)	
lncyrs	0.726*** (0.006)	−0.093*** (0.003)	0.001 (0.001)	0.735*** (0.005)	−0.140*** (0.002)	−0.013*** (0.001)
ln$k$	0.214*** (0.010)	−0.050*** (0.001)	−0.006*** (0.001)	0.322*** (0.003)	−0.069*** (0.001)	−0.007*** (0.001)
markup1		0.148*** (0.005)			0.099*** (0.005)	
zbh2	2.293*** (0.114)			3.328*** (0.108)		
ca			−0.009*** (0.001)			0.021*** (0.001)
rd			−0.005*** (0.000)			0.003*** (0.001)
constant	2.128*** (0.109)	−0.040** (0.017)	0.116*** (0.004)	0.661*** (0.052)	−0.067*** (0.010)	0.151*** (0.007)
OBS	54911	54911	54911	54911	54911	54911
R^2	−0.292	−0.220	0.004	0.657	−0.597	0.007
行业固定	是	是	是	是	是	是
年份固定	是	是	是	是	是	是

注：*、** 和 *** 分别表示在 10%、5% 和 1% 的水平上显著，括号内的数值为聚类稳健标准误下对应的 t 值。

六、结论与启示

本部分首先从理论上分析了去产能背景下劳动收入与资本回报率协同增长的机理，然后通过匹配手工搜集的各省（区、市）去产能政策数据和中国工业企业数据，借助多种计量方法进行实证分析，得出如下主要结论：

第一，技术进步促进了中国工业企业的劳动收入和资本回报率增长，去产能政策提升了技术进步对要素收入增长的促进作用。理论和实证分析均显示技术进步是劳动收入和资本回报率提升的重要动力，去产能政策可以提升技术进步对劳动收入和资本回报率的促进作用。

第二，去产能政策可通过结构优化效应提升中国工业企业的平均资本回报率。去产能政策一方面促进了非过剩行业高资本回报率企业的进入，另一方面还倒逼了过剩行业低资本回报率企业退出，因此去产能政策的实施存在企业结构优化效应，进而有助工业企业平均资本回报率提升。进一步分析还发现，去产能政策对过剩行业的企业退出影响大于非过剩行业，且去产能政策仅能促进非过剩行业的企业进入，这说明去产能政策通过企业进入与退出的动态调整，不断淘汰过剩行业的低资本回报率企业并吸引了非过剩行业的高资本回报率企业，因此存在产业结构优化效应，进而有助于工业企业平均资本回报率的提升。

第三，去产能政策通过技术差距拉大效应促进中国工业企业的平均资本回报率提升。去产能政策虽然能够倒逼所有行业的企业加强技术创新，实现技术进步，但对过剩行业技术进步的促进作用小于非过剩行业，由此导致非过剩行业技术进步与过剩行业技术进步之间的差距逐渐扩大，非过剩行业的资本回报率因此得以实现更高的增长，工业企业的平均资本回报率也因此得以提升。

第四，去产能政策无法通过融资约束缓解效应促进资本回报率提升。虽然理论分析显示去产能政策可以缓解企业面临的融资约束，进而促进资本回报率提升，但由于我国金融机构偏好向大型国有企业放贷，其他企业面临的融资约束问题并没有在去产能过程中得到有效缓解。另外，由于地方政府多为产能过剩行业的"僵尸企业"提供隐形担保，且为了本地经济社会稳定还会干预金融资金流向，扭曲了金融资源配置，进而导致去产能政策难以通过融资约束缓解效应提升资本回报率。

第五，去产能政策通过技术进步机制推动劳动收入和资本回报率实现协同增长，融资约束缓解效应不显著。通过构造包含中介变量的联立方程进行实证分析发现，劳动收入与资本回报率呈互相促进关系，去产能政策能够促进技术进步，而技术进步又可促进劳动收入和资本回报率的提升，因此去产能政策可通过推动技术进步实现劳动收入与资本回报率的协同增长。另外，使用融资约束作为中介变量的联立方程的回归结果显示，去产能政策无法通过融资约束机制实现劳动收入与资本回报率的协同增长。

上述结论可以为中国相关政策的制定提供如下启示：首先，由于技术进步是劳动收入和资本回报率协同增长的重要动力，因此去产能政策的制定应重点考虑如何推动企业提升技术创新能力，这不仅是提高有效供给以化解产能过剩的有效措施，还是劳动收入与资本回报率实现协同增长的关键所在；其次，去产能政策的制定应与其他政策进行协调，特别是如何通过去产能政策的实施推动金融市场改革，以有效缓解大量中小企业和民营企业面临的融资约束困境，进而充分发挥去产能政策的实施效果。

第三节　本章小结

本章基于城乡二元结构和去产能两个视角分析了中国劳动收入与资本回报率的协同增长机制，并得出如下主要结论：

第一，提高技术外溢水平，是劳动收入与资本回报率协同增长的重要动力。

已有研究认为劳动力工资提升会导致企业生产成本上升，进而使得资本回报率下降。我国资本回报率能够在过去一段较长时期内保持较高水平，一个重要原因便是劳动力的转移。但在人口红利日益消失的当下，劳动力转移的效应也在逐渐消退，因此资本回报率提升的原有动力也在逐渐消失。如何在保障劳动收入不断增长的条件下，探索资本回报率的增长机制成了当务之急。本章借鉴已有研究构建了一个包含劳动力转移和技术进步的理论模型，并从理论上分析了劳动收入和资本回报率协同增长的机理，然后在上述理论机理的基础上，构建实证分析模型，并借助中国城市数据进行计量检验，结果发现，通过提高技术进步的溢出效应不仅可以提升资本回报率，还可以提升劳动收入，进而为劳动收入和资本回报率协同增长提供了重要的动力支撑，这也是中国制定协同增长政策的重要依据。

第二，去产能政策通过技术进步机制和结构优化机制推进劳动收入与资本回报率协同增长，融资约束缓解机制不显著。

理论分析显示，去产能政策存在技术进步效应、结构优化效应和融资约束缓解效应，因此有助于劳动收入与资本回报率的协同增长。单一增长机制的实证分析显示，技术进步不仅能够促进劳动收入增长，还能够促进资本回报率提升，去产能政策则能促进技术进步。去产能政策还通过倒逼低资本回报率企业退出、促进高资本回报率企业进入实现产业结构优化，进而促进工业企业平均资本回报率提升。去产能政策还通过扩大过剩行业和非过剩行业的技术进步差距提升工业企业的平均资本回报率，去产能政策无法通过融资约束缓解效应提升资本回报率。

通过构造包含中介变量的联立方程进行实证分析，发现劳动收入与资本回报率之间成互相促进关系，因此可以实现协同增长，进一步的机制分析发现，去产能政策能够促进技术进步，而技术进步又可促进劳动收入和资本回报率的提升，因此去产能政策可通过推动技术进步实现劳动收入与资本回报率的协同增长。另外，去产能政策还通过促进企业进入与退出的动态调整促进了结构优化，进而实现劳动收入与资本回报率的协同增长。另外，使用融资约束作为中介变量的联立方程的回归结果显示，去产能政策无法通过融资约束机制实现劳动收入与资本回报率的协同增长。

第八章　研究结论与政策建议

第一节 研究结论

第一，中国制造业产能过剩呈行业普遍性和时间持续性特征。

中国制造业各行业普遍存在产能利用率不断下降问题，且持续时间较长，产能过剩问题十分突出。通过对产能利用率的分解可知，需求侧产能利用率与设备效率基本处于稳定状态，技术效率持续下降态势明显。分行业看，资本密集型行业的产能过剩问题最为突出，大部分行业的产能利用率长期处于低位；技术密集型行业产能利用率最高，仅个别行业存在产能利用率较低问题；劳动密集型行业产能利用率总体处于中间位置，但也有部分行业的产能利用率相对较低。总体来看，中国制造业产能过剩存在行业普遍性与时间持续性特征。

第二，中国出现了劳动收入增长缓慢和资本回报率持续下滑的困境。

中国劳动收入增长率在 2008 年之前较高，2008 年之一直在相对较低水平增长，即劳动收入增长较为乏力，这一趋势也与中国资本回报率的变动较为类似。由此可以发现，中国在 2008 年之后进入了资本回报率持续下降和劳动收入增长乏力的困境，为"双倍增"目标的实现埋下了严重隐患，因此如何推进资本回报率与劳动收入协同增长成了中国经济持续发展必须面临的重要挑战。

中国劳动收入份额呈"U"形变动趋势，但增长较为缓慢。2008 年之前，中国劳动收入份额基本上处于不断下降的态势，至 2007 年下滑至 42% 的最低水平。2008 年及之后年份，劳动收入份额则呈现明显的上升趋势，到 2015 年，劳动收入份额已回升至 2002 年的水平，因此从时间上看，中国劳动收入份额呈现出明显的"U"形变动趋势。从变动速度上看，2008 年之前的下滑速度较大，2008 年之后的回升速度相对平缓，这说明劳动收入份额增长动力仍相对不足，未来如何提升劳动收入份额仍是地区发展面临的重要挑战。

中国资本回报率在 2008 年之后出现了明显下降，且区域趋同特征明显。中国资本回报率在 2008 年之前较为稳定，之后则出现了持续且较大幅度的下降。虽然东、中、西部地区的资本回报率存在明显差距，但三地区的变动较为同步，特别是东部和中部地区的趋同现象较为明显，这也在一定程度上说明中国资本的区域配置效率在提高。中国的投资扩张系数曲线呈倒"U"形，外源发展型投资特征明显。中国经济发展初期，自有资金较为贫乏，因此对外部资金的依赖性较强，2008 年之后，全球经济危机导致了资本回报率下降，对外部资金的依赖性再度加强。虽然中国总体上属于外源发展型投资，但区域差异却十分明显，东部地区的资本回报较高，能够满足投资扩张需求，因此多数年份都为内源发展型投资；西部地区则在大多数年份属于外源发展型投资；中部地区在早期为内源发展型，2005 年之后则转变为外源发展型。

第三，去产能政策对中国劳动收入和资本回报率的影响存在行业和区域异质性。

当前中国制造业的去产能政策在提升产能利用率的同时，其带来的失业问题进一步提升了资本的规模优势，因此也造成了劳动收入份额的下降。另外，资本效率提升也导致资本密集型行业的劳动收入份额随产能利用率提升而下降。劳动生产效率提升与劳动力本就存在的规模优势，是劳动密集型行业劳动收入份额随产能利用率提升而提升的原因。劳动密集型行业技术进步存在着明显的劳动偏向型特征，这不仅通过技术效率提升带来产能利用率增长，还通过提高劳动生产效率使得劳动收入份额增长。此外，劳动密集型行业劳动力要素投入相对较多，劳动收入份额多高于资本密集型行业，在产出分配偏向劳动者的情况下，产能利用率提升带来的产出增长能够促进劳动收入份额的增长。与资本密集型行业不同的是，劳动密集型行业劳动收入份额的提升并不是靠劳动力规模优势的扩大，而是其本身就相对资本存在规模优势。

使用中国工业企业数据的研究发现，去产能政策通过技术进步效应和结构优化效应促进了资本回报率的增长。分地区的研究发现，去产能政策显著降低了中国的资本回报率，但上述影响仅在产业结构较为低端的中、西部地区显著，在产业结构相对高端的东部地区并不明显。机制分析还发现，去产能政策通过强化资本存量的抑制作用和弱化研发投入的促进作用降低了中、西部地区的资本回报率。

第四，劳动收入份额增长机制因投资扩张差异存在区域异质性，因嵌入环节差异存在行业异质性。

由于技术进步的资本偏向特征以及资本密集型产品出口增长速度大于劳动密集型产品出口增长速度，使得技术进步与外贸依存度的提升不利于劳动收入份额增长。资本深化对劳动收入份额有着显著的促进作用。区域差异方面，"内生发展偏好"与"融资约束"共存导致东部地区金融发展不足，进而限制了金融发展对劳动收入份额的促进作用。西部地区存在金融过度发展问题，进而导致金融发展出现"攫取效应"。西部地区外源发展特征最为明显，金融规模扩张和结构优化均对劳动收入份额产生了负向影响。随着中部地区投资扩张模式的转变，金融发展的积极作用显现，这说明金融适度发展是金融发挥积极效应的基础。中部地区在早期属内源发展模式，存在金融发展不足问题，因此金融发展无法对劳动收入份额产生积极影响。

制造业嵌入全球价值链导致劳动收入份额下降，一个可能原因是制造业嵌入资本密集型生产环节的增长速度大于嵌入劳动密集型生产环节的增长速度。劳动密集型行业前向参与率的提升是促进劳动收入份额增长的重要动力。随着制造业深度嵌入劳动密集型行业，其后向参与率提升已无法带来劳动收入份额的增长。中国技术密集型行业的总体技术水平仍较低，主要依赖进口先进的中间品进行加工、组装，因此在全球价值链中多处于低端环节，极易被发达国家"锁定"而陷入"低端生产"陷阱，因此国内产业获取的收益明显低于国外上游企业。另外，低端生产环节多需要低技术劳动者，抑制了对高收入技能型劳动者的需求，进而导致劳动收入份额下降。

第五，资本回报率增长机制因投资扩张模式差异而存在区域异质性，因发展路径差异而存在行业异质性。

在投资扩张系数较高的东部地区存在着"金融失效"现象。金融规模发展和金融结构优化对资本回报率均没有显著影响，这主要是因为东部地区对外部资金依赖较低，金融系统的作用无法充分发挥，因此东部地区还存在较大的"杠杆化"空间。在投资扩张系数较低的西部地区存在着"金融诅咒"现象。金融规模和金融结构优化均对资本回报率有着不利影响，因此西部地区已出现"过度杠杆化"问题，如何通过内生的良性发展打破"金融诅咒"是未来必须解决的难题。在投资扩张系数居中的中部地区则存在着"结构失调"现象。金融规模发展对资本回报率有着负向影响，金融结构优化却有着积极影响，因此中部地区应努力促进金融资源流向高效率部门，以实现金融对资源的配置作用，进而促进资本回报率的提升。

技术密集型行业嵌入全球价值链对资本回报率的提升作用显著，但制造业面临着"后向嵌入作用趋缓，前向嵌入作用不足"问题。制造业资本回报率的提升动力仍依赖后向嵌入全球价值链，前向嵌入的影响不显著。"后向嵌入依赖"导致产业创新能力不足，因此中国制造业多停留在全球价值链的低端环节，进而陷入"低端产业占优、高端产业落后"困境。分行业的研究结果发现，嵌入全球价值链对技术密集型行业的积极影响显著大于非技术密集型行业，这更加说明了改善中国嵌入全球价值链方式与地位的重要性。

第六，提高技术外溢水平，是中国劳动收入与资本回报率协同增长的重要动力。

已有研究认为劳动力工资提升会导致企业生产成本上升，进而使得资本回报率下降。我国资本回报率能够在过去一段较长时期内保持较高水平，一个重要原因便是劳动力的转移。但在人口红利日益消失的当下，劳动力转移的效应也在逐渐消退，因此资本回报率提升的原有动力也在逐渐消失。如何在保障劳动收入不断增长的条件下，探索资本回报率的增长机制成了当务之急。本书借鉴已有研究构建了一个包含劳动力转移和技术进步的理论模型，并从理论上分析了劳动收入和资本回报率协同增长的机理，然后在上述理论机理的基础上，构建实证分析模型，并借助中国城市数据进行计量检验，结果发现，通过提高技术进步的溢出效应不仅可以提升资本回报率，还可以提升劳动收入，进而为劳动收入和资本回报率协同增长提供了重要的动力支撑，这也是中国制定协同增长政策的重要依据。

第七，去产能政策通过技术进步机制和结构优化机制推进劳动收入与资本回报率协同增长，融资约束缓解机制不显著。

理论分析显示，去产能政策存在技术进步效应、结构优化效应和融资约束缓解效应，因此有助于劳动收入与资本回报率的协同增长。单一增长机制的实证分析显示，技术进步不仅能够促进劳动收入增长，还能够促进资本回报率提升，去产能政策则能促进技术进步。去产能政策还通过倒逼低资本回报率企业退出、促进高资本回报率企业实现产业结构优化，进而促进工业企业平均资本回报率提升。去产能政策还通过扩大过剩行业和非过剩行业的技术进步差距提升工业企业的平均资本回报率，去产能政策无法通过融资约束缓解效应提升资本回报率。

通过构造包含中介变量的联立方程进行实证分析，发现劳动收入与资本回报率之间成互相促进关系，因此可以实现协同增长，进一步的机制分析发现，去产能政策能够促进技术进步，而技术进步又可促进劳动收入和资本回报率的提升，因此去产能政策可通过推动技术进步实现劳动收入与资本回报率的协同增长。另外，去产能政策可通过促进企业进入与退出的动态调整促进了结构优化，进而实现劳动收入与资本回报率的协同增长。另外，使用融资约束作为中介变量的联立方程的回归结果显示，去产能政策无法通过融资约束机制实现劳动收入与资本回报率的协同增长。

第二节 政策建议

第一，提高技术效率并注重区域差异化政策构建，不仅是去产能的关键所在，也是劳动收入和资本回报率协同增长的重要举措。

首先，对产能利用率的测度和分解可以发现，技术效率损失是中国制造业产能利用率下降的主要原因，因此基于技术进步视角寻求产能过剩的化解举措显得尤为重要。但通过技术效率提升治理产能过剩还应考虑其对要素收入的影响，以避免要素收入分配失调，进而对中国"双倍增"目标的实现造成干扰。本书的研究结论还发现，技术进步可以实现劳动收入和资本回报率的协同增长，因此加大技术创新力度仍是未来政策的重点。其次，产能利用率提升对劳动收入份额在短期存在不利影响，但在长期却有促进作用，说明去产能政策不应过分注重"一城一地"的得失，而应着眼于长远目标的实现，以形成劳动收入与资本收入协同增长的良性发展局面。最后，通过产能过剩治理，优化产业结构并提升高端劳动力比例，是实现劳动收入份额持续增长的重要举措。

第二，基于投资扩张视角来看，应推动金融发展由"攫取性"向"共容性"转变，以促进资本回报率和劳动收入协同增长。

首先，东部地区金融规模虽比中、西部地区大，但与地区企业发展需求相比，仍存在较大缺口，且当前金融发展对资本回报率的促进作用也没有充分发挥。因此，东部地区仍应进一步扩大金融规模，适度提升"杠杆率"，以充分发挥金融系统对资源的优化配置作用。西部地区发展则面临着因资金缺乏所导致的"攫取性"金融问题，未来应改变过度依赖外部资金的发展模式，并探索如何实现金融发展由"攫取性"向"共容性"转变。现阶段，中国还存在着金融发展不足与发展过度并存的问题，因此资本回报率和劳动收入提升政策也应因地制宜。东部地区对外部资金的利用还存在较大的提升空间，因此合理地"加杠杆"可能会促进资本回报率的提升；西部地区则存在"过度杠杆化"的问题，因此"去杠杆"是当务之急；中部地区则面临着金融"结构失调"问题，需进一步优化金融结构。其次，在外源发展型特征较为明显的中、西部地区，金融规模发展和政府干预有着明显的负向影响，而在东部地区则没有出现这一问题，因此对企业来说，投资扩张模式的选择也对资本回报率和劳动收入的提升有着更为深远的影响。企业在选择外源发展型投资道路的同时，如何准确分析所面临的市场环境和政策约束，尽量减少外部不确定性对未来发展的影响，则显得尤为重要。最后，如果中国能够更加注重市场配置资源的基础性作用，推进经济由"政府主导"向"市场主导"转变、由"数量驱动"向"质量驱动"转变，则会有利于技术水平和人力资本的持续提升，最终实现资本回报率和劳动收入的协同增长以及经济的持续健康发展。

第三，基于开放发展视角，构建全球价值链前后向"双向推进"格局，抢占全球价值链高端生产环节是实现资本回报率和劳动收入协同增长的重要举措。

首先，协同推进制造业全球价值链的嵌入环节，构建资本回报率提升的"双向推进"格局。现阶段，依赖后向嵌入推动制造业资本回报率增长已遇到瓶颈，因此在保持后向嵌入的基础上，应努力挖掘前向嵌入的资本收益，进而构建前向嵌入与后向嵌入"双向推进"资本回报率增长的格局。其次，优化制造业嵌入结构，努力向全球价值链高端环节攀升。中国低端制造业在全球价值链的地位已相对较高，继续推进的收益已不明朗，而能够实现高额资本回报率的高端制造业仍处于全球价值链低位，因此应努力推进该类行业向全球价值链高端攀升。最后，加强技术自主创新能力，由"被动嵌入"向"主动嵌入"转变，力争破解"后向嵌入惯性"与"低端锁定"困境。发展中国家因技术研发能力不足，往往在全球价值链分工中处于"被动嵌入"地位，因而极易陷入"低端锁定"困境。中国嵌入全球价值链不应只追求"技术溢出"，还需加强技术自主创新能力，提升全球价值链嵌入地位与话语权，变"被动嵌入"为"主动嵌入"。

过多从事全球价值链低端生产环节，是制造业劳动收入份额出现下降的重要影响因素之一，因此制造业应积极提升技术创新能力，不断优化产业结构，抢占全球价值链高端生产环节，进而在加快经济转型和创新发展的同时，实现劳动收入份额的提升。鉴于劳动密集型和技术密集型行业嵌入全球价值链对劳动收入份额的异质性影响，未来经济发展除了继续发挥传统劳动禀赋优势之外，更应着手加速技术禀赋优势打造，加快实现技术要素禀赋对产业发展的决定性作用，不断促进价值链向高端攀升。

第四，基于技术进步视角，注重发挥技术进步的溢出效应，从而构建以技术进步推进劳动收入和资本回报率协同增长的长效机制。

以往中国通过促进劳动力从低效率部分向高效率部分转移的政策举措，不仅可以提高劳动收入，还可以实现资本回报率的增长。但在中国劳动力增长红利逐渐消失的当下，劳动力转移越发困难，因此资本回报率原有增长机制已发生改变，迫切需要构建新型政策举措。研究发现，通过提高技术进步的溢出效应不仅可以提升资本回报率，还可以提升劳动收入，因此也是推动劳动收入和资本回报率协同增长的重要机制。未来，中国应加快研发投入，加快推进技术创新能力提升，并适当发挥技术进步的溢出效应，以提升整个社会的要素生产效率，进而促进劳动收入与资本回报率的协同增长。另外还应继续加强行政审批制度改革，减少创新的政策阻力，营造鼓励创新的社会氛围。

参考文献

中文文献：

[1] 白让让，2016a. 竞争驱动、政策干预与产能扩张——兼论"潮涌现象"的微观机制 [J]. 经济研究 (11):56–69.

[2] 白让让，2016b. 供给侧结构性改革下国有中小企业退出与"去产能"问题研究 [J]. 经济学动态 (7):65–74.

[3] 白重恩，钱震杰，2009. 国民收入的要素分配：统计数据背后的故事 [J]. 经济研究 (3):27–41.

[4] 白重恩，钱震杰，2010. 劳动收入份额决定因素：来自中国省际面板数据的证据 [J]. 世界经济 (12):3–27.

[5] 白重恩，钱震杰，武康平，2008. 中国工业部门要素分配份额决定因素研究 [J]. 经济研究 (8):16–28.

[6] 白重恩，张琼，2014. 中国的资本回报率及其影响因素分析 [J]. 世界经济 (10):3–30.

[7] 柏培文，许捷，2018. 中国三大产业的资本存量、资本回报率及其收敛性：1978—2013[J]. 经济学 (季刊)(3):304–339.

[8] 鲍宗客，2017. 知识产权保护、创新政策与中国研发企业生存风险：一个事件史分析法 [J]. 财贸经济 (5):147–160。

[9] 蔡昉，2016. 供给侧认识·新常态·结构性改革——对当前经济政策的辨析 [J]. 探索与争鸣 (5):13–17,2.

[10] 陈斌开，林毅夫，2012. 金融抑制、产业结构与收入分配 [J]. 世界经济 (1):3–23.

[11] 陈德球，陈运森，董志勇，2017. 政策不确定性、市场竞争与资本配置 [J]. 金融研究 (11):65–80.

[12] 陈冬，孔墨奇，王红建，2016. 投我以桃，报之以李：经济周期与国企避税 [J]. 管理世界 (5):46–63.

[13] 陈磊，2011. 金融发展与中国省区制造业出口的二元边际 [J]. 中南财经政法大学学报 (6):71–77.

[14] 陈培钦，2013. 中国资本回报率的地区差异及其收敛性 [J]. 湖北社会科学 (8)：75–78.

[15] 陈素梅，李鹏，2020. 供给侧结构性改革对中国经济的影响——基于一般均衡的视角 [J]. 当代财经 (7):3–14.

[16] 陈宇峰，贵斌威，陈启清，2013. 技术偏向与中国劳动收入份额的再考察 [J]. 经济研究 (6):113–126.

[17] 陈仲常，吴永球，2005. 中国工业部门资本利润率变动趋势及原因分析 [J]. 经济研究 (5)：96–106.

[18] 陈宗胜，宗振利，2014. 二元经济条件下中国劳动收入占比影响因素研究——基于中国省际面板数据的实证分析 [J]. 财经研究 (2)：41–53.

[19] 程大中，2015. 中国参与全球价值链分工的程度及演变趋势 [J]. 经济研究 (9):4–16.

[20] 程俊杰，2015. 中国转型时期产业政策与产能过剩——基于制造业面板数据的实证研究 [J]. 财经研究 (8):131–144.

[21] 戴小勇，成力为，2014. 出口与 FDI 对中国劳动收入份额下降的影响 [J]. 世界经济研究 (8):74–80.

[22] 丁志国，张炎炎，任浩锋，2020. 供给侧结构性改革的"去产能"效应测度 [J]. 数量经济与技术经济 (7):3–24.

[23] 丁志国，耿迎涛，赵晶，等，2018.上市公司财务困境时间效应的实证判别与理论猜想 [J]. 会计研究 (2):62–68.

[24] 董敏杰，梁泳梅，张其仔，2015.中国工业产能利用率：行业比较、地区差距及影响因素 [J]. 经济研究 (1):84–96

[25] 董雪兵，朱慧，康继军，等，2012.转型期知识产权保护制度的增长效应研究 [J]. 经济研究 (9):4–17.

[26] 杜威剑，李梦洁，2015.对外直接投资会提高企业出口产品质量吗——基于倾向得分匹配的变权估计 [J]. 国际贸易问题 (8)：112–122.

[27] 杜雪君，黄忠华，吴次芳，等，2009.中国土地财政与经济增长——基于省际面板数据的分析 [J]. 财贸经济 (1):60–64.

[28] 樊纲，王小鲁，马光荣，2011.中国市场化进程对经济增长的贡献 [J]. 经济研究 (9): 4–16.

[29] 范剑勇，莫家伟，张吉鹏，2015.居住模式与中国城镇化——基于土地供给视角的经验研究 [J]. 中国社会科学 (4):44–3,205.

[30] 方文全，2012.中国的资本回报率有多高？[J]. 经济学 (季刊)(2):521–540.

[31] 冯萍，刘建江，罗双成，2019.房价、劳动力成本与制造业区位布局：理论与证据 [J]. 产业经济研究 (3):88–101.

[32] 付保宗，张鹏逸，2016.我国产业迈向中高端阶段的技术创新特征与政策建议 [J]. 经济纵横 (12):77–86.

[33] 付文林，耿强，2014a.税收竞争、经济集聚与地区投资行为 [J]. 经济学 (季刊)(4):1329–1348.

[34] 付文林，赵永辉，2014b.价值链分工、劳动力市场分割与国民收入分配结构 [J]. 财经研究 (1):50–61.

[35] 盖逸馨，2016.供给侧结构性改革对社会建设的意义及影响 [J]. 科学社会主义 (2):108–111.

[36] 干春晖，邹俊，王健，2015.地方官员任期、企业资源获取与产能过剩 [J].

中国工业经济 (3):44-56.

[37] 高波，陈健，邹琳华，2012. 区域房价差异、劳动力流动与产业升级 [J].
经济研究 (1):66-79.

[38] 高帆，李童，2016. 中国城乡资本流动存在'卢卡斯之谜'吗 [J]. 经济学
家 (3):75-86.

[39] 耿强，江飞涛，傅坦，2011. 政策补贴、产能过剩与中国的经济波动 [J].
中国工业经济 (5):27-36.

[40] 供给侧结构性改革研究的基本理论与政策框架课题组，2017. 推进供给
侧结构性改革的基本理论与政策框架 [J]. 宏观经济研究 (3):82-89.

[41] 谷卓越，肖于波，2015. 劳动收入份额波动背后的生产要素效率分析 [J].
沈阳师范大学学报 (社会科学版)(4):61-64.

[42] 郭步超，王博，2014. 政府债务与经济增长：基于资本回报率的门槛效
应分析 [J]. 世界经济 (9):95-118.

[43] 郭晗，任保平，2014. 结构变动、要素产出弹性与中国潜在经济增长率 [J].
数量经济技术经济研究 (12):72-84.

[44] 郭学能，卢盛荣，2018. 供给侧结构性改革背景下中国潜在经济增长率
分析 [J]. 经济学家 (1):29-40.

[45] 郭长林，2016. 财政政策扩张、纵向产业结构与中国产能利用率 [J]. 管理
世界 (10):13-33,187.

[46] 国务院发展研究中心，2015. 当前我国产能过剩的特征、风险及对策研
究——基于实地调研及微观数据的分析 [J]. 管理世界 (4):1-10.

[47] 韩保江，韩心灵，2017. "中国式"产能过剩的形成与对策 [J]. 改革 (4):59-69.

[48] 韩国高，高铁梅，王立国，等，2012. 中国制造业产能过剩的测度、波
动及成因研究 [J]. 经济研究 (12):18-31.

[49] 韩国高，王立国，2012. 我国钢铁业产能利用与安全监测: 2000 ~ 2010年[J].
改革 (8): 31-41.

[50] 韩海燕，任保平，2017. 供给侧改革推进城镇劳动力要素分配合理格局的构建 [J]. 经济问题 (2):24–29.

[51] 洪银兴，2018. 中国特色社会主义政治经济学发展的最新成果 [J]. 中国社会科学 (9):5–8.

[52] 胡鞍钢，2016. 国情报告 (第十七卷) [M]. 北京： 党建读物出版社出版 .

[53] 胡凯，吴清，2012. 制度环境与地区资本回报率 [J]. 经济科学 (4):66–78.

[54] 胡宁，王雪方，孙莲珂，等，2019. 房产限购政策有助于实体企业"脱虚返实"吗——基于双重差分研究设计 [J]. 南开管理评论 (4):20–31.

[55] 黄德春，刘志彪，2006. 环境规制与企业自主创新——基于波特假设的企业竞争优势构建 [J]. 中国工业经济 (3):100–106.

[56] 黄季焜，2018. 农业供给侧结构性改革的关键问题 : 政府职能和市场作用 [J]. 中国农村经济 (2):2–14.

[57] 黄玖立，李坤望，2006. 出口开放、地区市场规模和经济增长 [J]. 经济研究 (6):27–38.

[58] 黄群慧，2016. 论中国工业的供给侧结构性改革 [J]. 中国工业经济 (9):5–23.

[59] 黄伟力，2007. 中国资本利润率的变动趋势及其影响因素 [J]. 山西财经大学学报 (8):20–26.

[60] 黄先海，刘毅群，2008. 设备投资、体现型技术进步与生产率增长 : 跨国经验分析 [J]. 世界经济 (4):47–61.

[61] 黄先海，徐圣，2009. 中国劳动收入比重下降成因分析——基于劳动节约型技术进步的视角 [J]. 经济研究 (7):34–44.

[62] 黄先海，杨君，2012a. 中国工业资本回报率的地区差异及其影响因素分析 [J]. 社会科学战线 (3):40–47.

[63] 黄先海，杨君，肖明月，2012b. 资本深化、技术进步与资本回报率 : 基于美国的经验分析 [J]. 世界经济 (9):3–20.

[64] 黄先海，杨君，肖月明，2011. 中国资本回报率变动的动因分析 – 基于

资本深化和技术进步的视角 [J]. 经济理论与经济管理 (11):47–54.

[65] 贾康，苏京春，2015. 供给侧改革：新供给经济简明读本 [M]. 中信出版社.

[66] 贾康，苏京春，2016. 论供给侧改革 [J]. 管理世界 (3):1–24.

[67] 贾润崧，张四灿，2014. 中国省际资本存量与资本回报率 [J]. 统计研究 (11): 35–42.

[68] 贾润崧，张四灿，2014. 中国省际资本存量与资本回报率 [J]. 统计研究 (11):35–42.

[69] 江飞涛，陈伟刚，黄健柏，等，2007. 投资规制政策的缺陷与不良效应——基于中国钢铁工业的考察 [J]. 中国工业经济 (6):53–61.

[70] 江飞涛，耿强，吕大国，2012. 地区竞争、体制扭曲与产能过剩的形成机理 [J]. 中国工业经济 (6):44–56.

[71] 蒋庚华，吴云霞，2017. 全球价值链位置对中国行业内生产要素报酬差距的影响——基于 WIOD 数据库的实证研究 [J]. 财贸研究 (8):44–52.

[72] 蒋为，黄玖立，2014. 国际生产分割，要素禀赋与劳动收入份额：理论与经验研究 [J]. 世界经济 (5): 28–50.

[73] 靳涛，陶新宇，2017. 政府支出和对外开放如何影响中国居民消费？——基于中国转型式增长模式对消费影响的探究 [J]. 经济学 (季刊)(1):121–146.

[74] 雷钦礼，2013. 偏向性技术进步的测算与分析 [J]. 统计研究 (4):83–91.

[75] 李帮喜，夏锦清，曾嘉庆，2020. 技术结构、收入分配与经济增长——基于新卡莱茨基学派视角的分析 [J]. 中国经济问题 (3):3–18.

[76] 李翀，2016. 论供给侧改革的理论依据和政策选择 [J]. 经济社会体制比较 (1):9–18.

[77] 李稻葵，刘霖林，王红领，2009.GDP 中劳动份额演变的 U 型规律 [J]. 经济研究 (11):362–382.

[78] 李凤羽，杨墨竹，2015. 经济政策不确定性会抑制企业投资吗？——基于中国经济政策不确定指数的实证研究 [J]. 金融研究 (4):115–129.

[79] 李跟强, 潘文卿, 2016. 国内价值链如何嵌入全球价值链: 增加值的视角 [J]. 管理世界 (7): 10-22, 187.

[80] 李坤望, 冯冰, 2012. 对外贸易与劳动收入占比: 基于省际工业面板数据的研究 [J]. 国际贸易问题 (1): 26-37.

[81] 李明, 李德刚, 冯强, 2018. 中国减税的经济效应评估——基于所得税分享改革 "准自然试验" [J]. 经济研究 (7):121-135.

[82] 李平, 娄峰, 2016. "供给侧结构性改革" 与中国潜在经济增长率分析 [J]. China Economist(4):96-109.

[83] 李强, 李书舒, 2017. 政府支出、金融发展与经济增长 [J]. 国际金融研究 (4):14-21.

[84] 李青原, 李江冰, 江春, 2013. 金融发展与地区实体经济资本配置效率: 来自省级工业行业数据的证据 [J]. 经济学 (季刊)(2):527-548.

[85] 李雪冬, 江可申, 夏海力, 2018. 供给侧改革引领下双三角异质性制造业要素扭曲及生产率比较研究 [J]. 数量经济技术经济研究 (5):23-39.

[86] 廖茂林, 任羽菲, 张小溪, 2018. 能源偏向型技术进步的测算及对能源效率的影响研究: 基于制造业 27 个细分行业的实证考察 [J]. 金融评论 (2):19-35.

[87] 林理升, 王晔倩, 2006. 运输成本、劳动力流动与制造业区域分布 [J]. 经济研究 (3): 115-125.

[88] 林毅夫, 2007. 潮涌现象与发展中国家宏观经济理论的重新构建 [J]. 经济研究 (1):126-131.

[89] 林毅夫, 2016. 去产能需要政府和市场的协同发力 [J]. 财经界 (10) :68-69.

[90] 林毅夫, 巫和懋, 邢亦青, 2010." 潮涌现象 " 与产能过剩的形成机制 [J]. 经济研究 (10):4-19.

[91] 刘斌, 王乃嘉, 2016. 房价上涨挤压了我国企业的出口能量吗 ?[J]. 财经研究 (5):53-65.

[92] 刘斌，张列柯，2018. 去产能粘性粘住了谁：国有企业还是非国有企业 [J]. 南开管理评论 (4):109–121,147.

[93] 刘春山，2017. 论供给侧改革与经济法治建设 [J]. 社会科学战线 (8):204–209.

[94] 刘贯春，2017. 金融结构影响城乡收入差距的传导机制——基于经济增长和城市化双重视角的研究 [J]. 财贸经济 (6):98–114.

[95] 刘航，孙早，2014. 城镇化动因扭曲与制造业产能过剩 [J]. 中国工业经济 (11):5–17.

[96] 刘航，孙早，2017. 有偏技术进步与工业产能过剩——基于开放格局的供给侧改革 [J]. 经济学家 (1):47–54.

[97] 刘静，金浩，2014. 中国工业产能过剩的测度及影响因素的研究 [J]. 工业技术经济 (9):122–129.

[98] 刘琳，2015. 中国参与全球价值链的测度与分析——基于附加值贸易的考察 [J]. 世界经济研究 (6):71–83.

[99] 刘仁和，陈英楠，吉晓萌，2018. 中国的资本回报率：基于 q 理论的估算 [J]. 经济研究 (6):69–83.

[100] 刘社建，2016. 供给侧改革对就业与劳动关系的影响探讨 [J]. 中国劳动关系学院学报 (6):6–9.

[101] 刘胜，顾乃华，陈秀英，2016. 全球价值链嵌入、要素禀赋结构与劳动收入占比——基于跨国数据的实证研究 [J]. 经济学家 (3):96–104.

[102] 刘维林，李兰冰，刘玉海，2014. 全球价值链嵌入对中国出口技术复杂度的影响 [J]. 中国工业经济 (6):83–94.

[103] 刘伟，2016. 经济新常态与供给侧结构性改革 [J]. 管理世界 (7):1–9.

[104] 刘伟，蔡志洲，2017. 完善国民收入分配结构与深化供给侧结构性改革 [J]. 经济研究 (8):4–16.

[105] 刘文革，周文召，仲深等，2014. 金融发展中的政府干预、资本化进程与经济增长质量 [J]. 经济学家 (3):64–73.

[106] 刘汶荣，2021.基于劳动生产率视角的制造业技术创新与就业关系研究 [J].工业技术经济 (2):26–34.

[107] 刘晓光，卢峰，2014.中国资本回报率上升之谜 [J].经济学（季刊）(3):817–835.

[108] 刘亚琳，茅锐，姚洋，2018.结构转型、金融危机与中国劳动收入份额的变化 [J].经济学（季刊）(2):609–632.

[109] 刘瑶，2016.参与全球价值链拉大了收入差距吗——基于跨国跨行业的面板分析 [J].国际贸易问题 (4):27–39.

[110] 刘志彪，2015.从全球价值链转向全球创新链：新常态下中国产业发展新动力 [J].学术月刊，47(2):5–14.

[111] 卢锋，2007.我国资本回报率估测：1978–2006[J].经济学（季刊）(4):723–758.

[112] 陆菁，刘毅群，2016.要素替代弹性、资本扩张与中国工业行业要素报酬份额变动 [J].世界经济，39(3):118–143.

[113] 陆铭，张航，梁文泉，2015.偏向中、西部的土地供应如何推升了东部的工资 [J].中国社会科学 (5):59–83,204–205.

[114] 罗长远，2008.卡尔多"特征事实"再思考：对劳动收入占比的分析 [J].世界经济 (11):86–96.

[115] 罗长远，陈琳，2012.融资约束会导致劳动收入份额下降吗：基于世界银行提供的中国企业数据的实证研究 [J].金融研究 (3):29–42.

[116] 罗长远，张军，2009a.经济发展中的劳动收入占比：基于中国产业数据的实证研究 [J].中国社会科学 (4):65–79.

[117] 罗长远，张军，2009b.劳动收入占比下降的经济学解释——基于中国省级面板数据的分析 [J].管理世界 (5):25–35.

[118] 罗知，郭熙保，2014.劳动力转移对资本回报率影响的机制分析与实证研究 [J].数量经济技术经济研究 (1)：93–111.

[119] 罗知，张川川，2015. 信贷扩张、房地产投资与制造业部门的资源配置效率 [J]. 金融研究 (7):60–75.

[120] 罗知，周丽云，李浩然，2017. 劳动收入占比与偏向型技术进步 [J]. 世界经济文汇 (2):1–15.

[121] 吕品，李超超，杨君，2016a. 外部需求扩张能否提高中国制造业的产能利用率——基于 GMM 和 LSDV 法的面板数据分析 [J]. 国际贸易问题 (7):40–50.

[122] 吕品，夏玉洁，杨君，2016b. 人力资本增长对我国工业资本回报率提升的影响 [J]. 软科学 (5):108–113.

[123] 吕越，黄艳希，陈勇兵，2017. 全球价值链嵌入的生产率效应：影响与机制分析 [J]. 世界经济 (7):28–51.

[124] 孟庆斌，师倩，2017. 宏观经济政策不确定性对企业研发的影响：理论与经验研究 [J]. 世界经济 (9):75–98.

[125] 聂辉华，方明月，李涛，2009. 增值税转型对企业行为和绩效的影响——以东北地区为例 [J]. 管理世界 (5):17–24.

[126] 彭涛，黄福广，孙凌霞，2021. 税收优惠能否激励风险投资：基于准自然实验的证据 [J]. 管理世界 (1)：33–46，87.

[127] 彭涛，黄福广，孙凌霞，2021. 税收优惠能否激励风险投资：基于准自然实验的证据 [J]. 管理世界 (1):33–46.

[128] 钱学锋，陈勇兵，2009. 国际分散化生产导致了集聚吗：基于中国省级动态面板数据 GMM 方法 [J]. 世界经济 (12):27–39.

[129] 秦雪征，庄晨，杨汝岱，2018. 计划生育对子女教育水平的影响——来自中国的微观证据 [J]. 经济学（季刊）(3):30–55.

[130] 覃家琦，邵新建，2015. 交叉上市、政府干预与资本配置效率 [J]. 经济研究 (6)：117–130.

[131] 荣昭，王文春，2014. 房价上涨和企业进入房地产——基于我国非房地

产上市公司数据的研究 [J]. 金融研究 (4):158–173.

[132] 邵朝对，苏丹妮，邓宏图，2016. 房价、土地财政与城市集聚特征：中国式城市发展之路 [J]. 管理世界 (2):19–31.

[133] 邵敏，黄玖立，2010. 外资与我国劳动收入份额——基于工业行业的经验研究 [J]. 经济学（季刊），9(4):1189–1210.

[134] 邵挺，2010. 金融错配、所有制结构与资本回报率：来自 1999–2007 年我国工业企业的研究 [J]. 金融研究 (9):47–63.

[135] 沈红波，寇宏，张川，2010. 金融发展、融资约束与企业投资的实证研究 [J]. 中国工业经济 (6):55–64.

[136] 单豪杰，2008. 中国资本存量 K 的再估算 :1952–2006 年 [J]. 数量经济技术经济研究 (10):17–31.

[137] 沈坤荣，钦晓双，孙成浩，2012. 中国产能过剩的成因与测度 [J]. 产业经济评论 (4):1–26.

[138] 盛丹，陆毅，2017. 国有企业改制降低了劳动者的工资议价能力吗 ?[J]. 金融研究 (1):69–82.

[139] 史仕新，刘菁儿，刘鸿渊，2019. 中国去产能研究知识图谱分析——基于 2004–2018 年 CNKI 核心期刊和 CSSCI 数据 [J]. 西南民族大学学报（人文社科版)(5):227–235.

[140] 宋冬林，王林辉，董直庆，2011. 资本体现式技术进步及其对经济增长的贡献率 (1981–2007) [J]. 中国社会科学 (2):91–106.

[141] 宋国青，卢锋，唐杰，等，2007. 我国资本报回报率估测：1978—2006[R]. 北京大学中国经济研究中心工作论文 .

[142] 孙巍，何彬，武治国，2008a. 现阶段工业产能过剩"窖藏效应"的数理分析及其实证检验 [J]. 数量经济理论及应用 (1):68–74.

[143] 孙巍，武治国，李立明，2008b. 产业技术特征与市场结构分化——基于 2000—2006 年中国制造业数据的经验证据 [J]. 东北师大学报（哲学社会

科学版)(3)：54–57.

[144] 孙文凯，肖耿，杨秀科，2010.资本回报率对投资率的影响：中美日对比研究 [J]. 世界经济 (6):3–24.

[145] 孙秀林，周飞舟，2013.土地财政与分税制：一个实证解释 [J]. 中国社会科学 (4):41–60,206.

[146] 孙早，许薛璐，2018.产业创新与消费升级：基于供给侧结构性改革视角的经验研究 [J]. 中国工业经济 (7):98–116.

[147] 谭小芬，张文婧，2017.经济政策不确定性影响企业投资的渠道分析 [J]. 世界经济 (12):5–28.

[148] 汤向俊，2006.资本深化，人力资本积累与中国经济持续增长 [J]. 世界经济 (8):57–64.

[149] 唐保庆，邱斌，孙少勤，2018.中国服务业增长的区域失衡研究——知识产权保护实际强度与最适强度偏离度的视角 [J].经济研究 (8):149–164。

[150] 唐聪聪，杨伟国，王非，2020.中国去产能政策的就业效应研究 [J]. 宏观经济研究 (6):61–74,88.

[151] 唐东波，2011.全球化与劳动收入占比：基于劳资议价能力的分析 [J]. 管理世界 (8):23–33.

[152] 唐宜红，张鹏杨，2017.FDI、全球价值链嵌入与出口国内附加值 [J]. 统计研究 (4):36–49.

[153] 陶然，陆曦，苏福冰，等，2009.地区竞争格局下的中国转轨：财政激励和发展模式的反思 [J]. 经济研究 (7):21–33.

[154] 田磊，林建浩，张少华，2017.政策不确定性是中国经济波动的主要因素吗——基于混合识别法的创新实证研究 [J]. 财贸经济 (1):5–20.

[155] 佟家栋，刘竹青，2018.房价上涨、建筑业扩张与中国制造业的用工问题 [J]. 经济研究 (7):59–74.

[156] 万华林，陈信元，2010.治理环境、企业寻租与交易成本：基于中国上

市公司非生产性支出的经验证据 [J]. 经济学 (季刊)(2):553–570.

[157] 汪前元，陈辉，2016. 市场化进程与劳动收入占比 : 基于中国省级面板数据的经验证据 [J]. 中国软科学 (9):156–167.

[158] 汪伟，郭新强，艾春荣，2013. 融资约束、劳动收入份额下降与中国低消费 [J]. 经济研究 (11) :100–113.

[159] 王朝明，张海浪，李亚茹，2019. 供给侧结构性改革中的失业风险研究——基于消化产能过剩与产业结构调整升级 [J]. 经济问题探索 (3):10–18.

[160] 王桂军，2019. "抑制型" 产业政策促进企业创新了吗 ?——基于中国去产能视角的经验研究 [J]. 南方经济 (11):1–15.

[161] 王岚，2014. 融入全球价值链对中国制造业国际分工地位的影响 [J]. 统计研究 (5):17–23.

[162] 王立国，2010. 重复建设与产能过剩的双向交互机制研究 [J]. 企业经济 (6):5–9.

[163] 王立国，鞠蕾，2012. 地方政府干预、企业过度投资与产能过剩 : 26 个行业样本 [J]. 改革 (12) :52–62.

[164] 王立国，李卓，2018. 地方政府干预、银行不良贷款与僵尸企业 [J]. 东北财经大学学报 (1) : 41–49.

[165] 王世平，毛海涛，钱学锋，2015. 城市规模、流动成本与异质性就业 [J]. 中南财经政法大学学报 (4):46–57.

[166] 王宋涛，朱腾腾，燕波，2017. 制度环境、市场分割与劳动收入份额——理论分析与基于中国工业企业的实证研究 [J]. 南开经济研究 (3):72–89.

[167] 王文春，荣昭，2014. 房价上涨对工业企业创新的抑制影响研究 [J]. 经济学 (季刊)(2):465–490.

[168] 王文甫，明娟，岳超云，2014. 企业规模、地方政府干预与产能过剩 [J]. 管理世界 (10):17–36.

[169] 王小龙，余龙，2018. 财政转移支付的不确定性与企业实际税负 [J]. 中

国工业经济 (9):157–175.

[170] 王晓霞，白重恩，2014. 劳动收入份额格局及其影响因素研究进展 [J]. 经济学动态 (3):107–115

[171] 王孝松，翟光宇，林发勤，2014. 中国出口产品技术含量的影响因素探究 [J]. 数量经济技术经济研究 (11):21–36，69.

[172] 王永进，盛丹，2010. 要素积累、偏向型技术进步与劳动收入占比 [J]. 世界经济文汇 (4):33–50.

[173] 王永进，盛丹，2012. 地方官员任期、企业资源获取与产能过剩 [J]. 经济学 (季刊)(4):1193–1218.

[174] 王玉燕，林汉川，吕臣，2014. 全球价值链嵌入的技术进步效应——来自中国工业面板数据的经验研究 [J]. 中国工业经济 (9):65–77.

[175] 王昀，孙晓华，2017. 政府补贴驱动工业转型升级的作用机理 [J]. 中国工业经济 (10):99–117.

[176] 王自锋，白玥明，2015. 人民币实际汇率对工业产能利用率的影响 [J]. 中国工业经济 (4):70–82.

[177] 魏江，李拓宇，2018，知识产权保护与集群企业知识资产的治理机制 [J]. 中国工业经济 (5)158–175.

[178] 魏龙，王磊，2017. 全球价值链体系下中国制造业转型升级分析 [J]. 数量经济技术经济研究 (6):71–86.

[179] 魏下海，董志强，蓝嘉俊，2017. 地区性别失衡对企业劳动收入份额的影响 : 理论与经验研究 [J]. 世界经济 (4):129–146.

[180] 魏下海，董志强，刘愿，2013. 政治关系、制度环境与劳动收入份额——基于全国民营企业调查数据的实证研究 [J]. 管理世界 (5):41–52.

[181] 温忠麟，张雷，侯杰泰，等，2004. 中介效应检验程序及其应用 [J]. 心理学报 (5)：614–620.

[182] 文建东，付姗姗，2018. 中国供给侧改革背景下的经济增长潜力研究 [J].

学术研究 (10):76–83.

[183] 吴汉东，2018，中国知识产权法律变迁的基本面向 [J]. 中国社会科学 (8):109–126.

[184] 吴敬琏，2016. 中国经济面临的挑战和选择 [C]. 载于吴敬琏等著《供给侧改革——经济转型重塑中国布局》(论文集)，中国文史出版社 .

[185] 吴联生，2009. 国有股权、税收优惠与公司税负 [J]. 经济研究 (10):109–120.

[186] 吴联生，李辰，2007. "先征后返"、公司税负与税收政策的有效性 [J]. 中国社会科学 (4):61–73.

[187] 席鹏辉，梁若冰，谢贞发，等，2017. 财政压力、产能过剩与供给侧改革 [J]. 经济研究 (9):86–102.

[188] 夏茂森，彭七四，江玲玲，等，2013. 要素价格扭曲与工业产能过剩的关系 [J]. 技术经济 (12):33–39.

[189] 肖文，周明海，2010a. 劳动收入份额变动的结构因素——收入法 GDP 和资金流量表的比较分析 [J]. 当代经济科学 (3):69–76.

[190] 肖文，周明海，2010b. 贸易模式转变与劳动收入份额下降——基于中国工业分行业的实证研究 [J]. 浙江大学学报 (人文社会科学版)(5):154–163.

[191] 谢圣远，卢灿生，2019. 论供给侧结构性改革对全要素生产率的影响——基于粤港澳大湾区 9 市纺织服装行业的经验证据 [J]. 云南社会科学 (6):58–64.

[192] 辛清泉，林斌，杨德明，2007. 中国资本投资回报率的估算和影响因素分析：1999—2004 年上市公司的经验 [J]. 经济学 (季刊)(4):1143–1164.

[193] 徐朝阳，周念利，2015. 市场结构内生变迁与产能过剩治理 [J]. 经济研究 (2):75–87.

[194] 徐浩，冯涛，张蕾，2015. 金融发展、政府干预与资本配置效率——基于中国 1978–2013 年的经验分析 [J]. 上海经济研究 (10):40–48.

[195] 许捷，柏培，2017. 文中国资本回报率嬗变之谜 [J]. 中国工业经济 (7):68–79.

[196] 许召元，李善同，2008. 区域间劳动力迁移对经济增长和地区差距的影响 [J]. 数量经济技术经济研究 (2)：38–52.

[197] 杨海生，陈少凌，罗党论，等，2014. 政策不稳定性与经济增长——来自中国地方官员变更的经验证据 [J]. 管理世界 (9):13–28.

[198] 杨君，黄先海，肖明月，2018. 金融发展、投资扩张模式与中国的资本回报率 [J]. 经济理论与经济管理 (2):81–97.

[199] 杨君，吕品，2014. 杭州市资本回报率的变动及其影响因素分析——基于人力资本的视角 [J]. 浙江理工大学学报 (10)：373–378.

[200] 杨君，肖明月，2015. 价值链低端生产是否限制了中国的资本回报率——基于省级动态面板数据 GMM 方法 [J]. 国际贸易问题 (6):53–62.

[201] 杨文，孙蚌珠，程相宾，2015. 国国有商业银行利润效率及影响因素——基于所有权结构变化视角 [J]. 经济学（季刊）(2)：535–556.

[202] 杨莹，2011. 新兴产业产能过剩问题的研究—以多晶硅产业为例 [D]. 天津：天津商业大学，1–47.

[203] 杨振兵，2015. 对外直接投资、市场分割与产能过剩治理 [J]. 国际贸易问题 (11):39–48.

[204] 杨振兵，2016. 有偏技术进步视角下中国工业产能过剩的影响因素分析 [J]. 数量经济技术经济研究 (8):30–46.

[205] 杨振兵，邵帅，张诚，2015. 生产比较优势、棘轮效应与中国工业技术进步的资本偏向 [J]. 数量经济技术经济研究 (9):39–55.

[206] 杨子荣，张鹏杨，2018. 金融结构、产业结构与经济增长——基于新结构金融学视角的实证检验 [J]. 经济学（季刊）(2):847–872.

[207] 姚先国，张海峰，2008. 教育、人力资本与地区经济差异 [J]. 经济研究 (5):49–59.

[208] 姚洋，张晔，2008. 中国出口品国内技术含量升级的动态研究——来自全国及江苏省、广东省的证据 [J]. 中国社会科学 (2):67–82.

[209] 叶初升，方林肖，2019. 供给侧结构性改革的增长效应：潜在经济增长率的视角 [J]. 社会科学战线 (8):3–11.

[210] 余东华，吕逸楠，2015. 政府不当干预与战略性新兴产业产能过剩——以中国光伏产业为例 [J]. 中国工业经济 (10):53–68.

[211] 余淼杰，李晋，2015. 进口类型、行业差异化程度与企业生产率提升 [J]. 经济研究 (8):85–97.

[212] 余淼杰，梁中华，2014. 贸易自由化与中国劳动收入份额——基于制造业贸易企业数据的实证分析 [J]. 管理世界 (7):22–31.

[213] 余明桂，范蕊，钟慧洁，2016. 中国产业政策与企业技术创新 [J]. 中国工业经济 (12):5–22.

[214] 余骁，郭志芳，2017. 知识产权保护对全球价值链分工收益的影响：基于跨国行业面板数据的经验分析 [J]. 中南财经政法大学学报 (6):143–153.

[215] 余泳泽，李启航，2019. 城市房价与全要素生产率：挤出效应与"筛选效应" [J]. 财贸经济 (1):128–143.

[216] 余泳泽，张少辉，2017. 城市房价、限购政策与技术创新 [J]. 中国工业经济 (6): 98–116.

[217] 曾雪云，王裕，贺浩淼，2016. 战略承诺、融资约束与债务选择——债券市场支持了谁的战略发展 [J]. 经济理论与经济管理 (10):84–98.

[218] 张传勇，2016. 劳动力流动、房价上涨与城市经济收敛——长三角的实证分析 [J]. 产业经济研究 (3):82–90.

[219] 张建武，赵秋运，兰丽君，2014. 地方政府竞争恶化了城乡收入差距吗？——基于 1995–2007 年省际面板数据的实证分析 [J]. 劳动经济研究 (3):100–116.

[220] 张建忠，刘志彪，2011. 知识产权保护与'赶超陷阱'：基于 GVC 治理者控制的视角 [J]. 中国工业经济 (6):58–68.

[221] 张杰，陈志远，周晓艳，2012. 出口对劳动收入份额抑制效应研究——

基于微观视角的经验证据 [J]. 数量经济技术经济研究，29(7):44–60.

[222] 张杰，金岳，2016a. 供给侧结构性改革下中国经济新动力形成机制、障碍与突破途径——基于生产率形成的逻辑视角 [J]. 郑州大学学报 (哲学社会科学版)(6):65–71,155.

[223] 张杰，宋志刚，2016b. 供给侧结构性改革中"去产能"面临的困局、风险及对策 [J]. 河北学刊 (4):123–129.

[224] 张杰，杨连星，新夫，2016c. 房地产阻碍了中国创新么 ?——基于金融体系贷款期限结构的解释 [J]. 管理世界 (5):64–80.

[225] 张憬，沈坤荣，2008. 地方政府干预、区域金融发展与中国经济增长方式转型——基于财政分权背景的实证研究 [J]. 南开经济研究 (6):122–141.

[226] 张军，2002. 所有制、厂商规模与中国工业企业利润率的决定：解释及其政策含义 [J]. 产业经济评论 (1)：37–58.

[227] 张军，陈诗一，Jefferson G H，2009. 结构改革与中国工业增长 [J]. 经济研究 (7): 4–20.

[228] 张军，吴桂英，张吉鹏，2004. 中国省际物质资本存量估算：1952–2000[J]. 经济研究 (10):35–44.

[229] 张军，章元，2003. 对中国资本存量 K 的再估计 [J]. 经济研究 (7):35–42.

[230] 张莉，何晶，马润泓，2017. 房价如何影响劳动力流动 ?[J]. 经济研究 (8):155–170.

[231] 张莉，李捷瑜，徐现祥，2012. 国际贸易、偏向型技术进步与要素收入分配 [J]. 经济学 (季刊)(2)：409–428.

[232] 张鹏，2019. "去产能"政策促进公司创新了吗 ?——基于中国上市公司专利产出的证据 [J]. 时代金融 (6):92–93.

[233] 张少东，王道平，范小云，2020. "去产能"与我国系统性风险防范 [J]. 经济学动态 (10):110–126.

[234] 张少华，蒋伟杰，2017. 中国的产能过剩：程度测算与行业分布 [J]. 经

济研究 (1):89–102.

[235] 张少军，2015. 全球价值链降低了劳动收入份额吗——来自中国行业面板数据的实证研究 [J]. 经济学动态 (10):39–48.

[236] 张松林，孙文远，程瑶，2014. 城乡二元结构转换过程中劳动收入占比演变——兼论中国劳动收入占比下降的成因 [J]. 经济评论 (3)：26–39.

[237] 张彤进，任碧云，2016. 包容性金融发展与劳动收入份额的关系：来自中国的经验证据 [J]. 南开经济研究 (3):90–105.

[238] 张相伟，陆云航，2014. 商品贸易结构变动对劳动收入份额的影响 [J]. 数量经济技术经济研究 (1) :59–76.

[239] 张勋，徐建国，2014. 中国资本回报率的再测度 [J]. 世界经济 (8):3–23.

[240] 张勋，徐建国，2016. 中国资本回报率的驱动因素 [J]. 经济学（季刊）(3):1081–1112.

[241] 张亦春，李晚春，彭江，2015. 债权治理对企业投资效率的作用研究——来自中国上市公司的经验证据 [J]. 金融研究 (7)：90–203.

[242] 张中元，2017. 东道国外商直接投资限制对中国参与全球价值链构建的影响 [J]. 国际经济合作 (10):31–39.

[243] 章上峰，陆雪琴，2016. 中国劳动收入份额变动：技术偏向抑或市场扭曲 [J]. 经济学家 (9):15–24.

[244] 赵昌文，许召元，袁东，等，2015. 当前我国产能过剩的特征、风险及对策研究——基于实地调研及微观数据的分析 [J]. 管理世界 (4):1–10.

[245] 赵善梅，吴士炜，2018. 基于空间经济学视角下的我国资本回报率影响因素及其提升路径研究 [J]. 管理世界 (2):68–79.

[246] 赵志耘，吕冰洋，郭庆旺，等，2007. 资本积累与技术进步的动态融合：中国经济增长的一个典型事实 [J]. 经济研究 (11):18–30.

[247] 郑东雅，皮建才，2017，中国的资本偏向型经济增长：1998-2007[J] 世界经济 (5):24–48.

[248] 中央汇金公司银行一部课题组，2017. 供给侧结构性改革对银行资产质量的影响测算与政策建议 [J]. 金融论坛 (8):3–11，23.

[249] 周华东，高玲玲，2018. 中国房价上涨助推了制造业"用工难"吗 [J]. 当代经济科学 (4):66–74.

[250] 周劲，付保宗，2011. 产能过剩的内涵、评价体系及在我国工业领域的表现特征 [J]. 经济学动态 (10):58–64.

[251] 周立，2003. 改革期间中国金融业的"第二财政"与金融分割 [J]. 世界经济 (6):72–79.

[252] 周密，刘秉镰，2017. 供给侧结构性改革为什么是必由之路 ?——中国式产能过剩的经济学解释 [J]. 经济研究 (2):69–83.

[253] 周明海，肖文，姚先国，2010. 中国劳动收入份额的下降 : 度量与解释的研究进展 [J]. 世界经济文汇 (6): 92–105.

[254] 周其仁，1997. 机会与能力——中国农村劳动力的就业和流动 [J]. 管理世界 (5):81–100.

[255] 周瑞辉，廖涵，2015. 国有产权、体制扭曲与产能利用 [J]. 山西财经大学学报 (1):58–69.

[256] 周卫民，2016. 供给侧结构性改革的原因与突破 : 基于收入势能的考察 [J]. 上海财经大学学报 (6):4–15.

[257] 周业樑，盛文军，2007. 转轨时期我国产能过剩的成因解析及政策选择 [J]. 金融研究 (2):183–190.

[258] 周颖刚，蒙莉娜，卢琪，2019. 高房价挤出了谁 ?——基于中国流动人口的微观视角 [J]. 经济研究 (9):106–122.

[259] 卓越，张珉，2008. 全球价值链中的收益分配与"悲惨增长"——基于中国纺织服装业的分析 [J]. 中国工业经济 (7) :131–140.

[260] 卓越，张珉，2008. 全球价值链中的收益分配与"悲惨增长"——基于中国纺织服装业的分析 [J]. 中国工业经济 (7)：131–140.

[261] 宗庆庆，黄娅娜，钟鸿钧，2015. 行业异质性、知识产权保护与企业研发投入 [J]. 产业经济研究 (2):47–57.

[262] 邹微，代谦，2003. 技术模仿、人力资本积累与经济赶超 [J]. 中国社会科学 (5):26–37.

外文文献:

[1]Acemoglu D, 2003.Why not a political coase theorem? social conflict, commitment and politics[J].Journal of Comparative Economics(4):620–652.

[2]Afonso A, Furceri D, 2010.Government size composition, volatility and economic growth[J].European Journal of Political Economy(4):517–532.

[3]Agarwal S, Hauswald R, 2010.Distance and private information in lending[J]. Review of Financial Studies(7):2757–2788.

[4]Ag é nor P, Aizenman J, 2010.Aid volatility and poverty traps[J].Journal of Development Economics(1):1–7.

[5]Alexander B, Ranjani K R, Karen L S, 2011.Drivers and Consequences of Short-Term Production Decisions: Evidence from the Auto Industry[J].Contemporary Accounting Research(1): 83–123.

[6]Allen F, Qian J, Qian M, 2007.China's financial system: past, present, and future[J].Social Science Electronic Publishing.

[7]Allen J, Jimmieson N L, Bordia P et al., 2007.Uncertainty during organizational change: Managing perceptions through communication[J].Journal of change management (2): 187–210.

[8]Amiti M, Konings J, 2007.Trade liberalization, intermediate inputs, and productivity: evidence from indonesia[J].American Economic Review(5):1611–1638.

[9]Arellano M, Bover O, 1995.Another look at the instrumental variable estimation of error-components models[J].Journal of Econometrics (1):29–51.

[10]Aterido R, Hallward-Driemeier M, Pagés C, 2011.Big constraints to small firms' growth? business environment and employment growth across firms[J]. Economic Development & Cultural Change(3):609-647.

[11]Aziz J, Duenwald C K, 2002.Growth-financial intermediation nexus in China[R]. Imf Working Papers.

[12]Badinger H, 2012.Cyclical expenditure policy, output volatility and economic growth[J].Applied Economics (7):835-851.

[13]Bai C E, Hsieh C T, Qian Y Y, 2006.The return to capital in China[J].Brookings Papers on Economic Activity (2):61-88.

[14]Bai C E, Qian Z, 2010.The factor income distribution in China: 1978-2007[J]. China Economic Review (4):650-670.

[15]Baker S R, Bloom N, Davis S J, 2015.Measuring economic policy uncertainty[R]. NBER Working Paper, No.21633.

[16]Baldwin J, Yan B, 2014.Global value Chains and the productivity of Canadian manufacturing firms[R].Economic Analysis Research Paper Series.

[17]Barro R J, 1991.Economic growth in a cross-section of countries[J].Quarterly Journal of Economics (2):407-443.

[18]Baumol W J, Heim P, Malkjel B G et al., 1970.Earnings retention, new capital and the growth of the firm[J].Review of Economics and Statistics (4):345-355.

[19]Beck T, Demirgü-Kunt A, Peria M S M, 2006.Banking Services for everyone? barriers to bank access and use around the world[J].World Bank Economic Review (3):397-430.

[20]Berndt E R, Morrison C J, 1981.Capacity utilization measures: underlying economic theory and an alternative approach[J].American Economic Review (2):48-52.

[21]Blanchard O, Giavazzi F, 2003.Macroeconomic effects of regulation and

deregulation in goods and labor markets[J].The Quarterly journal of Economics (3):879–907.

[22]Bleck A, Liu X, 2011.Credit expansion and credit misallocation[J].Journal of Monetary Economics,94:27–40..

[23]Bloom N, 2009.The impact of uncertainty shocks[J].Econometrica (3):623–685.

[24]Bockerman P, Maliranta M, 2012.Globalization, creative destruction, and labor share change: evidence on the determinants and mechanisms from longitudinal plant level data[R].Oxford Economic Papers.

[25]Bourneuf A, 1964.Manufacturing Investment, excess capacity, and the rate of growth of output[J].American Economic Review (5):607–625.

[26]Brancati E, Brancatib R, Marescab A, 2014.Global Value chains, governance and upgrading processes: firm level evidence from Italy[R].Unfdersity of Venice Ca' Foscari Working Paper.

[27]Brandt L, Van B J, Wang L et al., 2017.WTO accession and performance of Chinese manufacturing firms[J].American Economic Review(9):2784–2820.

[28]Caballero R J, Pindyck R S, 1996.Uncertainty, investment and industry evolution[J].International Economic Review(3):641–662.

[29]Cassels J M, 1937.Excess capacity and monopolistic competition[J].Quarterly Journal of Economics(3):26–443.

[30]Chaney T, Sraer D, Thesmar D, 2012.The collateral channel: how real estate shocks affect corporate investment[J].American Economic Review (6):2381–2409.

[31]Charles K K, Hurst E, Notowidigdo M J, 2015.Housing booms and busts, labor market opportunities and college attendance[R].NBER Working Paper.

[32]Chaturvedi A, Martí nez–De–Alb é niz V, 2009.Safety stock or excess capacity: trade–offs under supply risk[R].IESE Business School Working Paper.

[33]Chen T, Liu L X, Zhou L A, 2015.The crowding-out effects of real estate shocks: evidence from China[J].Social Science Electronic Publishing.

[34]Chiarvesio M, Maria E D, Micelli S, 2010.Global value chains and open networks: the case of italian industrial districts[J].European Planning Studies (3):333-350.

[35]Conrad K, Veall M R, 1991.A Test for strategic excess capacity[J].Empirical Economics (4):433-445.

[36]Daudin G, Rifflart C, Schweisguth D, 2011.Who produces for whom in the world economy[J].Social Science Electronic Publishing (4):1403-1437.

[37]Decreuse B, Maarek P, 2007.Foreign direct investment and the labor share in developing countries[R].University of Aix -Marseilles Working Paper.

[38]Dergiades T, Tsoulfidis L, 2007.A New method for the estimation of capacity utilization theory and empirical evidence from 14 EU Countries[J].Bulletin of Economic Research (4):212-256.

[39]Diamond P A, 1965.Disembodied technical change in a two-sector model[J]. Review of Economic Studies (2):161-68.

[40]Dixon P B, Rimmer M T, 2011.You can't have a CGE recession without excess capacity[J].Economic Modelling (1-2):602-613.

[41]Dromel N L, Kolakez E, Lehmann E, 2010.Credit constraints and the persistence of unemployment[J].Labor Economics (5):823-834.

[42]Fajgelbaum D, Schaal E, Taschereau-Dumouchel M, 2014.Uncertainty traps[R] NBER Working Paper, No.19973.

[43]Fama E F, French K R, 1999.The corporate cost of capital and the return on corporate investment[J].The Journal of Finance, 54:1939-1967.

[44]Fare R, Grosskopf S, Kirkley J L, et al., 2000.Data envelopment analysis(DEA): a framework for assessing capacity in fisheries when data are limited[J].National Identities (2):133-145.

[45]Feldstein M S,1977.Social security and private savings: international evidence in an extended life–cycle model[M].London:Palgrave Macmillan.

[46]Fern á ndezvillaverde J, Guerr ó nquintana P, Kuester K et al., 2015.Fiscal volatility shocks and economic activity[J].American Economic Review (11):3352–3384.

[47]Furlanetto F, Groshenny N, 2016.Mismatch shocks and unemployment during the great recession[J].Journal of Applied Econometrics (7):1197–1214.

[48]Galor O, Zeira J, 1993.Income distribution and macroeconomics[J].Review of Economic Studies (1):35–52.

[49]Garofalo G A, Malhotra D M, 1997.Regional measures of capacity utilization in the 1980s[J].Review of Economics & Statistics (3):415–421.

[50]Gordon R J, 2000.Does The 'New Economy' measure up to the great inventions of the past? [J].Journal of Economic Perspectives (14): 49–74.

[51]Gulen H, Ion M, 2016.Policy uncertainty and corporate investment[J].The Review of Financial Studies (3):523–564.

[52]Guscina A, 2006.Effects of globalization on labor's share in national income[R].IMF Working Paper.

[53]Hahanov V, 2011.Infrastructure intellectual property for soc simulation and diagnosis service[J].Lecture Notes in Electrical Engineering, 79:289–330.

[54]Harrison A, 2005.Has globalization eroded labor' s share? ——some cross–country evidence[R].MPRA Paper 39649.

[55]Hein E, Truger A, 2012.Finance–dominated capitalism in crisis——the case for a global keynesian new deal[J].Journal of Post Keynesian Economics (2):187–213.

[56]Horii R, and T.Iwaisako, 2007.Economic growth with imperfect protection of intellectual property rights[J].Journal of Economics (1):45–85.

[57]Hoshi T, Kim Y, 2013, Macroprudential policy and zombie lending in Korea[J].

Educacion (9):266–276.

[58]Hsieh C T, Klenow P J, 2009.Misallocation and manufacturing TFP in China and India[J].The Quarterly Journal of Economics (4):1403–1448.

[59]Hummels D, Ishii J, Yi K M, 2001.The Nature and growth of vertical specialization in world trade[J].Journal of International Economics (1):75–96.

[60]Humphrey J, Schmitz H, 2002.How does insertion in global value Chains affect upgrading in industrial clusters[J].Regional Studies (9):1017–1027.

[61]Imai K, 2016, A panel study of zombie SMEs in Japan:identification,borrowing and investment behavior[J].Journal of the Japanese and International Economies, 39:91–107.

[62]Imbens G, Kalyanaraman K, 2012, Optimal bandwidth choice for the regression discontinuity estimator[J].Review of Economic Studies (3):933–959.

[63]Imbens G, Wooldridge J, 2007, Differ−ence−in−differences estimation[R].NBER Summer Institute Lecture.

[64]Johansson A C, Wang X, 2014.Financial Sector Policies and Income Inequality[J].China Economic Review (4):367–378.

[65]Johnson R C, Noguera G, 2012.Accounting for Intermediates: Production Sharing and Trade in Value Added[J].Journal of International Economics (2):224–236.

[66]Julio B, Yook Y, 2012.Corporate Financial Policy Under Political Uncertainty: International Evidence from National Elections[J].The Journal of Finance (1):45–83.

[67]Kalckreuth U V, 2000.Exploring the role of uncertainty for corporate investment decisions in Germany[J].Economic Studies (2):173–206.

[68]Kalina M, Yu Z H, 2016.How firms export: processing vs.ordinary trade with financial frictions[J].Journal of International Economics (5):120–37.

[69]Kamien M I, Schwartz N L, 1972, Uncertain Entry and excess capacity[J].The

American Economic Review (5) :918–927.

[70]Kaplinsky, Raphael, 2004.Spreading the gains from globalization[J].Problems of Economic Transition (2):74–115.

[71]Karagiannis R, 2015.A System–of–equations two–stage dea approach for explaining capacity utilization and technical efficiency[J].Annals of Operations Research (1):25–43.

[72]Karlan D, Zinman J, 2010.Expanding credit access: using randomized supply decisions to estimate the impacts[J].Review of Financial Studies (1):433–464.

[73]Kessing S G, 2003.A note on the determinants of labour share movements[J]. Economics Letters (1):9–12.

[74]Kim D H, Lin S C, Suen Y B, 2011.Interactions between financial development and trade openness[J].Scottish Journal of Political Economy (4):567–588.

[75]Kirkley J, Paul C J M, Squires D, 2002.Capacity and capacity utilization in common–pool resource industries[J].Environmental & Resource Economics (1–2):71–97.

[76]Kirman W I, Masson R T, 1986.Capacity signals and entry deterrence[J]. International Journal of Industrial Organization (1) :25–42.

[77]Klein L R, 1960.Some theoretical in the measurement of capacity[J]. Econometrica (2):271–286.

[78]Klein L R, Preston R S, 1964.Some new results in the measurement of capacity utilization[J].American Economic Reviews (1):34–58.

[79]Kongsamut P, Rebelo S, Xie D, 2010.Beyond balanced growth[J].Review of Economic Studies (4):869–882.

[80]Koopman R, Wang Z, Wei S J, 2010.Give credit where credit is due: tracing value added in global production chains[R].NBER Working Paper.

[81]Koopman R, Wang Z, Wei S J, 2014.Tracing value–added and double counting

in gross exports[J].American Economic Review (2):459–494.

[82]Krugman P, 1994.The myth of asia s miracle[J].Foreign Affairs (6): 62–78.

[83]Kuijs L, 2005.Investment and saving in China[R].World Bank Policy Research Working Paper.

[84]Kuijs L, Hofman B, 2006.Profits drive China's Boom[J].Far East Economic Review (8):39–43.

[85]Lee D S, Lemieux T, 2010.Regression discontinuity designs in economics[J]. Journal of Economic Literature (2):281–355.

[86]Lewis W A, 1954.Economic development with unlimited supplies of labor[J].The Manchester School (2):139–191

[87]Loayza N, Ranciere R, 2006.Financial development, financial fragility, and growth[J].Journal of Money Credit & Banking,38:1051–1076.

[88]Lu F, Song G, Tang J et al., 2008.Profitability of China's industrial firms (1978—2006) [J].China Economic Journal (1):1–31.

[89]Lucas R E, 1988.On the mechanics of economic development[J].Journal of monetary economics (1):3–42.

[90]Lucas R E, 1990.Why doesn't capital flow from rich to poor countries? [J].The American economic review (2):92–96.

[91]Lucas R E, 1990.Why doesn't capital flow from rich to poor countries? [J].The American Economic Review (2):92–96.

[92]Ma T C, 2005.Strategic Investment and excess capacity: a study of the taiwanese flour industry[J].Journal of Applied Economics (1):153–170.

[93]Maskus K E, Penubarti M, 1995.How trade–related are intellectual property rights[J].Journal of International Economics (3–4):227–248.

[94]Maslow A H, 1943.A theory of human motivation[J].Psychological Review (4):370–396.

[95]Mason C, Harrison T, 2002.Is it worth it? the rate of return from informal venture capital investments[J].Journal of Business Venturing (3):211–236.

[96]Masson, Robert T, Shaanan, Joseph, 1986.Excess capacity and limit pricing: an empirical test[J].Economic, New Series,211:365–378.

[97]Miao J, Wang P, 2014.Sectoral bubbles, misallocation and endogenous growth[J].Journal of mathematical economics (8):153–163.

[98]Mookherjee D, Ray D, 2003.Persistent inequality[J].The Review of Economic Studies (2):369–393.

[99]Morrison C J, 1985.Primal and Dual capacity utilization: an application to productivity measurement in the U.S.automobile industry[J].Journal of Business & Economic Statistics (4):312–324.

[100]Mueller D C, Reardon E A, 1993.Rates of return on corporate investment[J]. Southern Economic Journal (2):430–453.

[101]Olivier B, Francesco G, 2006.Rebalancing growth in China: a three–handed approach[J].China & World Economy (14):1–20.

[102]Parello C P, 2008.A North – South model of intellectual property rights protection and skill accumulation[J].Journal of Development Economics (1–2):253–281.

[103]Pascoe S, Tingley D, 2006.Economic capacity estimation in fisheries: a non–parametric ray approach[j].resource & energy economics (2):124–138.

[104]Redding S, Venables A J, 2004.Economic geography and international inequality[J].Journal of International Economics (1):53–82.

[105]Romer C D, Romer D H, 2010.The Macroeconomic effects of tax changes: estimates based on a new measure of fiscal shocks[J].American Economic Review (3):763–801.

[106]Romer P M, 1986.Increasing returns and long–run growth[J].Journal of Political

Economy (5):1002–1037.

[107]Rousseau P L, 2010.Biased and unbiased technological change[M].UK: Palgrave Macmillan.

[108]Sahoo B K, Tone K, 2009.Decomposing capacity utilization in data envelopment analysis: an application to banks in India[J].European Journal of Operational Research (2):575–594.

[109]Segerson K, Squires D, 1993.Capacity utilization under regulatory constraints[J]. Review of Economics and Statistics (1):76–85.

[110]Shaikh A M, Moudud J K, 2004.Measuring capacity utilization in OECD countries: a cointegration method[R].Economics Working Paper Archive.

[111]Shan W, 2006.The world bank's China delusions[J].Far Eastern Economic Review (9):29–32.

[112]Sharma S, 2007.Financial development and innovation in small firms[J].Social Science Electronic Publishing (1):74–76.

[113]Slaughter M J, 2007.Globalization and declining unionization in the United States[J].Industrial Relations: A Journal of Economy and Society (2):329–346.

[114]Song Z, Storesletten K, Zilibotti F, 2011.Growing like China[J]. American Economic Review (1):196–233.

[115]Stockhammer E, 2013.Why have wage shares fallen? —— an analysis of the determinants of functional income distribution[R].Ilo Working Papers.

[116]Stokey N L, 2016.Wait–and–see: investment options under policy uncertainty[J]. Review of Economic Dynamics (7):246–265.

[117]Sumaila U R, The L,Watson R et al., 2008.Fuel price increase, subsidies, overcapacity, and resource sustainability[J].Ices Journal of Marine Science (6):832–840.

[118]Tone K, Tsutsui M, 2010.Dynamic DEA: A Slacks–based Measure Approach[J].

Omega (3):145–156.

[119]Wang Z, Wei S J, Zhu K, 2013.Quantifying international production sharing at the bilateral and sector levels[R].NBER Working Paper.

[120]Wooldrige J M, 2010.Econometric analysis of cross section and panel date[M]. Cambridge: The MIT Press.

[121]Wu W, Rui O M, Wu C, 2013.Institutional environment, ownership and firm taxation[J].Economics of Transition (1):17–51.

[122]Young A, 2003.Gold into base metals: productivity growth in the people's republic of china during the reform period[J].Journal of Political Economy (6):1220–1261.

[123]Zhang X, Yang J, Wang S, 2011.China has reached the Lewis turning point[J]. China Economic Review (4):542–554.

[124]Zwick E, Mahon J, 2017.Tax policy and heterogeneous investment behavior[J]. American Economic Review (1):217–248.

后 记

博士毕业已八年有余，沿着读博期间的研究方向，结合现实经济发展需要，不断思考和拓展，最终确立了本书的研究主题。本书即将完稿之际，党中央赋予浙江高质量发展建设共同富裕示范区的重大任务，而本书探索资本回报率和劳动收入协同增长的机制与政策，恰好可从要素收入分配的逻辑上为共同富裕的推进提供启示与借鉴，本书的研究意义也因此得到了进一步"升华"。理论研究为社会服务的价值功能，也是笔者乐于在学术道路上持续探索的动力所在。

特别感谢国家社科基金项目对本书的支持，本书的主体部分为该项目结题时的研究报告。同时，本书还将我最新主持的浙江省软科学项目和肖明月副教授主持的浙江省社科重点项目的部分成果补充进来，以体现新时代的理论与实证研究需要。上述项目的资助是本书能够顺利和深入开展的基础，也是本书能够高质量完成的保障。为此，对上述项目给予的资助表示感谢。

还要感谢浙江大学副校长黄先海教授和浙江理工大学吕品教授对本书写作过程中给予的帮助与指导，两位导师不仅在我研究生求学期间给予学术探索上的指导和支持，在我教学和科研之路上也给予了重要指导和帮助。感谢浙江金融职业学院肖明月副教授，浙江理工大学硕士研究生刘瑶、佘雯雯、李超超、褚桂楠、杨益飞和陈祥，浙江工商大学硕士研究生陈玫希和贾秋果为本书提供的资料与数据支持。在此，向他们的工作和贡献表示感谢。

一段旅程的结束意味着下一段旅程的开始，但学术研究却是无止境的。

本书虽已完稿出版，但并不代表该项研究已经完美收工，由于笔者学识水平有限，本书难免存在不足甚至错误之处，敬请各位读者批评指正。笔者也将沿着读者批评指正的方向，在后续研究中不断修改完善。

2021 年于杭州